La Vieja y Novísima Gestalt: Actitud y Práctica

Editorial Cuatro Vientos
Casilla 131
Santiago 29, CHILE

Este libro es traducción de *The Attitude and Practice of Gestalt Therapy*

Agradecemos especialmente a Joe Wysong, editor de *The Gestalt Journal* (P.O. Box 275 - Highland, New York 12528), por permitirnos publicar la traducción íntegra del libro *Techniques of Gestalt Therapy,* y a Norberto Levy por autorizar la publicación de las caricaturas de su libro *Camino de la Autoasistencia Psicológica.*

Registro de Propiedad Intelectual Nº 74.729
I.S.B.N.: 84-89333-32-7

8ª Edición 2004

Imagen de portada: Frederick S. Perls y Claudio Naranjo C.
Diseño de portada: Josefina Olivos, Allan Browne y Francisco de la Maza

Traducción: Francisco Huneeus
Digitación y corrección: Paulina Correa
Composición de textos: Computext Ltda.

OTROS LIBROS DEL MISMO AUTOR

The one Quest
The Psychology of Meditation
The Healing Journey
Ennea-type Structures
Gestalt Sin Fronteras
La Agonía del Patriarcado
El Niño Divino y el Héroe
Ennea-types in Psychotherapy
Los Males del Mundo, los Males del Alma

www.cuatrovientos.net

LA VIEJA Y NOVÍSIMA GESTALT; actitud y práctica de un experiencialismo ateórico

Claudio Naranjo

Traducción:
Francisco Huneeus

CUATRO VIENTOS EDITORIAL
Casilla 131 Santiago 29 Chile

Jim Simkin

A Fritz Perls
y Jim Simkin,
por supuesto

Contenidos

Parte IV: Revisión de la Terapia Gestáltica

Prólogo

Este libro nos llega con veinte años de retraso, y sin embargo, su puntualidad es prodigiosa. Lo cual dice mucho de la actualidad del pensamiento de Claudio Naranjo y también de su oportunidad, pues en el momento en que lo escribió seguía vivo el carisma de Fritz Perls, mientras ahora (veinte años después) necesitamos recuperar su voz y éste es el primer regalo que nos depara la lectura del libro: volvemos a oír a Fritz, re-conocemos la gestalt en su sentido más genuino. Esta tarea le correspondía obviamente a Claudio Naranjo por ser, entre los sucesores de Perls, el principal expositor de aquella terapia gestalt que cristalizó en la etapa de madurez de Fritz en Esalen[1].

Conozco los avatares por los que pasó este libro, y el propio autor los explica en la introducción. Conocíamos algunos de sus capítulos editados en antologías y separatas de revistas. "El Centrarse en el Presente como Técnica, Prescripción e Ideal", que descubrí en una compilación de Amorrortu[2], me impresionó vivamente (era el año 1976) porque tenía el mismo tono de lo que había leído de Perls, pero iba más allá en cuanto a lo teórico (Perls era mejor clínico que teórico). Luego supe por Claudio que había sido escrito antes que los libros de Fritz (me refiero a sus libros de madurez y póstumos), que le hizo feliz leerlo porque se sentía "reconocido", es decir, lo que allí estaba escrito correspondía a su forma de trabajar, traducía en pala-

---

[1] Cuando Perls partió a Canadá, Richard Price (co-fundador de Esalen con Michael Murphy. De éste se decía que era el cerebro, mientras que Price era la "tripa" de Esalen), puso como sucesores de Perls a Claudio Naranjo junto con Bob Hall y Jack Downing (San Francisco Gestalt Institute). De los tres, el que más sistemáticamente ha escrito y teorizado sobre Gestalt es Claudio Naranjo, lo que le acredita como representante y exponente de esta herencia.

[2] J. Fagan e I. L. Shepherd, *Teoría y Técnica de la Psicoterapia Gestáltica*, Buenos Aires: Amorrortu, 1973.

bras la actitud gestáltica, la filosofía de vida que Fritz transmitía. El mismo Perls alentó a Claudio a escribir este libro y lo completó poco después de muerto Fritz. El manuscrito se perdió y sale a la luz ahora, tras veinte años que se benefician de la experiencia de su autor y de su visión integrativa y esclarecedora. Valga también su aparición en castellano como un imprevisto, casual y acertado homenaje a Fritz Perls en el vigésimo aniversario de su desaparición.

Otro capítulo de este libro, "Introducción a las Técnicas de la Terapia Gestáltica", lo conocí en inglés y me resultó igualmente revelador porque teorizaba, de la manera más simple y profunda, sobre el "hacer" del terapeuta gestáltico. Precisamente este escrito se ha publicado recientemente en Italia por iniciativa de Barrie Simmons, quien propuso cambiar el título por "Teoría de la Técnica Gestalt", ya que, como dice el mismo Simmons en el prólogo: "es un instrumento para el estudio de la gramática (y la sintaxis) de este lenguaje vivo que es la gestalt misma".

En este contexto aparece el presente libro de Claudio Naranjo, *La Vieja y Novísima Gestalt: Actitud y Práctica*. No es un libro teórico al uso, es decir, no abunda en la última literatura gestáltica empeñada en buscarle un marco, un esqueleto teórico, a la terapia gestalt, como si no fuera suficiente el hecho de ser una buena terapia, una terapia que funciona. Al autor no le interesa desarrollar una teoría "gestáltica" de la siquis o de la neurosis, porque en su visión integradora cuenta con lo que a estas alturas conoce de las aportaciones del sicoanálisis, del conductismo, del budismo y las tradiciones espirituales, de la sicología transpersonal, etc. Por este camino, la terapia gestalt no tiene nada nuevo que decir, más allá de las brillantes metáforas de Paul Goodman y la llamada "teoría del self" (sí mismo).

Sin embargo, no fueron estas teorías ni nada de esto lo que produjo el impacto de Fritz Perls y su terapia: fue su actitud de autenticidad, su creencia en la conciencia del momento, su creatividad, su fe en la experiencia real y en la comunicación genuina, su contagio...

Y este libro habla precisamente de cómo es, cómo se desarrolla, esta actitud, esta filosofía de vida.

Claudio teoriza sobre lo que vio hacer a Fritz en la etapa de culminación de su estilo terapéutico[3]. Habla del presente, del con-

[3] Como anécdota, Claudio Naranjo escribió, a petición de Fritz, una monografía sobre la gestalt para publicar en Esalen y la definió así: "La terapia gestalt es la forma de hacer terapia originada por Fritz Perls". La revista *Etcétera* (órgano de la Sociedad de Semántica General creada por Korzibsky) aplaudió esta definición denotativa, no connotativa, y le dedicó una excelente crítica.

tagio de la transparencia, de la auto-regulación organísmica, de las técnicas como extensiones de la actitud del terapeuta, no como teorías sicológicas.

Hace veinte años, Claudio Naranjo lanzó la idea del "Neochamanismo", de la que tanto se habla hoy, y precisamente este libro es en su primera parte la secreta traducción del hacer de un chamán. Fritz Perls fue un chamán, con la dificultad que esto entraña para ser aceptado académicamente, y este libro facilita este puente, de manera mucho más afortunada, en mi opinión, a como lo hiciera Paul Goodman en otro momento de la vida de Perls.

Esta traducción del alma (no del esqueleto) de la gestalt viene a cubrir un hueco: reflexionar sobre *"un intuicionismo que se reconoce como tal"*, que así es como le he oído a Claudio Naranjo nombrar a la terapia gestalt en varias ocasiones.

Se ha dicho de la gestalt californiana que era una gestalt "no verbal" por su acento en la experiencia, no en lo discursivo; y realmente, aunque abundan las antologías, no hay apenas libros sistemáticos de un autor dentro de esta corriente. Este libro es una extraordinaria excepción a dicha gestalt no verbal. Su contenido teórico equivale a la teorización de la Costa Este: la corriente de Nueva York y Cleveland es la que más ha escrito sobre una teoría de la mente y de la personalidad. Por el contrario, este libro teoriza sobre la técnica, sobre el arte que hace que la terapia gestalt funcione. En este sentido, el equilibrio interhemisférico de su autor es más que notable, como lo muestra el capítulo de la transcripción de sus sesiones: enseña lo que hace y paralelamente explica por qué lo hizo, dándonos un excelente ejemplo de praxis y de teoría. Esto incrementa el valor didáctico del libro. Si todos sabemos que la terapia se aprende viéndola impartir, participando de ella y supervisando, pocas veces tenemos ocasión de disfrutar de este cuarto componente de la enseñanza: la explicitación por parte del terapeuta de sus por qué, sus estrategias, sus procesos emocionales, sus azares...

Toda una lección de gestalt, tan imprescindible desde ahora para el entrenamiento de terapeutas gestálticos como las cintas de video de Fritz Perls.

Si ya he hablado de la significación de Claudio Naranjo en la gestalt, no se agota ahí su relevancia, sino que por el contrario, su espíritu buscador ha bebido de todas las fuentes que tienen que ver con el conocimiento del ser humano. Ha escrito no sólo sobre sicoterapia, sino también sobre educación, investigación, trabajo espiritual. Como maestro espiritual es reconocido universalmente y este aspecto ha oscurecido otras caras del prisma. La cuarta parte del libro, "Revisión de la Terapia Gestáltica", da buena prueba de cuántos otros intereses se han ido sumando armoniosamente a su comprensión y a su experiencia a lo largo de los años, de forma que yo no podría destacar uno más que otro, sino hablar del significado integrador de su obra.

En primer lugar, Claudio Naranjo siempre ha tenido un vivo interés por la ciencia y la investigación. Quiso estudiar física y química. Eligió Medicina por el prestigio científico de esta cátedra en la Universidad chilena de entonces. Estudioso de la Sicología de la Personalidad desde esta época, esto será una constante a través del tiempo; por mediación de Ignacio Matte Blanco se inició en las tipologías de Sheldon; años más tarde se trasladó a Estados Unidos para investigar con Castell en análisis factorial; y recientemente está publicando sus conocimientos sobre el mapa del carácter en la tradición sufi: el Eneagrama o Protoanálisis, del que es un gran experto y sobre lo que lleva investigando desde los años 70[4].

Su curiosidad científica no acaba aquí. Durante años trabajó e investigó con sicofármacos como herramientas de uso terapéutico, de forma que fue uno de los pioneros de lo que se llamó "sicoterapia sicodélica". Sus investigaciones sobre cuatro de estas sustancias alteradoras de la conciencia aparecieron en el libro *The Healing Journey* (1971).

En segundo lugar, nuestro autor es una figura imprescindible en el movimiento integrador de Oriente y Occidente. Ha escrito innumerables artículos sobre budismo y meditación en relación con la sicoterapia occidental[5]. El mejor ejemplo es su *Sicología de la Meditación*, libro clásico sobre el tema que intenta, con sus palabras textuales, "una clasificación general de las técnicas de meditación, no en términos de sus orígenes culturales, sino de sus características sicológicas. Subrayar la naturaleza de los procesos sicológicos que tienen lugar en la meditación... Explorar la unidad de espíritu o de actitud en las múltiples formas de meditación, es decir, qué es la meditación más allá de sus formas". Ejemplar tarea de síntesis comprehensiva que no se reduce sólo al campo de la meditación. Ha buscado, más allá de Oriente y Occidente, las claves comunes de las diversas tradiciones espirituales y sicológicas. En 1972 apareció *The One Quest* (de reciente publicación en castellano como *La Unica*

[4] Está próximo a aparecer en EE.UU. su libro *Ennea-Types Structures*.
[5] Véase *Sabiduría Antigua y Ciencia Moderna*; reunión Oriente-Occidente, editado por Stanislaf Grof; (Santiago, Cuatro Vientos 1990).

Búsqueda), que ilustra magistralmente esta tarea de pontífice (constructor de puentes) de Claudio. En la edición en francés (allí se llamó *Les Chemins de la Créativité*) se dijo de este libro: "...la vasta perspectiva que nos ofrece es única. Claudio Naranjo es de aquellos que, como Teilhard de Chardin, olvidan las divergencias de la superficie para consagrarse a la identidad del destino humano".

Todas estas aportaciones le han dado un puesto de honor en lo que hoy se conoce como Sicología Transpersonal y que él prefiere llamar Sicología Espiritual.

En tercer lugar, ya aludí a su tarea de introductor al mundo académico de ideas y aportaciones que le hubiera sido bastante más difícil sin su apoyo intelectual y su capacidad de traducir lo misterioso en palabras sencillas y autorizadas. Así dio a conocer el "Proceso Fisher-Hoffman" en medios profesionales terapéuticos, fue el difusor original de Arica, ha presentado el Protoanálisis o Eneagrama en congresos y revistas especializadas en sicoterapia, lleva años hablando de "neochamanismo" como una recuperación sicoterapéutica de la actitud y los instrumentos del chamanismo tradicional, de forma que suscribo totalmente lo que dice de él su amigo Luis Weinstein: que es "el más chamán de los eruditos y el más erudito de los chamanes".

No conozco a nadie con su misma apertura, su capacidad de sorpresa, de curiosidad santa, de falta de prejuicios, de sabiduría para reconocer lo auténtico y original, para devolverle el crédito a las fuentes de donde aprendió, para sintetizar y transmitir, para simplificar los principios básicos de la sicoterapia en impecables ejercicios terapéuticos y de entrenamiento.

Así de amplia y coherente es su obra y personalidad; Claudio Naranjo, músico que dejó el piano por la siquiatría, pero que nos ha enseñado a escuchar la música en un contexto meditativo y transpersonal; hombre culto a la manera del Renacimiento italiano, que nos ha develado las epopeyas de nuestra literatura como metáforas del viaje del héroe, etapas del viaje interior; maestro, artista, permanente aprendiz, tímido, curioso, de agudo humor, sencillo y universal, como dicen sus amigos chilenos que lo equiparan a Neruda.

Todo ello se respira en este libro, comenzado hace veinte años, concluido ahora, con la imperceptible rotundidad de la sabiduría.

Paco Peñarrubia
Piedralaves (Avila)
Primavera 1990

Parte I
TEORIA

1
Introducción

En algún momento del año 1966, en el césped frente a Esalen Big House, se me acercó Michael Murphy con una petición por un artículo sobre Terapia Gestáltica que él deseaba publicar (y que de hecho finalmente publicó) a modo de una monografía de Esalen. Recientemente, se había acercado a Fritz Perls quien le sugirió mi nombre en vez del suyo. Hasta ese momento yo había participado en varios talleres con Fritz y él me había tomado mucho cariño —hasta el punto de concederme una beca permanente para sus actividades en Esalen. Acepté gustoso, y el resultado fue mi primer escrito en inglés —que, en retrospectiva, considero como una bendición, pues a través de él descubrí que me podía expresar más fácilmente de lo que creía.

Hasta ese momento no se había publicado nada sobre terapia gestáltica, excepto los dos primeros libros de Perls, algunos artículos suyos y una breve presentación de Van Dusen en la cual postula que la terapia gestáltica es la aplicación terapéutica más consistente de la Fenomenología. En los mismos días en que yo asistía al primer taller de entrenamiento profesional de Perls y Simkin en Esalen, circulaban mimeografeados dos trabajos adicionales de Simkin y John Enright. Ambos aparecieron después en la debida secuencia cronológica, junto con el mío, en *Gestalt Therapy Primer* (Manual de Terapia Gestáltica) de Stephenson.

Yo realicé la tarea asignada con mucha satisfacción, ya que estaba claramente consciente de lo difícil que era imaginarse la terapia gestáltica en acción a través de la lectura de los dos primeros libros de Perls. Fue por un capricho del destino que yo estuviera entre los primeros lectores de *Gestalt Therapy...* (Terapia Gestáltica...) cuando Julian Press lo publicó en la década del 50, pues había sido enviado por el editor a mi tío Ben Cohen, co-fundador de las Naciones Unidas, quien, por supuesto, vivía en Nueva York. Mi tío, siendo Subsecretario de Prensa e Informaciones, recibía constantemente numerosos libros de muchas fuentes, y de vez en cuando me enviaba aquellos que él pensaba serían de especial interés para mí. Resultó que este libro en particular tuvo una influencia considerable en mi actividad profesional —aunque no como terapeuta, sino como investigador y profesor. Sin embargo, debo decir que imaginaba a Perls, a través de ese trabajo (a pesar de los ejercicios que aparecían al comienzo del libro), más bien como un intelectual joven que como un experiencialista maduro, y estaba igualmente lejos de imaginarme la práctica de la terapia gestáltica. Ahora me parece que Fritz tenía talento para la interacción terapéutica, pero que no estaba dotado ni entrenado adecuadamente como teórico, y que al principio se apoyó en gran medida en la asociación con sus pares con inclinaciones teóricas para promover su enfoque terapéutico en un mundo académico dominado por el sicoanálisis. Durante esta primera asociación fue intelectualmente opacado y, al mismo tiempo, se quedó corto en su posterior desprecio por todo lo que fuera "hablar sobre", por toda clase de apoyo teórico. Yo incluso diría que producía bastante "bullshit" —o más bien, "elephant shit", como él lo llamaba en sus años en Esalen— en su intento por validar la terapia gestáltica a través de la teoría. A diferencia de algunos discípulos de sus días en Nueva York, quienes creían que Fritz se deterioró cuando se trasladó a California y "se transformó en hippie", pienso que la terapia gestáltica siempre trascendió las formulaciones teóricas sobre ella y logró ser ella misma cuando Fritz, posteriormente en su vida, se liberó de la "elephant shit" y de la necesidad de validar su práctica a través de racionalizaciones académicas.

Habiendo encontrado que la práctica de la Terapia Gestáltica de Fritz en 1965-6 era tan diferente de nada que pudiera imaginarme a partir de sus libros, tuve la satisfacción de sentirme ante Fritz en un rol similar al de Platón ante Sócrates —o más recientemente, Ouspensky ante Gurdjieff: un intelectual que admira la intuición, que está abierto a todo lo que viene de afuera de sí mismo y sirve así como traductor o intérprete entre dos ámbitos.

Perls, aparentemente, vio mejor reflejado su trabajo en mi artículo que en sus escritos anteriores, pues nunca lo vi tan feliz en los años de nuestra amistad, como el día en que me contó cuánto le gustaba —ni siquiera el día en que sintió que le había ganado a Maslow en la memorable reunión de Esalen donde le mordió la pierna a Abe.

Cuando Fritz se acercaba a su septuagésimo cumpleaños y Jim Simkin solicitaba contribuciones para una publicación en su honor, escribí, para estos fines, un trabajo llamado "Present Centeredness - Technique, Prescription and Ideal" (Centrarse en el Presente - Técnica, Prescripción e Ideal). Fritz, después de leerlo, me sugirió que reuniera mi dos trabajos (y tal vez algunas contribuciones adicionales, junto con artículos de otros autores) en un libro. A pesar de mi entusiasmo por "Theory of Paradoxical Intention" (Teoría de la Intención Paradójica) de Arnold Beisser, y "Chicken Soup Is Poison" (La Sopa de Pollo Es Venenosa) de Bob Resnick, me demoré en la ejecución de este proyecto. Cuando volví a ver a Fritz, después de estar aproximadamente un año en Chile, me contó que le había sugerido a las "Miami girls" (Fagan y Sheppard) que publicaran tal colección, y que pensaba que yo debería escribir un libro de terapia gestáltica por mi cuenta.

No creo que hubiera emprendido la tarea de este libro sin tal estímulo; escribir sobre la creación de otra persona habría entrado en competencia con mi tiempo dedicado a escribir acerca de lo que parecía un trabajo más personal; también pienso que yo sentía que cualquier cosa que pudiera decir más allá de lo que ya se había escrito, parecería demasiado obvio. Sin embargo, con el paso del tiempo (tras leer lo que se ha publicado después de *Gestalt Therapy Now* [Terapia Gestáltica Ahora] de Fagan y Sheppard), tengo la impresión de que lo que a mí me parecía obvio no lo era tanto para otros.

Salvo sus dos primeros capítulos, *La Vieja y Novísima Gestalt: Actitud y Práctica* se escribió en las semanas posteriores a la muerte de Fritz en 1970. Ya que yo estaba en el funeral de Fritz en San Francisco cuando mi único hijo murió en un accidente automovilístico en los cerros de Big Sur, este trabajo fue realizado en una época de profundo duelo, y el hecho de que escogiera emprenderlo, evidencia cuán significativo era para mí en ese momento completar este trozo de "asunto inconcluso". En primer lugar, en esta época me estaba preparando para un viaje del que, como ya expliqué en la introducción de *The Healing Journey* (El Viaje Curativo), pensé que no tendría retorno. Había decidido unirme a un maestro espiritual en una actitud de disponibilidad total y me parecía que debía pagar mis deudas con el pasado para poder embarcarme en una nueva etapa de vida sin planes ni obligaciones. El libro sobre Terapia Gestáltica era uno de mis proyectos pendientes que me pareció apropiado emprender después de la muerte de Fritz.

A pesar de que el viaje que realicé en 1970 al desierto sudamericano fue en un sentido íntimo realmente sin retorno, sí regresé a Berkeley en 1971 y le ofrecí el libro de Terapia Gestáltica a Stuart Miller —en ese entonces a cargo de las series Viking Esalen, que ya habían publicado mis libros anteriores: *The One Quest* (*La Unica Búsqueda*) y *On the Psychology of Meditation* (*Sicología de la Meditación*). El manuscrito se habría publicado hace mucho tiempo si no se hubiera perdido en un centro de fotocopias. Desde entonces ha sido tal la intensidad de mi vida, tanto interior como exterior, que hubiera sido absurdo cavar en antiguos archivos en busca de los originales a partir de los cuales el libro podría haberse reconstituido. Sólo una parte de él se publicó bajo el título de *Techniques of Gestalt Therapy* (Técnicas de Terapia Gestáltica), primero en beneficio de mis alumnos de Berkeley, luego como parte de *Handbook of Gestalt Therapy* (Manual de Terapia Gestáltica) de Hechter y Himmelstain, y finalmente por el *Gestalt Journal.*

Sin embargo, por fin me encuentro en una época en que la completación de la tan largamente interrumpida y pospuesta tarea se hace de nuevo figura sobre el fondo de otros proyectos. Es hora de volver a cosechar, como en 1969-1970, y es una época en que no sólo estoy ocupado escribiendo nuevos libros, sino que terminando los proyectos antiguos.

Junto a los capítulos que pertenecen al anterior *La Vieja y Novísima Gestalt: Actitud y Práctica,* estoy introduciendo bajo el título "Revisión de la Terapia Gestáltica" una serie de afirmaciones pertenecientes a una época de retorno a la sicoterapia luego de mi peregrinación a Sudamérica, si bien no muy larga, pero que produjo grandes cambios en mi vida. Mientras en el libro de 1970, esencialmente describí en detalle mi experiencia de la terapia gestáltica con Perls y Simkin, el conjunto posterior de ensayos, a pesar de no ser de gran volumen, contiene una contribución más personal: el énfasis del aspecto transpersonal de la Gestalt, una crítica a los "vacíos" en el enfoque, algunos ejemplos de trabajos clínicos posteriores, una afirmación de mi actitud en relación a los ejercicios terapéuticos y de entrenamiento con un compartir de mi "bolsa de trucos", reflexiones sobre la aplicación de las ideas sicológicas del "Cuarto Camino" a la Gestalt y consideraciones sobre la afinidad entre la Gestalt y algunas tradiciones espirituales. Las primeras tres de estas piezas ya han aparecido en el *Gestalt Journal* (siendo la segunda una transcripción editada del discurso inaugural de la Conferencia de Baltimore en 1981); las otras dos se originaron como exposiciones en la 2ª Conferencia Internacional de Gestalt, realizada en Madrid en 1987, mientras que el capítulo sobre Ejercicios Gestálticos, tópico que podría considerar como una de mis especialidades, ha sido escrito especialmente para este libro.

En el presente libro hay algo que parece incompleto, incluso después de los agregados: el no haber incluido, donde discuto la filosofía de vida implícita en la Gestalt, el asunto de la confianza en la auto-regulación organísmica. He dicho que la Gestalt es (por parte del paciente) cincuenta por ciento de atención y cincuenta por ciento de espontaneidad. De acuerdo con esto, yo diría que en Técnicas de Integración (Capítulo 7) enfatizo el percatarse (*awareness*)[1] por sobre la espontaneidad.

La confianza de Fritz en la auto-regulación individual se erige en la sicoterapia contemporánea como una contribución comparable a la confianza de Rogers en la auto-regulación de los grupos: ambos han influido en la práctica sicoterapéutica a través del contagio de una actitud que trasciende la influencia intelectual.

He conducido una investigación computarizada sobre la aparición de la expresión "auto-regulación organísmica" en los títulos y resúmenes de doscientas revistas sicológicas y médicas desde 1966, y creo que a los lectores les puede interesar saber que no aparece ni una sola vez. Seguramente fue Fritz Perls quien popularizó esta expresión, y la utilizó de tal manera que parecía referirse a un concepto bien conocido. Creo que no he sido el único de sus oyentes que supuso que estaba citando a Sherington o a Goldstein. Ciertamente, el concepto era familiar para su auditorio, y, sin embargo, la atribución implícita de la "auto-regulación organísmica" a la autoridad de la institución científica, puede haber sido un juego de manos chamanístico. La confianza en la auto-regulación organísmica está incorporada en la terapia gestáltica como una confianza en la espontaneidad —la cual va de la mano con lo que he denominado "hedonismo humanista", y no es una materia diferente sino una traducción biológica de lo existencial de "ser uno mismo". En ambos

---

[1] Con anterioridad hemos traducido el término *awareness* como "darse cuenta". El Dr. Naranjo nos ha indicado que su traducción en el sentido utilizado por Perls, más bien debiera ser "percatarse", "atención" o "conciencia", y que "darse cuenta" debiera reservarse para lo que el sicoanálisis entiende por *insight* (N. del T.).

casos se está haciendo referencia más bien a un vivir desde adentro que a un vivir desde afuera —por obediencia a la obligación o preocupación por la auto-imagen. Los ideales de espontaneidad y autenticidad implican una fe parecida a la de la perfección inmanente del budismo mahayana y de otras tradiciones espirituales.

Parece apropiado que Fritz llegara a lo suyo y fuera apreciado por lo que verdaderamente era —al desnudo, por así decirlo— en el Instituto Esalen, un centro creado, en parte, a través de la inspiración y apoyo de Alan Watts, y donde uno de los primeros miembros de la comunidad fue Gia-Fu-Feng, quien en ese entonces cubrió muchos muros con su hermosa caligrafía y enseñó Tai-Chi y que después nos proporcionó una de las traducciones modernas de Lao-Tzu. Estas circunstancias externas tuvieron eco en la afinidad de Fritz con el taoísmo, la cual se reflejó en su vida y obra. Cuando Fritz decía "auto-regulación organísmica", también aludía al "Tao", por lo menos en el sentido del "Tao del hombre", que los taoístas distinguen del supraindividual "Tao del Cielo": un curso de acción apropiada dictado más bien por una profunda intuición que por la razón (e involucrando un ceder dionisíaco ante las preferencias en lugar de una lucha sartreana por las opciones).

En su lealtad hacia la auto-regulación organísmica, Perls no sólo fue un heredero de Freud, quien primero nos señaló las vicisitudes de la represión, sino un continuador de Wilhelm Reich (su analista), quien fue la primera persona en tener más fe en el instinto que en la civilización actual. A falta de un capítulo sobre la auto-regulación organísmica en este libro, he querido destacar tal materia aquí en la introducción, y me siento complacido que al hacerlo haya tocado el tema antes y no después del tema de la conciencia (*awareness*) —como es lo adecuado al modo peculiar en que se enfatiza en el enfoque gestáltico, así como también en la cualidad predominantemente dionisíaca del ethos gestáltico.

Si bien he agrupado como una "teoría" mis afirmaciones acerca de la primacía de la actitud sobre la técnica (Capítulo 2) y mi discusión del centrarse en el presente (Capítulo 3), deliberadamente no he querido llamar a este libro en su totalidad *La Teoría y Práctica de la Terapia Gestáltica*. En cambio, la opción de *La Vieja y Novísima Gestalt: Actitud y Práctica* refleja implícitamente mi punto de vista en el sentido de que la terapia gestáltica no ha surgido como la aplicación de un cuerpo de teoría (que podría llamarse su fundamento), sino que más bien es un asunto de estar en el mundo de una cierta manera.

Desde luego que podemos detallar la visión sicológica de Fritz Perls (es fundamentalmente *su* punto de vista el que me interesa) y al hacerlo podemos encontrar una cierta visión acerca del ego como un factor de interferencia interna [en *Yo, Hambre y Agresión*][2] y como una "función de identificación"; encontramos ciertas ideas sobre el sí mismo y el contacto —además de la visión de sistema abierto de un organismo en el ambiente y el enfoque gestáltico holístico. Aun cuando podemos encontrar todo esto y mucho más, yo concibo las ideas sicológicas de Fritz como un contexto de su trabajo antes que como un fundamento, una explicación antes que un esqueleto. Debido a esto, cuando definí Terapia Gestáltica al exponer "I and Thou Here and Now" (Yo y Tú Aquí y Ahora), a mediados de la década del 60, ante Esalen y Herbert Otto (para su *Ways of Growth* [Caminos de Crecimiento], editado por Herbert Otto y John Mann, New York, 1968), evité una definición conceptual (como fue celebrado por un comentarista en *Etc.: The Journal of General Semantics*) simplemente refiriéndome a ella como "el enfoque que se originó a partir de la obra de Fritz Perls". El lector de este volumen encontrará (en Capítulo 16: la transcripción de mi discurso inaugural en la 2ª Conferencia Gestáltica de la Costa Este de los Estados Unidos) una expresión de apreciación afín de Gene Sagan (por quien Fritz estaba muy entusiasmado a comienzos de la década del 60 y que constituyó el nexo con el Instituto Esalen). Cuando a fines de la década del 60 yo estaba buscando una mejor comprensión de los "fundamentos teóricos" de la Gestalt, me acerqué a Gene Sagan, quien me confesó que pensaba que la terapia gestáltica tenía más elementos en común con el método Stanislawsky de actuación que con la sicología de la Gestalt. Aún estoy de acuerdo con él. En la conferencia de Baltimore también compartí mi opinión de que Fritz buscó apoyo intelectual en la sicología de la Gestalt en una época en que necesitaba apoyo intelectual ante la comunidad académica.

Lejos de ser contrario a la teoría, he criticado la orientación anti-intelectual de Fritz, heredada por muchos. La teoría que la terapia gestáltica podría necesitar (si es que llega a necesitar alguna) no será la colección de creencias personales de Fritz, tales como "la angustia es excitación menos respiración" o "morir y renacer no es fácil" —no importando cuán sabias sean muchas de estas afirmaciones. De lo que el sicoterapeuta podría obtener más beneficios es de un marco

[2] México: FCE.

conceptual de referencia para entender la siquis y el proceso de crecimiento no tan provincial como una teoría gestáltica específica. Personalmente, al menos, estoy más interesado en una teoría de la salud y la enfermedad (es decir, más ambiciosamente: una teoría de la iluminación y el oscurecimiento), que uniera no sólo la inspiración de la sicología de la Gestalt sino lo que sabemos del condicionamiento y de la sicodinámica, y más allá de eso, la contribución de las tradiciones espirituales de Oriente.

Menos ambicioso que esa extensa empresa y aún más relevante que el intento de Paul Goodman a mediados de la década del 50 (la "teoría gestáltica" abrazada por la emergente ortodoxia gestáltica de hoy en día) sería una *"teoría de la terapia gestáltica"* —una empresa comparable a la teoría de la terapia sicoanalítica que acaba de surgir como una búsqueda alternativa a la teoría sicoanalítica de la mente. De esto he hablado en este libro sin dejarlo en un primer plano, y mi punto de vista se puede resumir en la siguiente fórmula:

Terapia Gestáltica = Conciencia / Naturalidad + Apoyo / Confrontación.

o en otras palabras: el proceso terapéutico descansa, por parte del paciente, en los dos factores transpersonales de la toma de conciencia y la espontaneidad; mientras que el terapeuta contribuye a ello (como lo analizo en "Introducción a las Técnicas de la Terapia Gestáltica") con el estímulo y apoyo de la expresión genuina y refuerzo negativo ("reducción del ego") de lo patológico. En la medida que la sicoterapia pueda ser aprendida, esta actividad de producir expresión genuina y confrontar lo disfuncional constituye una estrategia; en la medida que la terapia derive del grado de desarrollo del ser del terapeuta, estos dos serán el resultado espontáneo de una relación natural y de la creatividad individual.

2
Sobre la Primacía de la Actitud y la Transmisión de la Experiencia

Las diferentes escuelas del sicoanálisis, y más aún, la terapia conductual, constituyen la aplicación de ciertas ideas y teorías: es decir, especulaciones acerca de la naturaleza de la legalidad de los fenómenos sicológicos. Tales especulaciones, cuando son puestas en acción en la situación terapéutica, dan origen a los procedimientos o técnicas característicos de los diferentes enfoques. Las técnicas constituyen la expresión práctica de las ideas que caracterizan a un sistema dado y pueden ser consideradas como una definición conductual de esa escuela de sicoterapia.

¿Pero son las *técnicas* de una tradición dada las que dan cuenta del éxito reivindicado por los practicantes que las emplean? Si la efectividad de la sicoterapia fuera completamente dependiente de la totalidad de sus técnicas, podríamos esperar que algún día las computadoras tomaran a su cargo las funciones del profesional y que los enfoques tipo "hágalo-usted-mismo" que exponen el detalle procesal del enfoque, fueran tan efectivos como la situación interpersonal.

Este es un punto de vista que, hoy en día, la mayoría de los siquiatras rechazaría a partir de una convicción de que lo crítico en el proceso de curación es la *relación personal* entre el médico y el paciente. Sin embargo, cuál es la naturaleza de tal relación es un tema sobre el que queda mucho por decir, porque las opiniones de los sicoterapeutas tienden a diferir en esta materia tanto como lo hacen en cuanto a sus concepciones teóricas.

Los ahora clásicos estudios de Fiedler sobre la naturaleza de la relación terapéutica han sido importantes al mostrar que los expertos de escuelas diferentes se parecen entre sí más de lo que se parecen los profesionales menos hábiles de su propia escuela, tanto en su concepto de la relación terapéutica ideal como en su conducta durante las sesiones con sus pacientes. Sin embargo, en lo que se refiere a la definición de la naturaleza de tal conducta exitosa o a la definición del ideal sustentado por los terapeutas de mayor experiencia, no podemos sentirnos satisfechos con la información de Fiedler, pues el único rasgo claramente demostrado por él en tal conducta es el de "comprender" al paciente. Mientras que los profesionales de escuelas diferentes difieren unos de otros con respecto a ser apoyadores o castigadores, a la participación o no participación (no-directiva), al supuesto status superior o rol igualitario y colaborador del terapeuta, todos los representantes más exitosos de estos enfoques fueron vistos como escuchando y comprendiendo al paciente en lugar de interrumpiendo sus pensamientos o siendo incapaces de comprender debido a sus propias necesidades personales.

El hallazgo experimental de una convergencia de sistemas sicoterapéuticos en los niveles superiores del entendimiento, confirma, según creo, la creencia que muchos de nosotros sostenemos sobre la base de la experiencia, y constituye un eco del creciente reconocimiento en nuestros días de una convergencia similar "en la cumbre" entre las vías de las diferentes religiones. Si el punto crucial de tal convergencia y el "elemento personal" bajo discusión *no* se encuentran en las formulaciones intelectuales ni en las técnicas explícitas que definen los diversos enfoques, podemos preguntar si es del todo posible encontrarlos dentro de una lista de "rasgos conductuales", o más bien, en una *actitud*, un estado, un "estado mental" característico que sea a tales rasgos como una *Gestalt* es a los elementos componentes.

En un bien conocido libro de técnicas de auto-ayuda, Laura Huxley enfatiza un punto bastante relevante para esta discusión. Una y otra vez, a través de sus páginas, en relación con ciertos procedimientos, le insiste a los lectores de la obra: "*Ello* funciona si *tú* trabajas". Lo mismo podría decirse de muchas disciplinas espirituales, y sin embargo, tal vez sea la mayor limitación de cualquier práctica solitaria. Incluso en el aprendizaje de un idioma o un instrumento musical, pocos tienen la perseverancia de poner en práctica por su cuenta la disciplina requerida para dominar incluso los aspectos menos sutiles y más externos de la habilidad involucrada. Sin embargo, cuando se llega al asunto del cambio interior, la dificultad aumenta, pues *¿quién desea cambiar?* y *¿quién es realmente capaz de "trabajar"?*

En términos conductuales, la sicopatología consiste en adicciones y evitaciones que sólo pueden ser cambiadas a través de castigos y recompensas en una determinada dirección. En términos sicoanalíticos, la sicopatología es el surgimiento de "defensas" que inevitablemente se manifestarán en la sicoterapia bajo la forma de "resistencias". A la luz de tales formulaciones, el rol del sicoterapeuta no es sólo el de alguien que aplica ciertas técnicas, sino el de quien puede hacer que el paciente trabaje con ellas —a pesar de él mismo.

Sin embargo, los medios del individuo para derrotar su propio intento terapéutico son más sutiles que la mera omisión. Por ejemplo, él puede *pensar* que está asociando o expresando libremente sus sentimientos presentes, o siendo él mismo, y de hecho puede estar haciendo algo bastante diferente; o, con mayor sutileza aún, puede responder a las indicaciones o seguir los pasos de una técnica determinada de una manera mecánica e insensible. En este caso, sólo está "haciendo" algo aparentemente, y no hay que sorprenderse mucho si no logra nada.

El profesional con habilidad en sicoterapia es, por sobre todo, aquel que puede producir acción real, más allá de las acciones superficiales, las cuales, si no están respaldadas con la actitud apropiada, no son más que un ritual vacío. Es capaz de detectar la actitud exacta, reforzarla, exigirla, enseñarla, pues la conoce en sí mismo. Cualquier libro puede describir una técnica, pero una actitud debe ser transmitida por una persona.

El rol central de la actitud apropiada no sólo se encuentra en el campo de la sicoterapia sino en cualquier ejercicio sicológico o disciplina espiritual. Si buscamos la esencia de una técnica, invariablemente llegamos a instrucciones que trascienden la descripción conductual, las que son difíciles de comunicar, incluso a través de la supervisión personal, y de las cuales frecuentemente se dice que, después de todo, son inexpresables. Podría ser necesario, por ejemplo, que la persona involucrada en cierta forma de práctica tuviera una actitud de "apertura", que se "dejara llevar", que se colocara a sí misma en una actitud de receptividad o rendición, ecuanimidad, confianza, fe, esperanza, etc. Incluso en el caso de una práctica del no-hacer, tal como la meditación Zen, el instructor de meditación está principalmente preocupado de transmitir cómo ha de ser puesta en práctica la técnica para ser efectiva. Aun cuando estén claros los aspectos externos de la no-acción, "Sólo estar sentado", como decía Shrunyu Sjuzaki, "abarca todos los koans".

Con el fin de no ser sólo un demostrador de técnicas sino alguien que logre que sirvan a su función, el terapeuta, como el guía espiritual de diferentes tradiciones, debe ser un experto en el *cómo* de las técnicas. Podría compararsele con el relojero que, según un chiste muy conocido, cobró una elevada suma por dar un fuerte soplo al mecanismo de un reloj. "¡Todo ese dinero sólo por soplar!", fue la reacción natural del cliente, a pesar de que no pudo dejar de reconocer que el reloj ahora estaba funcionando. "Sólo diez centavos por soplar, y el resto por saber dónde", fue la respuesta. Gran parte de la literatura existente sobre sistemas sicoterapéuticos trata de técnicas, y sin embargo, como el soplo de la historia anterior, las técnicas no son el punto. Podría decirse que las técnicas son las *ocasiones* para la expresión —tanto por parte del paciente como del terapeuta— de las actitudes que constituyen el trabajo real. Son una serie de acciones en las cuales hay que involucrarse *en un determinado estado espiritual,* y el terapeúta es quien tiene cierto dominio de tal estado. Su conocimiento de qué hacer o cómo actuar no deriva principalmente de fórmulas moleculares, sino de un entendimiento global de "aquello de lo cual se trata" —un entendimiento que él no es necesariamente capaz de formular en forma explícita. Más aún, su entendimiento implícito —que ha desarrollado a través de su vida y entrenamiento— no está necesariamente relacionado con su punto de vista teórico.

La terapia gestáltica es única entre las principales escuelas de sicoterapia debido *al grado en que es un sistema construido más bien sobre el entendimiento intuitivo que sobre la teoría.* Esto no significa que la intuición no fuera importante en el proceso creativo de Freud, Jung y otros. Quizás cada sistema efectivo surge de una realización personal. Tampoco significa que la intuición no sea parte de la práctica sicoterapéutica en general. La singularidad de la terapia gestáltica radica más bien en el hecho de que nunca se reemplazó un fundamento directo de la práctica sustentado en la intuición o el entendimiento vivo, por una fundamentación basada en suposiciones teóricas. Ciertamente, las ideas son parte del sistema, pero ellas son sus flores y nunca sus raíces. Más aún, la naturaleza de estas ideas generalmente es una explicación de actitudes en lugar de constructos teóricos. Son ideas arraigadas en la experiencia más que en la actividad especulativa, y no prestan apoyo a la actividad terapéutica sino que constituyen, como ésta, una vía alternativa de expresión.

Perls pensaba que ser sicoterapeuta era ser uno mismo, y viceversa. Empleaba y generaba técnicas (tal como utilizaba lápices para escribir o cubiertos para comer), pero nos previno sobre los *trucos* (*props*) —procedimientos usados con la creencia de que *ellos* harán algo mientras nosotros permanecemos sentados. En su mente no existía división entre ser lo que era y hacer su trabajo, y lo que "enseñaba" al "entrenar" sicoterapeutas era un guiarlos a ser ellos mismos. Confiaba en que el hecho de *ser* era contagioso y que el *aprendizaje intrínseco* de la sicoterapia era suficiente. Para él, *ser* significaba estar aquí y ahora, estar consciente y ser responsable —es decir, estar detrás de las propias acciones y sentimientos.

Estos tres elementos —una apreciación de la *actualidad*, del *estar consciente* y de la *responsabilidad*— constituyen la actitud esencial de la terapia gestáltica. A pesar de ser tres actitudes aparentemente diferentes, no son más que aspectos o facetas de un modo único de ser en el mundo. Ser responsable (capaz de responder) conlleva estar presente, estar aquí. Y estar verdaderamente presente, es estar consciente. A su vez, estar consciente es presencia —realidad— y una condición incompatible con la ilusión de irresponsabilidad por medio de la cual evitamos vivir nuestras vidas (o saber que sí las vivimos, sin importar lo que pensemos).

La Filosofía Implícita de la Terapia Gestáltica

La actitud básica de apreciación de la actualidad, el estar consciente y la responsabilidad, se manifiesta en un número de actitudes más específicas que los terapeutas gestálticos aprenden en su entrenamiento y comunican en su trabajo sin predicar. Estas actitudes más específicas se pueden considerar como corolarios de la actualidad, el estar consciente y la responsabilidad. Creo que ellas, junto con su triple médula, constituyen la real tradición de la terapia gestáltica, mientras que las técnicas sólo son un medio conveniente para la expresión y transmisión de su entendimiento. Por ejemplo:

1. En la terapia gestáltica existe una actitud de respeto por la enfermedad de la persona más que un intento de efectuar cambios. Resulta paradójico decir que una actividad sicoterapéutica, la cual naturalmente entendemos como orientada hacia el cambio, esté en este caso basada en la postura de aceptar a una persona tal como *es*. Por otro lado, a partir de toda forma de sicoterapia sabemos que de hecho, si no en teoría, la aceptación (en la forma de auto-aceptación a veces facilitada por un genuino apoyo externo) lleva al crecimiento más bien que al estancamiento. La vida es proceso, y vivirla es todo

lo que se necesita para mantener su flujo. Desde el punto de vista de la terapia gestáltica, una manera de *no* vivir es mantenerse apartado de la vida, diciéndonos a nosotros mismos lo que *deberíamos* estar haciendo. Por medio del debeísmo no incrementamos nuestro ser, sino que perdemos de vista lo que somos. Con respecto a esto, la terapia gestáltica se distingue más por lo que evita hacer que por lo que hace. Sostiene que basta con estar consciente; que para que se produzca un cambio no se necesita nada más que presencia, estar consciente y responsabilidad. Esto es lo que el Dr. Arnold Beisser ha llamado "la paradójica teoría del cambio". Yo rebatiría el término "teoría" debido al fundamento experiencial de esta actitud. En su mejor expresión, no es la postura intelectual de "sé que él va a cambiar una vez que deje de tratar. Confiaré en esta teoría y lo sacaré de su círculo vicioso", sino un genuino interés en lograr que el paciente sea lo que es (o falta de interés en cambiarlo). Si un terapeuta desea algún "cambio", desea más de lo mismo. Desea que el paciente esté más presente, sea responsable por lo que es y consciente. El paciente que quiere "cambiar", *desea lo menos posible de él mismo,* y entonces evita, miente, simula, etc. Y sin embargo, eventualmente aprenderá, por medio de la simple *experiencia de ser,* que no necesita buscar ser lo que no es.

2. Otra expresión de lo que llamo la actitud básica de la terapia gestáltica, es aquella particular posición que el Dr. Resnik analizó en su trabajo "Chicken Soup Is Poison" (La Sopa de Pollo Es Venenosa). Si nuestro ser (presencia, estar consciente, responsabilidad) es todo lo que necesitamos, esto no es todo lo que *deseamos*. Desde el punto de vista de la terapia gestáltica, muchos de nuestros deseos no se basan en necesidades, sino que son un ansia por sustitutos ambientales de lo que estamos repudiando en nuestro ser. Perls comprendía la maduración como la transición desde el apoyo ambiental al auto-apoyo, y los terapeutas gestálticos después de él están muy conscientes de la doble repercusión que el apoyo puede tener en el montaje terapéutico: una base para el crecimiento o un sustituto de él. El terapeuta gestáltico ve al rol terapéutico de "ayudador" con reserva, pues cree que "ayudar" puede ser el principal obstáculo a su ayuda real. De acuerdo con esto, se aparta de una posición de amor compulsivo y busca ya sea el equilibrio entre apoyo y frustración, que es el más conducente al crecimiento, o la expresión espontánea de él mismo.

3. Otro corolario más de la postura básica de la sicoterapia gestáltica es la actitud con la cual el terapeuta contempla los aspectos

aparentemente indeseables de la personalidad de su paciente. El terapeuta gestáltico, en su mejor nivel, aprecia tanto la naturaleza impulsiva de su paciente como sus mecanismos de defensa. En ambos ve energías que trabajan destructivamente en la oscuridad, pero que encontrarán una expresión constructiva en el estar consciente. Decir que es suficiente para el terapeuta incrementar el estar consciente de su paciente, su sentido de actualidad y su responsabilidad, o decir que estos tres aspectos son suficientes para nosotros con el fin de llegar a ser plenamente humanos, involucra una *confianza básica en la rectitud de nuestra propia naturaleza.* Dada esta confianza, no necesitamos manipularnos a nosotros mismos o a otros para preservar nuestra "bondad" y evitar la catástrofe del caos o de la destructividad. El terapeuta gestáltico cree que tal manipulación no sólo es superflua y desgastadora de nuestras energías, sino que destructiva, en el sentido de que nos aparta de lo que somos, crea infelicidad interna y externa, y así conduce a la necesidad de manipulaciones adicionales con el fin de evitar la infelicidad o llenar nuestro vacío.

Decir que el terapeuta gestáltico confía en la rectitud de la naturaleza humana, no significa que conciba la autenticidad como una condición de no fricción y no dolor. Como lo expresara Fritz Perls: "Posiblemente, todo lo que puedo hacer es ayudar a la gente a reorganizarse para así funcionar mejor, disfrutar más de la vida, sentir —y esto es muy importante—, sentirse más real. ¿Qué más quieren? La vida no es violines y rosas".

El terapeuta gestáltico no dice que la agresión no destruya o hiera, pero sí que la medida de la agresión es parte de nuestro funcionamiento organísmico y que, si no se le reconoce, se le suprime, rechaza, distorsiona, es probable que este potencial agresivo tenga como resultado una destructividad muy incrementada, así como también infelicidad personal. Por consiguiente, el trabajo del terapeuta gestáltico se caracteriza en gran medida por el grado en que invita a conductas explosivas, agresivas u otras. No teme a los sentimientos extremos o la falta de control, sino al contrario, los ve como la ocasión para la requerida atención (*awareness*) a los impulsos y para que el paciente se haga responsable de ellos, reconociéndolos como parte de su existencia.

Lo que vale para la expresión de impulsos —incluyendo, particularmente, la expresión de la ira— vale igualmente para la expresión del control. La terapia gestáltica no considera la resistencia como algo que debe ser destruido, sino como una actividad más de la cual debe tomarse conciencia y hacerse responsable. Las defensas no son algo que nos *sucede* y de lo cual alguien puede liberarnos, sino algo que *hacemos* y que podemos elegir continuar haciendo o no, de acuerdo con nuestra evaluación de nuestras necesidades y de la situación. Tal como en el judo o en el Tai Chi Chuan, la actitud del terapeuta gestáltico es la de guiar al paciente en la *utilización* de las energías de lo que él preferiría resistir como oponente. Para hacer eso, primero debe tomar *contacto* con su oponente: escucharlo, ver en qué está. Eventualmente, se dará cuenta que no hay "otro".

4. Otra actitud más expresada en la actividad del terapeuta gestáltico es un desprecio por las explicaciones, interpretaciones, justificaciones y la actividad conceptual en general. La derivación de esta postura a partir de lo que llamo la actitud básica, es fácil de visualizar si consideramos que al hablar *sobre* las cosas, de inmediato nos estamos apartando de nuestra experiencia directa de ellas.

Generalmente, la justificación se origina en la falta de auto-aceptación de la persona —al menos en el momento de justificar— y revela que está optando por evitar su experiencia de incomodidad a través de la búsqueda de aprobación externa. Un terapeuta gestáltico, primero que nada, lo haría asumir su experiencia en lugar de jugar un juego social. Más allá de eso, podría ayudar al paciente a hacerse responsable de su auto-acusación o, si ésta fuera un fantasma, a disolverla en la conciencia y reconciliarse con su acción. En general, las explicaciones se basan en el mismo fondo emocional que las justificaciones. Detrás de la mayoría de los "por qué" está el eco tácito de una advertencia paterna y materna: "Si no puedes explicar tu reacción —o acción—, no tienes derecho a ella". Este tipo de explicación puede ser considerado como una justificación en términos de causas en lugar de una justificación en términos de propósitos e intenciones o estándares extrínsecos. La justificación, ya sea en términos del pasado o el futuro, causas o metas, es un intento de basar la ex*istencia* (*isness*) de una experiencia en otra realidad que no sea la del presente. Para el terapeuta gestáltico no hay otra realidad que *ésta*, aquí y ahora. La aceptación de lo que somos aquí y ahora, es hacerse responsable de ser lo que somos. No hacerlo así, es aferrarse a la ilusión de un dios más grande que la realidad.

La terapia gestáltica, en contraste con el sicoanálisis, tiene poco que agregar a la interpretación dinámica de fenómenos sicopatológicos. Es más una "terapia" que una teoría, más un arte que un sistema sicológico. Sin embargo, tal como el sicoanálisis, la terapia gestáltica involucra un fundamento filosófico. Las actitudes enumeradas anteriormente, tales como su triple premisa, constituyen un fundamento filosófico de la terapia gestáltica. Más aún: la terapia gestáltica *descansa* en una postura filosófica implícita que se transmite del terapeuta al paciente, o a quien se entrena, por medio de sus procedimientos, sin necesidad de explicitación. Y más aún: me gustaría sugerir que la asimilación experiencial de tal Weltanschauung implícita es una clave oculta para el proceso terapéutico. Esto es válido con respecto al postulado de que una *filosofía* específica de vida provee el trasfondo de la terapia gestáltica tal como una sicología específica provee aquel de la terapia sicoanalítica.

La transmisión de actitudes, tales como las mencionadas anteriormente, a través del uso de las herramientas características de la terapia gestáltica, puede compararse con el proceso por medio del cual un escultor crea una forma con las herramientas de su arte. En ambas instancias, el contenido trasciende los instrumentos, a pesar de que los instrumentos fueron concebidos para su expresión. Desafortunadamente, una de nuestras debilidades humanas es confiar en que las fórmulas y las técnicas harán todo por nosotros, como lo demuestra la historia de cualquier culto, el relato de la incesante petrificación de la verdad en formas rígidas.

Cuando llamo "implícita" a la filosofía de la Gestalt, no estoy diciendo que esté, como en el sicoanálisis, encubierta. Está *simplemente* implícita, siendo tal implicidad misma èl resultado de su naturaleza o contenido: pues el terapeuta gestáltico le da más valor a la acción que a las palabras, a la experiencia más que a los pensamientos, al proceso vivo de la interacción terapéutica y al cambio interno resultante de ella más que a las creencias influyentes. La acción engendra sustancia o la toca. Las ideas pueden flotar fácilmente sobre la realidad, cubrirla o incluso sustituirla. Así, nada podría ser más lejano al estilo de la terapia gestáltica que predicar. Y sin embargo, involucra un tipo de predicación sin mandatos o proclamación de creencias, tal como un artista predica su cosmovisión y orientación de la existencia a través de su estilo.

Las ideas son igual de peligrosas que las técnicas como sustitutos de la experiencia real, pues nos tientan con su claridad y agudeza. Así caemos en el abismo "mágico" de igualar el conocimiento con el ser, el entendimiento con la acción, la expresión con la efectividad. Y sin embargo, sólo tenemos ideas y técnicas, y debemos aceptar que lo que nos sirve, también puede adormecernos y tomar nuestro lugar.

La virtud más allá del bien y del mal. El "bien" y el "mal" son sospechosos para el terapeuta gestáltico, quien está acostumbrado a percibir la mayoría de los consejos humanos como manipulación sutil, la discusión sobre temas morales como auto-justificación y racionalización de necesidades, los juicios de valor o desvalor como generalizaciones excesivas y como proyecciones de la experiencia personal hacia el ambiente, cuando las personas intentan evitar la responsabilidad de sus sentimientos y reacciones.

Tal como dijera F. Perls:

> Lo bueno y lo malo son respuestas del organismo. Decimos: "Me vuelves loco", "Me haces sentir feliz", menos frecuentemente, "Me haces sentir bien", "Me haces sentir mal". Entre las personas más primitivas, tales frases ocurren con extrema frecuencia. Volvemos a utilizar expresiones como: "Me siento bien", "Me siento pésimo", sin considerar el estímulo. Pero lo que sucede es que un alumno entusiasta hace sentir bien a su profesor, un niño obediente hace que sus padres se sientan bien. El boxeador victorioso hace sentir bien a sus fans, tal como el amante eficiente a su amada. Un libro o un cuadro producen lo mismo cuando satisfacen las necesidades estéticas de uno. Y *viceversa*: si la gente o los objetos no logran satisfacer las necesidades y producir satisfacción, nos sentimos mal en relación a ellos.
>
> El próximo paso es que en lugar de asumir nuestras experiencias como nuestras, las proyectamos y le asignamos al estímulo la responsabilidad por nuestras propias respuestas. (Esto podría suceder porque le tememos a nuestra excitación, sentimos que estamos fallando en la excitación, deseamos evadir la responsabilidad, etc., etc.). Decimos que el alumno, el niño, el boxeador, el amante, el libro, el cuadro, "es" bueno o malo. En ese momento, etiquetando al estímulo como bueno o malo, excluimos lo bueno y lo malo de nuestra propia experiencia. Se transforman en abstracciones y, por consiguiente, los objetos-estímulo son encasillados. Esto no sucede sin consecuencias. Una vez que aislamos el pensamiento del sentimiento, el juicio de la intuición, la virtud de la conciencia de sí mismo, la intencionalidad de la espontaneidad, lo verbal de lo no verbal, perdemos el Sí Mismo, la esencia de la existencia, y nos transformamos ya sea en fríos robots humanos o neuróticos confundidos.[1]

---

[1] *Complex,* edición de invierno, Nueva York: 1953-1954.

A pesar de tales puntos de vista sobre lo bueno y lo malo, la terapia gestáltica abunda en mandatos sobre la conveniencia de ciertas actitudes ante la vida y la experiencia. Estos son *mandatos morales* en el sentido que se refieren a la persecución de una vida buena. Aun cuando en el lenguaje común la noción de virtud ha llegado a indicar una preocupación por vivir de acuerdo a estándares extrínsecos al hombre, es posible que todos los grandes temas sobre virtud se hayan originado primero en una ética humanista donde el bien y el mal no estaban divorciados de la condición del hombre. Así, el concepto de *rectitud* en el judaísmo, aquella religión eminentemente legisladora, indicó alguna vez la condición de estar en armonía con la ley o voluntad de Dios, la cual podemos entender como similar a aquella aludida por los chinos no-teístas como vivir en el Tao —siguiendo el auténtico *Camino* propio. Así parecería que lo que en una visión vívida de la vida es visto como recto, justo, adecuado o bueno, después de ser expresado en forma de leyes, se vuelve contra el hombre y lo esclaviza proclamando una autoridad mayor que él mismo.

Si deseáramos hacer una lista de los mandatos morales implícitos en la terapia gestáltica, la extensión de la lista podría variar según el nivel de generalidad o particularidad de nuestro análisis. Sin pretender ser sistemático o exhaustivo, aquí hay algunos mandatos que podrían dar una noción impresionista del estilo de vida que conllevan:

1. Vive ahora —es decir, preocúpate del presente más que del pasado o el futuro.
2. Vive aquí —es decir, relaciónate más con lo presente que con lo ausente.
3. Deja de imaginar: experimenta lo real.
4. Abandona los pensamientos innecesarios; más bien, siente y observa.
5. Prefiere expresar antes que manipular, explicar, justificar o juzgar.
6. Entrégate al desagrado y al dolor tal como al placer; no restrinjas tu percatarte.
7. No aceptes ningún otro debería o tendría más que el tuyo propio: no adores ninguna imagen tallada.
8. Responsabilízate plenamente de tus acciones, sentimientos y pensamientos.
9. Acepta ser como eres.

La paradoja de que tales mandatos puedan ser parte de una filosofía moral que recomienda precisamente renunciar a los mandatos, podría ser resuelta si los consideramos más bien como declaraciones de una verdad que como declaraciones de un deber. La responsabilidad, por ejemplo, no es un *deber* sino un hecho inevitable: *somos* los hechores responsables de cualquier cosa que hagamos. Nuestra única alternativa es reconocer tal responsabilidad o negarla. Todo lo que dice la terapia gestáltica es que aceptando la verdad (lo que equivale más bien a un no-deshacer que a un hacer) estamos en mejor situación: el percatarse cura. Por supuesto, nos cura de nuestras mentiras.

Creo que todos estos mandatos específicos de la terapia gestáltica podrían a su vez resumirse en los tres principios más generales que mencioné anteriormente en el texto:

1. Valoración de la actualidad temporal (el presente vs. el pasado o el futuro), espacial (lo presente vs. lo ausente) y sustancial (el acto vs. el símbolo).
2. Valoración de la atención y aceptación de la experiencia.
3. Valoración de la totalidad, o responsabilidad.

Considerar estos principios mera*mente* como puntos de vista técnicos o recursos terapéuticos, sería subestimar su rol. Consideremos, por ejemplo, interacciones como las siguientes, las cuales no creo que sean excepcionales en sesiones de terapia gestáltica:

(Sobre la actualidad)

P.: Me sentí muy deprimido ayer...

T.: Veo que estás empezando a contarme una historia.

P.: Ya veo... Es cierto que no estoy deprimido ahora, pero pensé que sería bueno entender qué pasó; de otra manera, me preocupa que la próxima vez...

T.: ¿Ves cómo te preocupas?

P.: Bueno, si no pienso sobre mi futuro, ¿qué estoy haciendo aquí, entonces?

T.: Averiguémoslo.

O consideremos lo siguiente sobre la responsabilidad:

P.: Me siento angustiado porque siento que esperas que plantee algo...

T.: ¿Lo hago?

P.: Bueno, me imagino... o mejor dicho, me gustaría complacerte, o impresionarte... a pesar de que no debería sentirme así.

T.: ¿Quién lo dice?

P.: No me gusta sentirme de esta manera. Ello me hace sentir débil.

T.: ¿Qué es "ello"?

P.: Yo mismo me hago sentir débil. Me encojo. Desconecto mi poder.

T.: De modo que así es como tú mismo te fabricas la angustia...

P.: Sí, lo hago. Tengo la opción...

Pienso que éstos son ejemplos en los que la interacción del terapeuta puede ser vista como una demostración práctica de la validez o méritos de una filosofía de vida. La mayoría de las veces, el alcance del asunto será estrecho en su particularidad, pero la consistencia en el punto de vista conducirá gradualmente a la elaboración de un nuevo patrón de convicciones. Un paciente puede descubrir experimentalmente, por ejemplo, que al ceder ante los sentimientos que ha estado evitando, ellos sufren una transformación; que al aceptarlos cambian, mientras que con su costumbre de rechazarlos sólo los había perpetuado. O en los procesos de "olvido" temporal e intencional de preocupaciones pasadas y futuras, podría descubrir, para sorpresa suya, que no necesita aferrarse a ellas todo el tiempo y que de hecho puede, con esta nueva actitud, enfrentarse mejor, y no peor, con las cosas prácticas. Este tipo de interacción en la Terapia Gestáltica es paralela a la que se da en el Zen:

> Sengtsan le hizo una petición a Huike, diciendo: "Estoy enfermo: te imploro que me limpies de mi pecado". Huike dijo: "Tráeme tu pecado y te limpiaré de él". Sengtsan pensó un momento, y luego dijo: "No puedo atraparlo". Huike contestó: "Entonces te he limpiado de él".

Más allá de la actitud: la experiencia directa. La actitud básica de valorar el presente y la presencia, la atención y la responsabilidad, se transforma —como la luz blanca descompuesta en los colores del arcoiris— en las actitudes o ideales más específicos que inspiran la conducta del terapeuta gestáltico en su práctica. Cada una de estas actitudes específicas o mandatos implícitos provienen de aquello que hemos establecido como el triple central, como una forma particular de expresión de una ley única. Pero no sería exacto concebir su derivación como una netamente lógica, aunque se pueda mostrar explícitamente su interrelación en términos lógicos.

Al hablar de actitudes, por cierto, no he puesto suficiente énfasis en la base *experiencial* de la conducta o creencias involucradas en las descripciones anteriores. El término "actitud" es adecuado en el sentido de que denota una respuesta global, sugiere más bien el área de la filosofía de vida que una conducta técnicamente arraigada, e implica aspectos afectivos, cognitivos y conductuales. Sin embargo, sería bueno aclarar que el aprendizaje de actitudes que estoy señalando como el proceso central en la terapia gestáltica, no debe ser entendido como un asunto de cambiar creencias ni como imitación de la conducta. La sustancia de la transmisión que tiene lugar en la sicoterapia, no consiste en ideas o estilos de conducta, sino en una experiencia de la cual pueden derivar tanto las ideas como la conducta —no una descripción sino una *experiencia* de presencia, atención y responsabilidad, lo cual trae consigo la garantía de su total exactitud y la percepción de su posibilidad para otras personas. El que es, no sólo puede sustentarse a sí mismo y disfrutar sus circunstancias en lugar de sufrirlas, sino que puede ver el "estado de ser" (*is-ness*) en que otros están desperdiciando energías tanto negándolo como luchando por obtenerlo. No necesita *adoptar* una actitud. Se experimenta a sí mismo como digno de la existencia, y del mismo modo experimenta al otro. Tal como es para sí mismo, es *para* su paciente; y no está en contra de los juegos que oscurecen su ser, sino que no se interesa por ellos.

Es algo obvio decir que el proceso de aprendizaje que tiene lugar en la terapia gestáltica es experiencial más que intelectual y meramente conductual. Sin embargo, pienso que es necesario establecer que si esto es verdad, *el proceso terapéutico consiste en la transmisión de una experiencia.* Se ha escrito mucho sobre la sicoterapia como técnica —es decir, desde el punto de vista de los *efectos* de las acciones o interpretaciones del terapeuta sobre el paciente. En discusiones de esta índole, las experiencias del paciente siempre son vistas como *producidas* por elecciones deliberadas de conducta por parte del terapeuta. Sin embargo, lo que se omite es la noción de que *la experiencia puede ser transferida,* y que, tal como la vida proviene de la vida, quizás sólo se pueda producir una cierta profundidad de la experiencia por medio de la *presencia* de otro ser que esté participando en esa profundidad, y no por manipulaciones. Si la actitud es un asunto más profundo que la técnica, y si las técnicas se derivan de actitudes, la experiencia es un asunto aún más profundo que las actitudes y constituye *su* fuente. Sin la actitud apropiada, las técnicas se transforman en formas vacías. Sin la experiencia, incluso la actitud se transforma en dogmas de segunda mano. Tal como un organismo muerto no se puede reproducir, las meras actitudes muertas no pueden engendrar ninguna actitud correspondiente en otro ser. Por otra parte, la experiencia es auto-duplicadora. Crea las formas externas que transmite su corazón latiente.

Creo que lo anterior es verdadero en cada sicoterapia exitosa, pero especialmente verdadero en la terapia gestáltica, donde al terapeuta se le exige más que en otras terapias para ser tanto un ser humano desnudo como un artista. En el mismo sentido en que Beethoven dijo que su música iba de corazón a corazón, veo las acciones del terapeuta gestáltico como significativas sólo en la medida en que son, más que técnicas, *expresiones de una perspectiva*, corporeizaciones de un entendimiento vivo, que pueden generar tal entendimiento en otra persona. En la medida en que se basen en esta comprensión vital o experiencial, generarán la confianza o fe requerida para hacer de la sicoterapia una comunicación en profundidad más que un juego con palabras.

3
El Centrarse en el Presente como Técnica, Prescripción e Ideal

Para mí, nada existe excepto el ahora. Ahora = experiencia = toma de conciencia = realidad. El pasado ya no es y el futuro aún no es. Sólo existe el ahora.

Frederick Perls

I. Todos los Asuntos que se Reflejan en el Centrarse en el Presente

En el capítulo anterior he estado recalcando 1) que las técnicas de la terapia gestáltica están enraizadas en ciertas actitudes, 2) que estas actitudes son manifestaciones de una actitud básica que puede ser entendida desde el punto de vista tripartito del percatarse, la responsabilidad y la actualidad, y 3) que esta actitud básica no es meramente un asunto ideológico, sino que en sí misma está enraizada en una experiencia: la *evidencia* de la actualidad (es decir, la comprensión del *hecho* de que estamos viviendo aquí y ahora y que somos uno con nuestras acciones concretas); la evidencia de la responsabilidad (el hecho de que *nosotros* hacemos lo que hacemos y que no somos distintos de lo que somos); y la evidencia del percatarse (de que, en cierto nivel, nosotros sabemos qué estamos haciendo y vivenciando, a pesar de lo mucho que nos engañamos fingiendo que no lo hacemos).

En las páginas siguientes voy a examinar en forma más o menos detallada un aspecto de la actitud tripartita de la Terapia Gestáltica, como un ejemplo explicativo de lo que pudo hacerse con cada uno de los tres. Más específicamente, explicaré un *aspecto* de la actualidad, en sí misma un aspecto de la filosofía de la Terapia Gestáltica. Sin embargo, como espero poder demostrar, todos los asuntos se reflejan en éste, o en cualquiera, pues las cuestiones de la actualidad, el percatarse y la responsabilidad sólo son superficialmente distintas. Efectuando un examen más riguroso podemos descubrir, por ejemplo, que el asunto de la actualidad no sólo se relaciona con la valoración del tiempo presente y el lugar presente, sino con la valoración de la realidad concreta, de sentir y experienciar en lugar de pensar e imaginar, con el percatarse y la auto-determinación. Más específicamente, espero que las páginas siguientes puedan mostrar que la disposición a vivir en el momento es inseparable del asunto de la apertura a la experiencia, de la confianza en el funcionamiento de la realidad, de la discriminación entre la realidad y las fantasías, de la rendición del control y la aceptación de la frustración potencial, de una visión hedonista, de la conciencia de la muerte potencial, y así sucesivamente. Todos estos asuntos son facetas de una experiencia única de estar en el mundo, y contemplar tal experiencia desde la perspectiva del centrarse en el presente, equivale a una opción arbitraria.

II. El Centrarse en el Presente como Técnica

A pesar de que la fórmula *hic et nunc* es recurrente en la literatura escolástica, para la sicoterapia contemporánea la relación del aquí y ahora ha sido el resultado de una evolución gradual.

El sicoanálisis comenzó con un enfoque orientado hacia el pasado. El descubrimiento de Freud de la asociación libre tuvo sus orígenes en su experiencia con la hipnosis, y la índole de sus primeras exploraciones en el método fue de un intento de no tener que recurrir al estado de trance, y sin embargo, originar las mismas claves para la comprensión del pasado de su paciente. En esos días, él le planteaba una pregunta al paciente y le pedía que relatara el primer pensamiento que se le viniera a la mente en el momento de tocar su frente. Al ir adquiriendo mayor experiencia, él descubrió que podría omitir el contacto con la frente e incluso también la pregunta, y en lugar de eso, considerar cada expresión proferida como una asociación a la precedente, en el flujo espontáneo de pensamientos, recuerdos y fantasías. En esa época, para él esto no era más que la materia prima para una empresa interpretativa, donde las asociaciones más valiosas eran aquellas relacionadas con la infancia del paciente. Su supuesto, entonces, era que el paciente sólo podría liberarse del pasado entendiéndolo en el presente.

En el sicoanálisis, el primer paso hacia un interés en el presente fue la observación de Freud de la "transferencia". En la medida que los sentimientos del paciente hacia el analista fueron entendidos como la réplica de sus sentimientos más tempranos hacia sus padres o hermanos, la comprensión de la relación terapéutica de pronto se tornó significativa para la comprensión del asunto aún básico del pasado del paciente.

En un comienzo, el análisis de la transferencia todavía estaba subyugado a la interpretación retrospectiva, pero podemos suponer que condujo cada vez más hacia una comprensión de su valor en su propio derecho, pues el paso siguiente fue un cambio gradual en énfasis del pasado al presente, no sólo como el medio o material que se estaba examinando, sino como el objetivo mismo de la comprensión. Así entonces, mientras al principio el análisis del presente era una herramienta o un medio para la interpretación del pasado, hoy en día muchos consideran al análisis de los acontecimientos de la niñez como un medio para la comprensión de la dinámica del presente.

Las líneas de desarrollo han sido múltiples. Melanie Klein, por ejemplo, conserva un lenguaje interpretativo basado en suposiciones acerca de las experiencias de la infancia temprana, pero la tendencia de su escuela en la práctica real es concentrarse casi exclusivamente en la comprensión de la "relación de transferencia". Bion llevó a la situación grupal un semejante foco de atención sobre el presente.

El cambio de Wilhelm Reich hacia el presente fue el resultado de su cambio de interés desde las palabras a la acción. El asunto estaba en su análisis del carácter, aquel de la comprensión de la forma de expresión del paciente en lugar del contenido de su discurso. No puede haber mejor modo de hacerlo que observando su conducta en la situación en curso.

Una tercera contribución a la valoración del presente en el proceso terapéutico se debe a Karen Horney, que toca el fundamento mismo de la interpretación de las neurosis. Pues, desde su punto de vista, las perturbaciones emocionales que se originaron en el pasado ahora son mantenidas por una falsa identidad. El neurótico una vez vendió su alma al demonio a cambio de una resplandeciente auto-imagen, pero aún opta por respetar el pacto. Si una persona puede llegar a entender cómo en este preciso instante está enterrando su verdadero sí mismo, puede liberarse.

En la sicoterapia contemporánea, el énfasis creciente en la orientación hacia el presente se puede remontar al impacto de otras dos fuentes aparte del sicoanálisis: los grupos de encuentro y las disciplinas espirituales de Oriente. La información sobre estas últimas ahora está bastante difundida en Occidente y la práctica de algunas de ellas va en aumento. Se puede señalar al Zen, en particular, como una de las influencias que han contribuido al moldeado de la terapia gestáltica en su forma actual.

El ahora en la presentificación y en "el continuum de la atención". Hay por lo menos dos formas en que el centrarse en el presente se refleja en el repertorio técnico de la terapia gestáltica. Una, la clara petición al paciente en el sentido que atienda a aquello que entra en su campo presente de la atención y lo exprese. Esto casi siempre irá acompañado de la instrucción de suspender el razonamiento en favor de la pura auto-observación. La otra forma es la *presentificación* del pasado o el futuro (o de la fantasía en general). Esto puede tomar la forma de un intento interno de identificarse con acontecimientos del pasado o revivirlos, como en el *retorno* de la dianética, o más frecuentemente, una reactuación de escenas con participación gestual y postural así como también oral, como en el caso del sicodrama.

Ambas técnicas tienen antecedentes en disciplinas espirituales más antiguas que la sicoterapia, y no podría ser de otra manera, dada su importancia. La presentificación se encuentra en la historia del drama, tanto mágico como ritual, y en la actuación de sueños entre algunos pueblos primitivos. El situarse en el presente es la piedra angular de algunas formas de meditación. Sin embargo, tanto la presentificación como el situarse en el presente encuentran en la terapia gestáltica una corporeización y una forma de utilización distintivas que merecen una extensa discusión. En las páginas siguientes, me voy a concentrar en el enfoque llamado en terapia gestáltica, el ejercicio del continuum de la atención. Dado que se asemeja mucho a una meditación traducida a palabras y su rol en la terapia gestáltica es comparable al de la asociación libre en el sicoanálisis, me referiré a él, fundamentalmente, en términos comparativos.

Terapia gestáltica y meditación. La práctica de la atención a la experiencia presente ha tenido un lugar en varias tradiciones de disciplina espiritual. En el budismo es un corolario de la "mente correcta" ("right-mindfullness"), uno de los factores en el "Noble Camino de Ocho Partes". Un aspecto de la "mente correcta" es la práctica de la "atención desnuda".

> A la Atención Desnuda sólo le concierne el *presente*. Enseña lo que muchos han olvidado: vivir con una conciencia plena en el Aquí y Ahora. Nos enseña a *encarar* el presente sin tratar de escapar hacia pensamientos acerca del pasado o el futuro. Para la conciencia promedio, el pasado y el futuro no son objetos de observación sino que de reflexión. Y, en la vida común, el pasado y el futuro rara vez son tomados como objetos de una reflexión verdaderamente *sabia*, sino que fundamentalmente sólo son objetos de ensoñaciones e imaginería vana, las cuales son las enemigas principales de la Mente Correcta, el Entendimiento Correcto y, también, de la Acción Correcta. La Atención Desnuda, al quedarse fielmente adherida a su atalaya, observa calmadamente y sin aprensión el paso incesante del tiempo: espera tranquilamente que las cosas del futuro aparezcan ante sus ojos, tornándose así en objetos presentes y volviendo a desvanecerse en el pasado. ¡Cuánta energía se ha desperdiciado en pensamientos inútiles acerca del pasado: por añorar ociosamente días de antaño, por arrepentimiento y remordimientos vanos, y por la repetición sin sentido y ruidosa, en palabras o pensamientos, de todas las banalidades del pasado! De igual futilidad es gran parte del pensamiento que se le da al futuro: esperanzas vanas, planes fantásticos y sueños vacíos, temores infundados y preocupaciones inútiles. Una vez más, todo esto es causa de pena y decepción evitables, lo que puede ser eliminado por la Atención Desnuda[1].

El pasado y el futuro no se califican como "objetos desnudos" en el sentido que son de naturaleza imaginativa, pero también deben evitarse porque el permanecer en ellos implica una pérdida de libertad: la ilusión nos entrampa en su recurrencia. Como lo ha dicho Nyaponika Thera:

> La Mente Correcta recupera para el hombre la perla perdida de su libertad, arrancándola de la quijada del dragón del Tiempo. La Mente Correcta libera al hombre de las ataduras del pasado que él

[1] Nyaponika Thera, *The Heart of Buddhist Meditation*. London: Rider, 1962. p. 41.

> estúpidamente trata incluso de reforzar volviéndolo a mirar demasiado frecuentemente, con ojos de nostalgia, resentimiento o arrepentimiento. La Mente Correcta no le permite al hombre encadenarse ni siquiera ahora, mediante las imaginaciones de sus temores y esperanzas, a eventos anticipados del futuro. Así, la Mente Correcta le devuelve al hombre una libertad que sólo ha de encontrarse en el presente[2].

La práctica más importante relacionada con el punto de vista establecido en la cita anterior, es aquella forma de meditación que los chinos denominan *wu-hsin* (o falta de idealidad), que consiste, según Watts, en "la capacidad para retener la conciencia normal y cotidiana de uno y, al mismo tiempo, dejarla ir".

> Es decir, uno comienza a tener una visión objetiva del flujo de pensamientos, impresiones, sentimientos y experiencias que constantemente pasan por la mente. En lugar de tratar de controlar e interferir en ello, uno simplemente lo deja fluir como le plazca. Pero considerando que la conciencia normalmente se permite ser arrastrada por el flujo, en este caso lo importante es *observar* el flujo sin ser arrastrado por la corriente.

Este es un estado en el cual

> ...uno simplemente acepta las experiencias tal como vengan sin interferir en ellas, por una parte, o identificarse con ellas, por la otra. Uno no las juzga, no elabora teorías acerca de ellas, no trata de controlarlas ni intenta cambiar su naturaleza de ninguna forma; uno las deja ser libres para que sean exactamente lo que son. "El hombre perfecto", decía Chuang-tzu, "emplea su mente como un espejo; no se apodera de nada, no rehusa nada, recibe pero no guarda". Es necesario establecer una clara distinción entre esto y una mera vaciedad de la mente, por una parte, y un vagabundeo mental común e indisciplinado, por la otra[3].

En el contexto de la terapia gestáltica, la práctica de la atención al presente se asemeja mucho a la meditación verbalizada. Más aún, es una meditación llevada a la situación interpersonal como un acto

---

[2] *Ibid.*
[3] Alan Watts, *The Supreme Identity*. New York: Farrar, 1957. p. 176.

de aúto-confesión. Esto le permite al terapeuta monitorear el ejercicio (lo cual quizás sea indispensable para los inexpertos) y, además, puede añadirle significancia a los contenidos de la conciencia.

Yo no pondría en duda que la búsqueda de palabras y el acto de su relato pueden interferir con ciertos estados mentales; sin embargo, el acto de la expresión también añade cosas al ejercicio de la atención, más allá de ser meramente un medio de información para la intervención del terapeuta. Al menos se pueden enumerar las siguientes ventajas de la toma de conciencia comunicada sobre la meditación en silencio:

1. El acto de la expresión es un desafío a la agudeza de la toma de conciencia. No es muy exacto decir que sabemos algo, pero que no lo podemos poner en palabras. Desde luego que las palabras no son más que palabras y jamás podemos poner *nada* en palabras; sin embargo, dentro de ciertos límites, la claridad de la percepción va acompañada de la capacidad de expresar, donde un artista es más bien un maestro de la atención que un fabricante de patrones muy hábil. Y tanto en el arte como en la sicoterapia, la tarea de tener que comunicar algo implica tener que observarlo realmente en lugar de soñar con observarlo.

2. La presencia de un testigo generalmente conlleva un incremento tanto de la atención como de la significancia de aquello que se observa. También pienso que mientras más consciente sea un observador, más se agudiza nuestra propia atención por su mera presencia, como si la conciencia fuera contagiosa, o dicho de otra forma, una persona no pudiera evitar tan fácilmente ver lo que se está exponiendo a la vista de otro.

3. En un marco interpersonal, los contenidos de la conciencia naturalmente tenderán a ser aquellos de la relación interpersonal, mientras que el meditador solitario concentrado en el "aquí y ahora", sistemáticamente no podrá hallar tales contenidos en su propio campo de conciencia. Dado que en condiciones sicopatológicas, las perturbaciones se producen fundamentalmente en las pautas de relación y en la auto-imagen en el proceso de relacionar, este factor tiene una gran preponderancia en el hecho de convertir en una terapia el ejercicio del aquí-y-ahora cuando está en el marco del yo-tú.

4. La situación interpersonal hace que el centrarse en el presente sea más difícil, pues, en general, suscita proyecciones, evitaciones y auto-engaño. Por ejemplo, lo que para el meditador solitario puede ser una serie de observaciones acerca de estados físicos, en el contexto de la comunicación puede llegar a mezclarse con una sensa-

ción de angustia por el eventual aburrimiento del terapeuta, la suposición de que tales observaciones son triviales o que ponen en evidencia el vacío esencial del paciente. El descubrimiento de tales sentimientos y fantasías es importante por las siguientes razones:

a. Si el centrarse en el presente es un modo deseable de vivir que generalmente se ve empañado por las vicisitudes de las relaciones interpersonales, el desafío del contacto implica la situación ideal de entr*enamiento*. Me gustaría introducir el pensamiento de que la práctica de vivir-en-el-momento es verdaderamente un *ejercicio* y no meramente una ocasión para el auto-conocimiento. Al igual que en la terapia conductual, éste es un proceso de desensibilización en cuyo curso la persona se libera del condicionamiento central de evitar la experiencia y aprende que no hay nada que temer.

b. En relación con lo anterior, se encuentra el hecho de que es precisamente la toma de conciencia de las dificultades en el centrarse en el presente lo que puede suministrar el primer paso para superarlas. El vivenciar la cualidad compulsiva de preparar o planificar puede ser inseparable de una apreciación de la alternativa a ellas y de un verdadero entendimiento de la distinción entre los mencionados estados mentales y el centrarse en el presente.

5. El contexto terapéutico permite una evaluación del proceso de auto-observación, por medio de la cual el terapeuta lleva al paciente de vuelta al presente cuando se ha distraído de él (es decir, de sí mismo). Hay, fundamentalmente, dos maneras de hacer esto. La más simple (aparte de sólo recordarle la tarea) es despertarlo constantemente a lo que está haciendo sin darse cuenta. Esto se consigue dirigiendo su atención a los aspectos de su conducta que parecen formar parte de sus pautas automáticas de respuesta o que chocan con sus acciones intencionales. La simple acción de servirle de espejo puede ser útil para sacar a la luz y convertir en foco de atención su relación consigo mismo y sus acciones en general. Sugiero que llamemos a esto "reflejar", ya que constituye una extensión dentro del campo total de conducta de la técnica que Rogers concibió como la reiteración de afirmaciones puramente verbales:

P.: Ahora no sé qué decir...
T.: Me percato que me estás quitando la mirada.
P.: (Se ríe un poco en forma nerviosa).
T.: Y ahora te cubres la cara.
P.: ¡Me haces sentir tan mal!
T.: Y ahora te estás cubriendo la cara con ambas manos...

P.: ¡Detente! ¡Esto es insoportable!

T.: ¿Qué sientes ahora?

P.: ¡Me siento tan avergonzado! ¡No me mires!

T.: Por favor, quédate con esa vergüenza.

P.: ¡He estado viviendo con ella toda mi vida! ¡Tengo vergüenza de todo lo que hago! ¡Es como si ni siquiera sintiera que tengo derecho a existir!

Una alternativa a este proceso de simplemente reflejar la conducta del paciente, es considerar las ocasiones en que fracasa en centrarse en el presente como claves a las dificultades del paciente (o más bien, muestras vivas de ellas), tal como en el sicoanálisis el no poder hacer asociaciones libres es el objetivo de la interpretación. Sin embargo, en la terapia gestáltica, en lugar de la interpretación, tenemos la *explicación*: la petición de que el paciente mismo se percate de la experiencia subyacente a su conducta evitativa del presente y la exprese. Porque una de las suposiciones en terapia gestáltica es que el *centrarse en el presente es natural*: en el fondo, lo que más deseamos es vivir-en-el-momento, y por lo tanto, la naturaleza de las desviaciones del presente es de evitación o sacrificio compulsivo en lugar de alternativas azarosas. Aun cuando esta suposición de la comunicación humana en general no fuera cierta, en terapia gestáltica se torna verdadera pidiéndole al paciente que permanezca en el presente. Bajo tal estructura, las desviaciones pueden ser entendidas ya sea como fracasos, sabotaje de un intento o desconfianza en la totalidad del enfoque y/o en el sicoterapeuta.

En la práctica, por lo tanto, el terapeuta no sólo entrenará al paciente en la atención persistente a su experiencia en curso, sino que especialmente lo estimulará a percatarse y expresar su experiencia en el momento en que fracase en la tarea. Esto equivale a detenerse para llenar los vacíos que quedan en la conciencia:

P.: Siento que el corazón me late muy fuerte. Me están sudando las manos. Tengo miedo. Recuerdo cuando trabajé contigo la última sesión y...

T.: ¿Qué es lo que quieres decirme volviendo a la semana pasada?

P.: Tenía miedo de exponerme, y luego me sentí aliviado otra vez, pero creo que no expresé lo verdadero...

T.: ¿Por qué me quieres decir eso ahora?

P.: Me gustaría enfrentar este temor y descubrir lo que sea que estoy evitando.

T.: Muy bien. Eso es lo que quieres ahora. Por favor, sigue adelante con tus experiencias del momento.

P.: Me gustaría hacer un paréntesis para contarte que me he sentido mucho mejor esta semana.

T.: ¿Podrías contarme algo acerca de tu experiencia mientras haces este paréntesis?

P.: Estoy agradecido contigo, y quiero que lo sepas.

T.: Capto el mensaje. Ahora, por favor, compara estas dos afirmaciones: "Estoy agradecido" y el relato de lo bien que te has sentido esta semana. ¿Puedes decirme qué es lo que sientes que te hace preferir la historia antes de la declaración directa de tus sentimientos?

P.: Si he de decir: "Estoy agradecido contigo", siento que aún tengo que explicar... ¡Ah!, ahora me doy cuenta. Hablar de mi gratitud me parece como demasiado directo. Me siento más cómodo dejándote adivinar, o simplemente haciéndote sentir bien sin permitirte que conozcas mis sentimientos.

En esta instancia en particular, podemos ver que el paciente ha: 1) evitado expresar y hacerse responsable de sus sentimientos (como más tarde se hizo evidente debido a su ambivalencia), y 2) actuado sus sentimientos en lugar de ponerlos de manifiesto, en un intento de manipular el estado mental del terapeuta hacia la complacencia en vez de percatarse de su deseo de que éste se sintiera gratificado.

Cada vez que, mediante tales requerimientos, se hace explícita la experiencia que motiva otras actividades que no sean el mero acto de la conciencia, frecuentemente ocurre que el paciente puede abandonar las formas de expresión indirecta comprometidas en la desviación del presente. A su vez, la expresión directa puede conducir a una toma de conciencia mucho más fuerte.

T.: Ahora veamos qué deseas contarme acerca de tu gratitud en la forma más directa posible.

P.: Quiero agradecerte mucho lo que has hecho por mí. Siento que me gustaría recompensarte de alguna manera por tu atención... ¡Guau!, me siento tan incómodo diciendo esto. Siento que tal vez piensas que estoy siendo un hipócrita y un falso adulador. Creo que siento que ésta fue una afirmación hipócrita. No me siento *tan* agradecido. Quiero que *tú* creas que me siento agradecido.

T.: Quédate con eso. ¿Cómo te sientes cuando quieres que yo crea eso?

P.: Me siento pequeño, desprotegido. Me da miedo que me ataques, así es que quiero que estés de mi lado.

Podemos considerar la ilustración anterior en términos de que el paciente, inicialmente, no desea hacerse responsable de su mentada gratitud. Como pronto quedó en claro, esto fue así debido a su ambivalencia y renuencia a decir una mentira explícita (o, al menos, una verdad a medias). Finalmente, cuando sí se hizo responsable de *su deseo de que el terapeuta lo percibiera como agradecido*, él pudo reconocer que su miedo estaba en la raíz de todo el acontecimiento. Es cierto que su primera afirmación se refería a las fuertes palpitaciones de su corazón y a su miedo, pero ahora, al hablar de la expectativa de que el médico o el terapeuta pudiera atacarlo, se ha adentrado más en la sustancia misma de su miedo. Volviendo al pasaje, parece razonable suponer que él se desvió de su centrarse en el presente cuando, implícitamente, optó por manipular en lugar de vivenciar. Posiblemente, la mera insistencia en retornar al presente podría haber dicho más acerca de los contenidos de su conciencia de superficie, pero hubiera dejado de revelar la operación fuera-del-percatarse de su evitación.

El continuum de la atención y la asociación libre. El relato de la experiencia-del-momento no sólo tiene un lugar en la terapia gestáltica comparable al de la asociación libre en el sicoanálisis, sino que la diferencia entre los dos, en la práctica, no es tan definida como parecería a partir de sus definiciones.

En principio, la "asociación libre *de pensamientos*" enfatiza lo que más evita la terapia gestáltica: recuerdos, razonamientos, explicaciones, fantasías. Sin embargo, en la práctica real, el paciente sicoanalítico puede estar principalmente centrado en su experiencia de la comunicación, mientras que en la terapia gestáltica, el paciente frecuentemente puede desviarse de su campo de sentir, percibir y hacer en el presente. Aparte de las instrucciones dadas al paciente en terapia gestáltica, para que su comunicación se limite a la actualidad y al campo de experiencia inmediata, hay una diferencia que es producida por el enfoque del terapeuta a la comunicación del paciente en ambas situaciones.

Tomemos el caso de un paciente que está haciendo recuerdos de un acontecimiento agradable. Podría ser que un analista, en primer lugar, condujera al paciente a comprometerse con el significado del acontecimiento recordado. El terapeuta gestáltico, por el contrario, probablemente le pondrá atención al relato faltante sobre *qué está ocurriendo con el paciente ahora, mientras opta por recordar en lugar de permanecer en el presente.* En lugar de preocuparse del contenido de su recuerdo, está preocupado de su *acción* presente de traer a la mente el acontecimiento o relatarlo.

El analista también podrá optar por concentrarse en el presente del paciente. En tal caso, con toda probabilidad, va a *interpretar* sus recuerdos ya sea como una compensación y defensa en vista de sus sentimientos del momento, o como una clave o indicación de sus sentimientos placenteros actuales. Por otra parte, el terapeuta gestáltico considerará las interpretaciones como mensajes dirigidos a la mente analítica del paciente, la cual debe dar un paso fuera de la realidad para "pensar acerca de" ello. Sus esfuerzos son precisamente aquellos de minimizar el alejamiento actual de experiencias involucradas en la abstracción e interpretación. Por lo tanto, él más bien restablecerá los esfuerzos del paciente como co-fenomenólogo con el fin de observar, en lugar de teorizar sobre este acto o rotularlo o recordar un hecho agradable". La toma de conciencia de que "yo estoy recordando algo placentero", ya es un paso más allá del acto mismo de recordar, y puede que abra un camino a la comprensión del motivo o intento actual en el proceso. Por ejemplo, podría llevarlo a uno a percatarse de que: "Quiero hacerte sentir que tengo muchos buenos amigos, de modo que pienses que soy un gran tipo", u "Ojalá que pudiera sentirme tan feliz como en aquellos días. Por favor, ayúdame", o "En este momento me estoy sintiendo tan bien cuidado —como en aquella ocasión", y así sucesivamente.

De hecho, si el paciente supiera lo que está haciendo en sus acciones de recordar, anticipar, interpretar, no habría nada de "malo" en ellas. El problema habitual es que tales acciones reemplazan, cubren y equivalen a un "acting out" de la experiencia en curso, en lugar de su reconocimiento y aceptación. Lo que está mal es que parten de la suposición de que algo está mal y que nuestra conciencia tiende a estar entrampada en ellas al punto del auto-olvido. Watts ha comentado que, después de practicar durante un tiempo el ejercicio de vivir en el momento, se hará aparente:

> ...que en la realidad actual es imposible vivir fuera de este momento. Obviamente, nuestros pensamientos del pasado y el futuro ocurren en el presente, y en este sentido, es imposible concentrarse en cualquier otra cosa que no sea lo que está ocurriendo ahora. Sin embargo, simplemente *tratando* de vivir en el presente, tratando de

cultivar la pura toma de conciencia "momentánea" del Sí Mismo, descubrimos, tanto en la experiencia como en la teoría, que el intento es innecesario. Aprendemos que jamás ni por un instante, el pensamiento temporal del ego realmente ha interferido con la conciencia eterna y momentánea del Sí Mismo. Subyacente al recuerdo, la anticipación, la angustia y la codicia, siempre ha estado este centro de toma de conciencia pura e inmóvil, que jamás en ningún momento se apartó de la realidad presente y que, por lo tanto, nunca fue realmente atada por la cadena de los sueños.

Apenas uno se percata de esto, él señala:

> ...una vez más se hace posible entretener al recuerdo y a la anticipación, y sin embargo, ser libre de su fuerza que encadena. Pues tan pronto como uno es capaz de observar el recuerdo y la anticipación como algo presente, los ha tornado objetivos (y al ego que ellos constituyen). Con anterioridad, éstos eran subjetivos, porque consistían en *identificarse* uno mismo con acontecimientos pasados o futuros, es decir, con la cadena temporal que constituye el ego. Pero cuando uno es capaz, por ejemplo, de considerar la anticipación como algo presente, ya no se está identificando uno mismo con el futuro, y está, por lo tanto, tomando el punto de vista del Sí Mismo como distinto del ego. Para decirlo de otra manera: tan pronto como el acto del ego de identificarse a sí mismo con el futuro puede ser visto como algo presente, uno lo está viendo desde un punto de vista superior al ego, desde el punto de vista del Sí Mismo. Resulta que cuando nuestro centro de conciencia se ha trasladado a la visión estrictamente presente y momentánea del Sí Mismo, el recuerdo y la anticipación guían a las acciones guías periféricas y objetivas de la mente, y nuestro ser ya no se ve dominado por el modo egoísta de pensamiento e identificado con éste. Tenemos toda la serenidad, toda la conciencia aguda, toda la libertad de la temporalidad, de alguien que vive completamente en el presente, y sin embargo, desprovisto de la absurda limitación de no ser capaz de recordar el pasado o suministrar el futuro[4].

El ejercicio del continuum de la atención y el ascetismo. A pesar de la última afirmación, quizás sea una verdad sicológica el que una

---

[4] *Ibid.*

persona apenas pueda lograr centrarse en el presente mientras recuerda, antes de hacer conocido su sabor en la situación más fácil de la privación de reminiscencias. Entre paréntesis, tal vez se pueda decir lo mismo sobre el asunto de contactar la propia experiencia mientras se piensa. Comúnmente, el pensamiento disipa el percatarse del Sí-Mismo-en-la-actividad-como-pensador y los sentimientos que constituyen el fondo de la motivación del pensamiento, tal como el sol nos impide ver las estrellas durante el día. La experiencia de pensar y no estar perdido-en-pensamientos (es decir, atrapado en la conciencia exclusiva de la figura en la totalidad de la figura-fondo) es una condición que se puede lograr más fácilmente contactándose con tal experiencia-fondo en momentos en que se tiene la mente en blanco. En esto, las técnicas de la terapia gestáltica de suspender las reminiscencias, la anticipación y el pensamiento, coinciden con la filosofía implícita del ascetismo en general: se sufren ciertas privaciones para tomar contacto con lo que actualmente esconde la actividad sicológica involucrada en las situaciones correspondientes. Así, la privación de sueño, de hablar, de comunicación social, de comodidad, de alimento o de sexo, supuestamente facilita el acceso a estados poco habituales de conciencia, pero no es un fin o un ideal en sí mismo —excepto mediante el deterioro cultural.

La práctica de la atención al flujo de la vida no sólo se relaciona con el ascetismo en que involucra una suspensión voluntaria de la gratificación del ego y una privación, sino que en el rasgo más general de presentarle a la persona la dificultad de funcionamiento en una forma que vaya en contra del hábito. Dado que la única acción permitida por el ejercicio es la de comunicar los contenidos de la conciencia, esto excluye la operación del "carácter" (es decir, la organización de los mecanismos para enfrentar) e incluso h*acer* tal cosa. En esto, la práctica del ahora es una pérdida del ego, como lo enfatiza el budismo y lo comenta Watts en la cita de la sección previa.

III. El Centrarse en el Presente como Prescripción

¿Cada técnica es una prescripción? No todo lo que es de valor como ejercicio sicológico, tiene que ser necesaria y automáticamente una buena prescripción para vivir. La asociación libre quizás sea un ejercicio útil, pero no necesariamente el mejor enfoque a la conversación, tal como el pararse de cabeza en el Hatha Yoga puede no ser la mejor de las posturas para estar así casi todo el tiempo. En mayor o menor grado, las técnicas tienen un potencial para ser llevadas a la vida común, haciendo así de la vida la ocasión para la empresa de crecimiento del alma. Sin embargo, cuando se trata de su adecuación como prescripción, lo que cuenta no sólo es el valor individual de un cierto enfoque, sino su compatibilidad con otros objetivos deseables en la vida, el grado de choque que producirá con las estructuras sociales existentes y, especialmente, su compatibilidad con la concepción de una buena sociedad. Así, la abreacción de la hostilidad en una situación sin impedimentos puede ser de valor en sicoterapia, ¿pero éste es el enfoque que maximizaría la salud mental y el bienestar dentro de una comunidad? Pienso que las opiniones sobre esta materia estarían divididas. Serían divergentes incluso en el asunto de la verdad. Mientras la agresión tiende a ser reprobada socialmente y el mandamiento establece: "No matarás", la verdad, por lo general, es considerada una virtud, y la mentira, un pecado. Por lo tanto, uno podría esperar que la técnica de autoconfesión, valiosa en el contexto de la sicoterapia, fuera inmediatamente aplicable a la vida. Sin embargo, dada la condición común y corriente de la humanidad, la verdad ha sido y puede seguir siendo no sólo incómoda o inconveniente, sino peligrosa. El ejemplo de Sócrates, Jesucristo o los herejes de la época de la Inquisición, indica que el abrazar incondicionalmente la verdad puede significar la aceptación del martirio, para lo cual, estoy seguro, el ser humano promedio no está preparado. El deseo de convertir los sentimientos en prescripciones, en casos donde la sociedad no hizo de ese proyecto algo factible, ha sido una de las racionales implícitas o explícitas en la creación de comunidades especiales entre aquellos que comparten el objetivo de vivir en función de la búsqueda interna. En tales grupos, a veces rodeados de secretos, el hombre ha intentado vivir de acuerdo a principios compatibles sólo con un encuadre monástico, terapéutico u otro especial.

El hedonismo humanista. El vivir-en-el-momento, en contraste con otras técnicas, parece una prescripción perfectamente apropiada para la vida. Por otra parte, su naturaleza parece ser más de una tecnificación de una fórmula vital que de la prescripción de una técnica. La idea de la prescripción puede evocar imágenes tales como aquella del tónico maloliente que frecuentemente se les obligaba a tomar a los niños "por su propio bien", antes de la época de las cápsulas de gelatina y la química de los sabores. Esto es parte de un marco dual de la mente, en el cual "las cosas buenas" parecen diferentes de las "cosas por nuestro propio bien", y el objetivo de auto-perfección, algo distinto a "meramente vivir".

Esto no es lo que transmiten los mandatos clásicos del centrarse en el presente. Tómese, por ejemplo, al rey Salomón: "Y lo mejor que puede hacer el hombre en este mundo es comer, beber y divertirse" (Eclesiastés 15), o la versión posterior del mismo pensamiento en la Primera Epístola de San Pablo a los corintios: "Comamos y bebamos, pues mañana moriremos".

El carácter de estos mandatos, como el de la mayoría de las afirmaciones que enfatizan el valor de la actualidad, es hedonista. Y no podría ser de otra manera, pues si el valor del presente *no* va a ser para un futuro, tiene que ser *intrínseco*: el presente debe contener su propia recompensa.

En nuestra época, el enfoque hedonista parece estar divorciado de los sentimientos religiosos e ir en contra de ellos (al igual que en contra de la "orientación hacia la prescripción" en general). En la medida que el "cuerpo" y la "mente" son considerados como fuentes incompatibles de valor, el idealismo y la espiritualidad tienden a asociarse con un ascetismo austero, mientras que la defensa del placer es abrazada con más frecuencia por los "realistas" cínico-prácticos de mentes recias y narices atrofiadas. Al parecer, esto no ha sido siempre así, y sabemos de épocas en que las fiestas religiosas eran verdaderos festivales. De modo que cuando leemos en la Biblia: "Comamos, bebamos y divirtámonos, pues mañana moriremos", no debiéramos imponer sobre esa afirmación nuestra escisión actual cuerpo-mente o la dureza de mente con la cual a menudo se repite. Tras ello había un punto de vista según el cual vivir la vida y vivirla ahora era una acción santa, una modalidad acorde con la voluntad de Dios.

En el pensamiento occidental raras veces encontramos este equilibrio entre la trascendencia y la inmanencia, con la excepción de individuos notables que parecen ser marginales al espíritu de los tiempos —los herejes a lo religioso o los locos a la gente común. William Blake, por ejemplo, fue uno de esos hombres, al sostener que "La eternidad está enamorada de las producciones del tiempo".

Incluso en el sicoanálisis, que en la práctica ha hecho mucho por el *id* de la humanidad, el "principio del placer" es considerado como una niñería y una molestia que el ego "maduro" orientado hacia la realidad debe mantener a raya.

Por el contrario, la terapia gestáltica ve una relación mucho más fuerte entre el placer y la bondad, de modo que su filosofía podría llamarse una filosofía hedonista, en el mismo sentido de los antiguos y buenos hedonismos anteriores a la era cristiana. Quisiera sugerir la noción del hedonismo humanista que no necesariamente implica un punto de vista teísta, y sin embargo, parece distinguir ente enfoque del hedonismo egoísta de Hobbes, del hedonismo utilitarista de J.S. Mill y aquel del habitual buscador de placer. (Si en este momento, el lector se pregunta cómo es que la terapia gestáltica puede ser llamada, al mismo tiempo, ascética y hedonista, permítaseme recordarle que el punto de vista de Epicuro sobre la vida más placentera, era el de alguien consagrado a la reflexión filosófica y que, simultáneamente, llevaba una simple dieta de pan, leche y queso).

Carpe diem. La vena hedonista es inseparable de una intensa apreciación del presente, no sólo en terapia gestáltica, sino que en el pensamiento de los muchos (principalmente poetas y místicos) que han alzado su voz en favor de una prescripción semejante. Tal vez el más insistente sobre este tópico haya sido Horacio, cuyo *carpe diem* ("aprovecha el día") se ha convertido en un rótulo técnico para designar un tema que se encuentra a través de la historia de la literatura. Aquí está en su contexto original:

> *Dom Loquimur fugerit invide aetas:*
> *carpe diem, quam minimum credula postero.*

> En el momento de nuestro hablar, el envidioso tiempo se ha alejado escurriéndose,
> Aprovecha el día, confía en el mañana tan poco como puedas.

El centrarse en el presente de Horacio corre paralelo a su toma de conciencia de que el "envidioso tiempo" se escapa: la irreparable pérdida de vida que es la alternativa a vivir en el momento. En el mandato bíblico de comer, beber y divertirse, la muerte también es tanto el argumento como el profesor. Lo mismo es verdadero para muchas otras afirmaciones, por ejemplo, la sentencia: "Recoge tus rosas mientras puedas" ("Gather ye rosebuds while ye may), o la afirmación de Ovidio, en el Arte del Amor:

> *Corpite florem*
> *Qui nisi corptas erit turpiter ipse cadet*

Coge la flor,
pues si no la tomas, se desvanecerá y caerá.

Ovidio, en particular, comparte con Horacio no sólo su hedonismo y su centrarse en el presente, sino que también sus alusiones a la crueldad de su época: "tempus edax rerum" (el tiempo devora las cosas). Por lo tanto, parecería que la prescripción de vivir en el presente va de la mano con la *toma de conciencia de la muerte* —ya sea la última muerte o la muerte crónica del momento, a medida que se convierte en un recuerdo. En este sentido, es una percepción del pasado como la nada o la irrealidad.

En ambos sentidos aludidos arriba, la conciencia de la muerte potencial también es parte del espíritu de la terapia gestáltica, porque tal toma de conciencia es inseparable de la conciencia humana cuando 1) es lavada de la evitación del desagrado, y 2) es liberada del velo de las satisfacciones ilusorias en la irrealidad: el pensamiento deseoso y las reminiscencias regresivas.

Yo quisiera sugerir que la tríada de

1. centrarse en el presente,
2. la perspectiva del presente como un regalo de placer, y
3. la toma de conciencia de la muerte o descomposición potencial,

configura un arquetipo: una experiencia para la cual la potencialidad yace en la naturaleza humana, de modo que no tiene que ser explicada solamente por la tradición, como es costumbre entre los críticos literarios. Si no fuera por su sustrato arquetípico, la recurrente reescritura de la experiencia nos impresionaría simplemente como un mero plagio. Compárense, por ejemplo, los mandatos del rey Salomón y de Ovidio con lo siguiente:

Capta eso, *capta la hora transitoria,*
¡Mejora cada momento a medida que vuela!
La vida es un corto verano, y *el hombre una flor;*
El muere —¡ay! ¡cuán pronto vuela!
(Dr. Johnson)

(Catch then, oh *catch the transient hour,*
Improve each moment as it flies!
Life's a short summer, *man a flower;*
He dies —alas! how soon he flies!).

Recoge entonces las rosas mientras aún están en su juventud,
Pues luego viene la edad que su orgullo va a desflorar;
Recoge la rosa del amor mientras aún es tiempo,
Que todavía puede ser amada por igual crimen

(Spenser: *The Faerie Queen*)

(Gather therefore the rose whilest yet is prime,
For soon comes the age that will her pride deflower;
Gather the rose of love whilest yet is time,
Whilest loving thou mayst loved by with equal crime).

Haz uso del tiempo, no dejes que las ventajas se escapen;
La belleza dentro de sí misma no debería ser desperdiciada:
Las flores hermosas que no se recogen en su estado óptimo,
Se pudren y consumen en poco tiempo.

(Shakespeare: *Venus and Adonis*)

(Make use of time, let not advantage slip;
Beauty within itself should not be wasted:
Fair flowers that are not gathered in their prime,
Rot and consume themselves in little time).

Si uno deja que el tiempo se escape como una rosa olvidada
Se marchita en su tallo con una cabeza lánguida.

(Milton: *Comus*)

(If you let slip time, like a neglected rose
It withers on the stock with languished head).

Como lo mencionamos arriba, el foco de atención de la terapia gestáltica en el presente, es inseparable de la valoración que hace de la conciencia misma, expresada en su búsqueda de abandonar las evitaciones que abundan en nuestra vida. Más directamente, no evitar el presente es no evitar vivir en él, como todos nosotros lo hacemos con demasiada frecuencia para así evitar las consecuencias de nuestras acciones. En vista de que el confrontar el presente es un compromiso a vivir, significa libertad: la libertad de ser nosotros mismos, de escoger de acuerdo a las preferencias de nuestro propio ser: de escoger nuestro camino. La exposición a la terapia gestáltica puede demostrar experiencialmente que cuando el presente es recibido con el espíritu de la no-evitación —es decir, con la presencia—, se convierte en lo que Dryden vio en él:

> Esta hora es la crisis misma de tu destino,
> Tu bien y tu mal, tu infamia o tu fama,
> Y el color entero de tu vida depende
> De este importante ahora.
>
> (*The Spanish Friar*)
>
> (This hour's the very crisis of your fate,
> Your good and ill, your infamy or fame,
> And the whole colour of your life depends
> On this important now).

El asunto es ahora, pero no lo reconocemos en nuestro modo de vivir un tanto tibio, por medio de lo cual, la vida se convierte en un mortífero sustituto de sí misma. Nosotros "matamos" el tiempo o incurrimos en esa "pérdida de tiempo" por la cual "los más sabios se molestan tanto", según Dante. Otra forma en que este aspecto particular de vivir surge plenamente en la terapia gestáltica, es en el concepto de cerrazón (closure). Tal como en la sicología de la Gestalt la cerrazón se aplica a la percepción, en la terapia gestáltica se aplica a la acción: siempre estamos buscando terminar lo inconcluso, completar la Gestalt incompleta, y sin embargo, siempre estamos evitando hacerlo. Al no actuar en el presente, incrementamos la "inconclusión" y nuestro servilismo a la carga del pasado. Más aún, como lo dice Horacio en una de sus Epístolas: "Aquel que pospone la hora de vivir como si no le importara en absoluto, es como el campesino que espera que el río pase antes de cruzar; pero ocurre que pasa y pasa, y seguirá pasando para siempre".

Tal vez no suspenderíamos la vida en el presente si no fuera por el sueño de la acción o satisfacción futura. En relación a esto, el centrarse en el presente de la terapia gestáltica es una evidencia de su realismo en el sentido de una orientación hacia la existencia tangible y la experiencia actual, antes que hacia la existencia conceptual, simbólica o imaginada. Tanto el futuro como el pasado sólo pueden estar vivos en el presente como formas de pensamiento: recuerdos o fantasías, y la terapia gestáltica apunta hacia la subordinación de éstos a la vida. Su actitud es la misma que en J. Beatie:

> El momento presente es nuestro objetivo,
> El pasado que nunca vimos.
>
> (The present moment is our aim,
> The neist we never saw).

o Longfellow:

> No confíes en ningún futuro, no importa cuán placentero sea,
> ¡Permite que el Pasado muerto entierre a sus muertos!
> ¡Actúa, actúa en el Presente viviente!
> El corazón adentro y Dios sobre la cabeza.
>
> (Trust no future, howe'er pleasant,
> Let the dead Past bury its dead!
> Act, act in the living Present!
> Heart within and God o'erhead.)

O en el proverbio persa versificado por Trench:

> Oh, capta el tiempo instantáneo; jamás podrás
> Impulsar el molino con aguas que ya pasaron.
>
> (Oh, seize the instant time; you never will
> With waters once passed by impel the mill).

u otra, según la cual:

> Aquel que tiene tiempo y busca un tiempo mejor, pierde el tiempo.
>
> (He that hath time and looketh for a better time, loseth time).

Todas estas afirmaciones están inspiradas por la aprehensión de un contraste entre la *capacidad de vivir* del presente y la naturaleza no-experiencial (por lo tanto, relativamente irreal) del pasado y el futuro:

> Nada ha de venir, y nada ha pasado,
> Pero sí un eterno ahora que siempre perdura.
>
> (Abraham Cawley)

(Nothing is there to come, and nothing past,
But an eternal now does always last).

Frecuentemente, nuestra vida se ve empobrecida por el proceso de sustitución de sustancia por símbolo, experiencia por constructo mental, realidad por el reflejo de la realidad en el espejo del intelecto. Abandonar el pasado y el futuro para venir al perdurable presente, es un aspecto de la prescripción de "perder tu mente y despertar a tus sentidos".

IV. El Centrarse en el Presente como Ideal

Der den Augenblick ergreift
Das ist der rechte Mann[5]

(Goethe)

La palabra "ideal" necesita de cierta aclaración. Con frecuencia, los ideales se entienden con una connotación de deber y/o bondad intrínseca que es ajena a la filosofía de la terapia gestáltica.

Si privamos a un ideal de su calidad de debiera o deber, sigue siendo ya sea una afirmación del modo deseable para un fin, es decir, una prescripción, o bien una "correctud". Con esto quiero decir una *expresión* de bondad, en lugar de un medio o un mandato: un signo o síntoma de una condición óptima de vida. Este es el sentido en que hablamos de los ideales en el taoísmo, por ejemplo, a pesar de ser una filosofía de no-búsqueda. No obstante su estilo no-directivo, el *Tao Te Ching* siempre está elaborando sobre los rasgos del sabio: "Por esta razón, el sabio se preocupa de la barriga y no de los ojos", o "El sabio se ha liberado de la enfermedad porque la reconoce como tal", o "El sabio sabe sin tener que moverse", "realiza sin acción", y así sucesivamente. En el mismo sentido, el centrarse en el presente es considerado como un ideal en afirmaciones tales como: "Ahora es el lema de los sabios".

A pesar de que algunas recetas para vivir mejor son medios para un fin que difiere de tal fin en calidad, esto no se aplica al centrarse en el presente. En este último caso (como en el de la terapia gestáltica en general), *el medio para un fin es aquel de trasladarse inmediatamente al estado final*: el camino a la felicidad es comen-

[5] Aquel que capta el momento es el hombre correcto.

zar siendo feliz de inmediato, el camino a la sabiduría es renunciar en este mismo momento a la estupidez —tal como el camino para aprender a nadar es la práctica de la natación. La prescripción de vivir en el ahora es, por lo tanto, la consecuencia del hecho de que sólo *estamos* viviendo en el ahora, y esto es algo que la persona sana *sabe*, pero de lo cual el neurótico no se da cuenta mientras está enredado en una seudo-existencia de ensoñación.

En el budismo, el ahora no es meramente un ejercicio espiritual, sino que la condición de los sabios. En un pasaje del Pali Canon, Buda primero musita la prescripción:

> No vuelvas a prestarle atención a las cosas que ya pasaron,
> Y para el futuro no abrigues esperanzas vanas:
> El pasado fue dejado atrás por ti
> El futuro aún no ha llegado
>
> (Do not hark back to things that passed,
> And for the future cherish no fond hopes:
> The past was left behind by thee
> The future state has not yet come).

y luego el ideal:

> Pero quién con visión clara puede ver
> El presente que está aquí y ahora
> Tal sabio debería aspirar a ganar
> Lo que no puede perderse ni hacerse flaquear
>
> (But who with vision clear can see
> The present which is here and now
> Such wise one should aspire to win
> What never can be lost nor shaken).

Mientras la versión budista del mandato del ahora enfatiza lo ilusorio de las alternativas, la visión cristiana subraya la confianza y la entrega que implica el centrarse en el presente. Cuando Jesús dice: "No se preocupen por el día de mañana, porque mañana habrá tiempo para preocuparse", y él se basa en el ejemplo de las flores del campo (San Mateo 6), no sólo está diciendo: "No actúes sobre las expectativas catastróficas", sino que, más positivamente: "¡Confía!". Mientras la versión cristiana está enmarcada en un mapa teísta del universo y la confianza significa confianza en el Padre Celestial, la actitud es la misma que aquella considerada ideal en la terapia gestáltica, la cual puede darse como confianza en las propias capacidades de uno para enfrentar el ahora tal como venga. En esto, por lo tanto, vemos que el ideal del centrarse en el presente se convierte en uno con el de vivenciar en lugar de manipular, y con aquel de estar abierto a la experiencia y aceptarla en lugar de detenerse y ponerse a la defensiva ante las posibilidades. Tales actitudes hablan de dos suposiciones básicas en la Weltanschauung, o cosmovisión, de la terapia gestáltica:

1. Las cosas, en este momento, son de la única manera que pueden ser.
2. ¡Atención, el mundo es muy bueno!

Si el presente no puede ser otra cosa de la que es, lo que harán los sabios es rendirse ante él. Más aún, si el mundo es bueno, por qué no, como lo dice Séneca, "de buena gana toma los regalos de la hora presente y deja de lado los pensamientos molestos". Decir que *algo* (*it*) es bueno, es, desde luego, una afirmación ajena a la terapia gestáltica, según el punto de vista de que las cosas pueden ser buenas sólo para *nosotros*. Y esto último, a su vez, depende de nosotros y qué es lo que hacemos con nuestras circunstancias. Nuestra percepción actual de la existencia está plagada de dolor, indefensión y victimización. Más aún, como afirmara Edmund Burke hace más de dos siglos: "Quejarse de la época en que vivimos, murmurar acerca de los poseedores actuales del poder, lamentar el pasado, concebir esperanzas extravagantes para el futuro, todos éstos son la disposición común de gran parte de la humanidad".

Sin embargo, desde el punto de vista de la terapia gestáltica, tales quejas y lamentos no son más que un mal juego que jugamos con nosotros mismos —un aspecto más del hecho de rechazar el éxtasis potencial del ahora. En el fondo, estamos donde queremos estar, estamos haciendo lo que queremos hacer, aun cuando equivalga a una tragedia aparente. Si podemos descubrir nuestra libertad dentro de nuestra esclavitud, también podemos descubrir nuestra alegría esencial bajo la cubierta de la victimización.

Todo el proceso de alienación de la realidad a medida que ésta se presenta en el Ahora Eterno, puede ser concebido como un proceso de *desconfianza* en la bondad del resultado, de *imaginación* de una experiencia catastrófica o, en el mejor de los casos, un vacío, lo cual podemos compensar creando un paraíso de ideales, expectativas futuras o glorias pasadas. Apoyándonos en tales "ídolos", continuamos contemplando con desdén la realidad presente, la cual jamás calza con nuestros constructos y, por lo tanto, nunca se ve lo suficientemente perfecta. Es así como el asunto del centrarse en el presente se relaciona con aquel de la aceptación de la experiencia vs. el emitir juicios. Como lo ha dicho Emerson:

> Estas rosas bajo mi ventana no hacen referencia alguna a rosas anteriores o rosas mejores; son para lo que son; existen con Dios hoy día. Para ellas no hay tiempo. Simplemente existe la rosa; es perfecta en cada momento de su existencia... pero el hombre pospone y recuerda;.... No puede ser feliz y fuerte hasta que él también vive con la naturaleza en el presente, por encima del tiempo[6].

En nuestra búsqueda de la rosa ideal, no vemos que cada rosa es la máxima perfección de sí misma. Por temor a no encontrar la rosa que buscamos, nos aferramos al concepto de "rosa" y jamás aprendemos que "una rosa es una rosa es una rosa". Es nuestra codicia e impaciencia lo que no nos permite liberarnos del sustituto mediante el cual disfrutamos el reflejo de la realidad en forma de promesa o posibilidad, y mediante el cual, al mismo tiempo, somos apartados del disfrutar presente. La intuición del Paraíso Perdido y la Tierra Prometida es mejor que la anestesia total, pero no es suficiente en lo que se refiere a la toma de conciencia de que están precisamente aquí. Khayaam lo sabía bien:

> Dicen que el Edén está engalanado con houris;
> Yo respondo que el néctar de uva no tiene precio—
> Así es que ríanse del crédito a largo plazo, aférrense a las monedas,
> A pesar de que los tambores distantes tientan a su oído codicioso.
>
> (They say that Eden is bejewelled with houris;
> I answer that grape-nectar has no price—
> So laugh at long-term credit, stick to coin,
> Though distant drums beguile your greedy ear).

Y:

> Jamás anticipes las penas de mañana;
> Vive siempre en este paradisíaco Ahora—

[6] Citado por Watts.

Obligado pronto más bien a morar,
Con otros desaparecidos en estos siete mil años:

Mis camaradas de taberna desaparecen uno a uno
Víctimas inocentes del golpe furtivo de la Muerte
Todos habían sido bebedores honestos, pero todos fracasaron,
Dos vueltas antes de la última, para vaciar sus copas.

Levántase, ¿por qué llorar por este mundo transitorio de los hombres?
Pásense la vida entera con gratitud y alegría.
Si la humanidad hubiera sido liberada de vientre y tumba,
¿Cuándo hubiera llegado tu turno de vivir y amar?

No permitas que ninguna sombra de remordimiento te cubra,
Ninguna pena absurda nuble tus días.
Jamás renuncies a las canciones de amor o a los prados o a los besos
Hasta que tu greda se encuentre mexclada con greda más antigua[7].

(Never anticipate tomorrow's sorrow;
Live always in this paradisal Now—
Fated however soon to house, instead,
With others gone these seven thousand years:

My tavern comrades vanish one by one,
Innocent victims of Death's furtive stroke.
All had been honest drinkers, buy all failed,
Two rounds before the last, to drain their bowls.

Rise up, why mourn this transient world of men?
Pass your whole life in gratitude and joy.
Had humankind been freed from womb and tomb,
When would your turn have come to live and love?

Allow no shadow of regret to cloud you,
No absurd grief to overcast your days.
Never renounce love-songs, or lawns, or kisses
Until your clay lies mixed with elder clay).

---

[7] *The Original Rubaiyyat of Omar Khayaam*, nueva traducción con comentarios críticos de Robert Graves y Omar Ali-Shah. New York: Doubleday, 1968.

Parte II
TECNICA

4
Introducción a las Técnicas de la Terapia Gestáltica

Las técnicas de la terapia gestáltica son muchas y cubren un amplio espectro de conductas —verbales y no verbales, estructuradas y no estructuradas, introspectivas e interpersonales, dirigidas hacia adentro y hacia afuera, simbólicas y no simbólicas. Algunas de estas técnicas no son exclusivas de la terapia gestáltica y tal vez cada una de ellas pueda ser considerada como una variación (intencional o no) de una técnica que ha de encontrarse en una forma alternativa de sicoterapia o en algún sistema de conducción espiritual. Sin embargo, una sesión de terapia gestáltica no podría ser confundida con otra, pues el enfoque, podríamos decir, constituye una nueva y peculiar *Gestalt*.

La peculiaridad de la terapia gestáltica no yace a un nivel molecular de componentes técnicos elementales ni a un nivel molar de actitud, sino que a un nivel intermedio donde una actitud da forma al material técnico y genera una nueva síntesis a partir de las posibilidades disponibles.

A un nivel técnico, la terapia gestáltica es sobre todo una síntesis. Lo típico de ella es el particular "giro" dado a antiguas formas, el lugar y significado que cada una de éstas ha tomado en el contexto de las demás, el sentido orgánico con el cual el terapeuta se mueve de una a otra manteniendo su atención más bien sobre algún asunto que sobre alguna fórmula.

Si la terapia gestáltica práctica es un corpus sintético de técnicas, esto se debe precisamente a que no está orientada a la técnica. Sólo existe una síntesis en la medida en que muchas partes puedan cristalizarse en torno a un centro unificador. El centro, en el caso presente, que reúne una sorprendente variedad de recursos, es aquel asunto más allá de las técnicas al que se ha hecho referencia, en capítulos anteriores, como una cuestión de actualidad-toma de conciencia-responsabilidad.

Durante su vida, Perls incrementó su repertorio con cualquier cosa que le sirviera a su objetivo de convertir a sus pacientes en personas más conscientes y responsables. Adaptó, pidió prestado, combinó y jamás dejó de inventar técnicas, no deliberadamente, sino con la asimilación-creación espontánea de la vida misma.

De la asociación libre conservó la idea de la atención permanente —que vemos en el continuum de la atención—, trasladando, sin embargo, su interés desde el contenido a la forma; de Reich tomó su comprensión de la defensa como un evento motor y su reconocimiento de la importancia de la expresión; de la "tiranía de los debiera" de Karen Horney, posiblemente derivó, con el paso del tiempo, la personificación del "mandón"[1]; del sicodrama, la actuación de conflictos; de la dianética, la reactuación de episodios traumáticos y las técnicas de repetición de oraciones; del budismo Zen, la regla de minimizar la intelectualización, y así sucesivamente.

Sin embargo, de ninguna manera nos sentimos inclinados a considerar la terapia gestáltica como una mezcla de enfoques o meramente como un enfoque ecléctico. Así como tampoco pensamos que la música de Bach sea una mezcla de previos estilos italianos, alemanes y franceses (aunque, en cierto modo, lo es), sino que nos impresiona más la peculiaridad de una síntesis emergente que el reconocimiento de sus componentes, de modo que el nuevo edificio de la terapia gestáltica nos impresiona más que los viejos ladrillos.

Intentaré mostrar en el capítulo siguiente, cómo una actitud específica —el centrarse en el presente— ha reunido algunos ladrillos hasta construir una parte del edificio de la terapia gestáltica: el ejercicio del "continuum de la atención". La experiencia de "estar presente" fue aquí la semilla, y Perls no encontró esto en ninguna otra forma de sicoterapia más que en su propia toma de conciencia (especialmente, en experiencias personales a las que se ha referido como *satori*). Esta semilla, que en el pasado histórico ha originado formas de meditación, fue puesta en contacto por Perls, con una

---

[1] Inicialmente traducíamos *top-dog* como "perro de arriba" y *under-dog* como "perro de abajo". El Dr. Naranjo nos ha señalado que él utiliza los términos "mandón" y "mandado", respectivamente (N. del T.).

tierra que a él le era familiar: la asociación libre —y encontró, ante sus ojos iluminados, que ésta era una *disociación* libre que estaba errando en el blanco. En este caso, el blanco era *lo obvio.*

En el capítulo anterior examiné el centrarse en el presente como *ideal* (un aspecto de la buena vida) que el terapeuta le ofrece al paciente como una *prescripción* amplia y en la cual él lo entrena mediante una *técnica* específica. Lo mismo se puede decir de cada aspecto del ideal tripartito de la terapia gestáltica: actualidad-toma de conciencia-responsabilidad.

Prácticamente todas las técnicas de la terapia gestáltica podrían ser consideradas como una corporeización particularizada de la amplia prescripción: "percátate". Esta prescripción, a su vez, es una expresión de la creencia y experiencia del terapeuta de que sólo con la capacidad de percatarse puede haber verdadera vida para la persona, y que la luz de la toma de conciencia es todo lo que necesitamos para salir de nuestra confusión, para percatarnos de la necedad de los que creamos nuestros conflictos, para disipar las fantasías que están ocasionado nuestra angustia.

Del mismo modo, podemos ver a casi todas las técnicas de la terapia gestáltica como la cristalización particular de la prescripción: "hazte responsable, vivénciate como el agente de tus acciones, vivénci*ate*". Esta prescripción, a su vez, es una expresión de la creencia del terapeuta —basada en la experiencia— de que únicamente cuando *somos* lo que somos, podemos decir que estamos viviendo; que con el solo hecho de comenzar a ser nosotros mismos —o reconocer lo que ya somos— vamos a encontrar una realización mayor que aquella producida por la satisfacción de cualquier deseo en particular.

Decir que la terapia gestáltica tiene por objetivo el despertar de la conciencia, del sentido de la actualidad y de la responsabilidad, es equivalente a decir que su objetivo es la capacidad de *vivenciar* (*experience*).

En cierto sentido, estamos "vivenciando" algo todo el tiempo. Sin embargo, estamos en un pobre contacto con nuestras experiencias, apenas medio despiertos a la realidad. En ese sentido, podemos decir que no estamos verdaderamente vivenciando.

Para el gestaltista, la verdadera vivencia es terapéutica o correctiva por sí misma. Un instante despierto —un momento de contacto con la realidad— es donde los fantasmas de nuestras ensoñaciones pueden ser vistos para lo que realmente son. También es un momento de entrenamiento en vivenciar: en el que podemos aprender, por ejemplo, que no hay nada que temer o que la recompensa de estar vivo supera los dolores o pérdidas que nos gustaría evitar en nuestro adormecimiento.

El ansia de vivenciar es parte de toda vida. Sin embargo, a menudo esto toma la forma de un deseo de seguir adelante, cada vez más, hacia *otras* experiencias que las que están a la mano. Un añorar por *más* reemplaza la necesidad de *profundidad* que podría ser nuestro modo natural de contactarnos con el mundo, si es que no nos hubiéramos tornado insensibles a él. Intuitivamente, cuando buscamos esa profundidad o plenitud de la toma de conciencia que es nuestro derecho innato, y no la encontramos, entonces buscamos una estimulación ambiental: comidas muy aliñadas, escalar rocas, automóviles rápidos, juegos competitivos, tragedias en las pantallas.

El enfoque de la terapia gestáltica es todo lo contrario. Se busca vivenciar, pero no mediante la estimulación, sino que a través de la sensibilización. El gestaltista considera al despertar-desde-afuera como una forma de apoyo ambiental no necesaria para aquel que ha desarrollado el despertar-desde-adentro, por lo tanto, que ha recuperado sus sentidos.

Existen dos formas en que las técnicas de la terapia gestáltica pueden ser de ayuda para que el paciente se contacte con su experiencia. Una forma de vivenciar es *detener la evitación*, dejar de cubrir la experiencia. La otra, es poner nuestras energías para movernos rápidamente hacia el contenido de la conciencia en la forma de una atención intensificada o exageración deliberada. A pesar de que éstas dos son interdependientes, en el sentido de que las técnicas supresivas y expresivas podrían ser consideradas como las manos derecha e izquierda del sicoterapeuta, voy a referirme a ellas en forma separada.

5
Técnicas Supresivas

¿Has estado alguna vez en aquello que pasa por terapia grupal? Todo el mundo lanza sus opiniones sobre una víctima y todo el mundo interpreta a todo el mundo. Las argumentaciones, los juegos verbales tipo ping pong, en el mejor de los casos, un ataque: "Querida, estás proyectando", o una actuación de reina de la tragedia. ¿Qué tipo de crecimiento puede esperarse en estos "clubes de auto-mejoramiento"?

F. Perls

El primer requisito para vivenciar lo que potencialmente podemos vivenciar, es dejar de hacer alguna otra cosa. Una serie de actividades, distintas a las de atender y expresar, nos mantienen tan ocupados que apenas nos queda algo de atención para el momento en que estamos viviendo. Si sólo pudiéramos dejar de jugar algunos de nuestros juegos habituales, encontraríamos que el vivenciar ya no es algo que tenemos que buscar, sino algo que no podemos evitar. De hecho, como dijéramos antes, en cierto grado siempre *estamos* vivenciando algo con lo cual sólo estamos en contacto en forma intermitente y con lo cual no nos identificamos. Nuestros ojos ven, "nosotros" no. Nuestros sueños pueden recordar aquello que nosotros no nos percatamos de ver, y pueden decirnos cosas que "ellos" conocen y "nosotros" no.

Para vivenciar tenemos que estar presente, tenemos que estar *aquí* y *ahora*. No podemos "vivenciar", "experienciar" (sólo recrear en la imaginación), lo que es pasado o ausente. La realidad siempre es ahora. Incluso cuando recordamos, nuestra realidad es nuestra acción presente de recordar, nuestro deseo de recordar, nuestras reacciones, aquí y ahora, a nuestros recuerdos.

En la conversación común hay poco lugar para el ahora. Gran parte de lo que decimos es un relato de anécdotas, compartir planes, comunicar creencias u opiniones. Ni siquiera nuestra actividad mental privada se centra primordialmente en el presente. Gran parte de ella consiste en anticipaciones, recuerdos, fantasías y "juegos de calce". Nosotros, los terapeutas gestálticos, observamos tales actividades con sospecha. Cada una de ellas constituye una capacidad legítima y funcional nuestra; y sin embargo, la mayor parte del tiempo, no utilizamos estas capacidades para objetivos funcionales y constructivos, ni siquiera de placer, sino como una diversión mecánica equivalente a tamborilear los dedos sobre una mesa o hacer dibujitos en un papel. En forma más específica, la visión del gestaltista es que todas estas actividades, en lugar de permitirle a uno percatarse del presente, constituyen un acto de *evitación del presente.*

Por medio de la sencilla técnica de *dejar de hacer cualquier otra cosa que no sea vivenciar,* el terapeuta y el paciente por igual pueden poner a prueba la validez de esta suposición.

La experiencia de no hacer nada excepto atender a los contenidos de la conciencia, puede conducir, como la ingestión de una droga sicodélica, a un contacto auto-gratificante con la realidad o a una incomodidad intensa. Cuando somos dejados con nada excepto lo obvio, nuestras actitudes hacia nosotros mismos y hacia nuestra existencia se hacen aparentes. Esto sucede especialmente con las actitudes negativas. Puede que nos sintamos avergonzados, torpes, con necesidad de explicarnos a nosotros mismos o mofarnos de la situación; puede que nos sintamos tontos, poco interesantes. Si es así, no tenemos que preguntarnos por qué invertimos tan poco tiempo en el presente y tanto en fantasías y especulaciones. Si hemos vivenciado el ejercicio de la atención como incómodo o doloroso, no tendremos dificultad para aceptar que nuestra tendencia a vivir en el pasado, el futuro o en la abstracción, constituye una evitación de tal incomodidad.

La supresión de las evitaciones generalmente conduce a una experiencia en particular a la cual los gestaltistas le asignan especial importancia —la experiencia de la nada.

Hablar de la experiencia de la nada es, en cierto sentido, una contradicción de términos, porque una experiencia siempre involucra "alguna cosa". La "nada" constituye un limbo donde se han abandonado los juegos de superficie de la personalidad y el autopercatarse aún no ha tomado su lugar. Hay una cualidad ilusoria en esta "nada", al igual que en los sentimientos negativos mencionados arriba. La vergüenza, la culpa y la ansiedad, por ejemplo, no son puramente *experiencias* de una realidad, sino que el resultado de actitudes con las cuales estamos contra la realidad, negándola o resistiéndola, temiendo percibirla. De la misma forma, la experiencia de la nada, o el vacío, es donde hacemos juicios acerca de nosotros mismos y pronunciamos el veredicto: "No es suficiente". La nada, el vacío, la falta de significación, la trivialidad, son todas experiencias en que no hemos abandonado totalmente las expectativas, o los estándares, mediante los cuales medimos la realidad. No surgen de un puro darse cuenta sino que de comparaciones.

La importancia de esta experiencia de la nada deriva de la observación de que ella constituye un puente entre la evitación y el contacto, o, como lo expresara Perls, entre las capas fóbicas y explosivas de la personalidad. Perls le asignaba tanta importancia a esta fase del proceso terapéutico, que él incluso definió la terapia gestáltica en sus términos: "La terapia gestáltica es la transformación del vacío estéril al vacío fértil".

¿Cómo podemos entender esto? La "nada" sólo es nada mientras estemos bajo la compulsión de hacer de ella un algo. Una vez que *aceptamos* la nada, todo se nos da por añadidura. La nada, entonces, se convierte en una pantalla sobre la que podemos ver todas las cosas, un "fondo" ante el cual surgen libremente todas las "figuras". Una vez que no *tenemos* que ser creativos, cualquier cosa que hagamos es nuestra creación; una vez que no tenemos que estar iluminados, nuestra toma de conciencia del momento es iluminación; una vez que dejamos de estar preocupados de esto o aquello y sentimos una nada con respecto a tales estándares, nos percatamos de que somos lo que somos.

El acto supresivo de la terapia gestáltica involucra, al mismo tiempo, principios generales y lo que puede ser considerado como prescripciones individuales (negativas): peticiones que se aplican a todos los pacientes y que constituyen reglas para el grupo, y peticiones a un paciente en particular de que deje de sumirse en un juego particular que constituye su fundamental mecanismo de evitación. Posteriormente trataré el primer aspecto.

Ya he mencionado los principales no-no de la terapia gestáltica: contar historias, anticipación, acercadeísmo, debeísmo y manipulación.

En este capítulo ya he tocado el asunto del futuro y el pasado, y más adelante volveré a examinarlo con mayor detención, de modo que por ahora sólo lo menciono en servicio de la integridad. De los otros asuntos (acercadeísmo, debeísmo y manipulación) voy a hablar más detalladamente y también consideraré la cuestión de las excepciones a las reglas.

I. Acercadeísmo

Acercadeísmo (*aboutism*) es un nombre que a Perls le gusta darle al "juego científico", en la misma forma que considera al *debeísmo* (*shouldism*) como la esencia del "juego religioso". En la situación terapéutica, las manifestaciones más frecuentes de esta actitud son la ofrenda de información (diagnóstica), la búsqueda de explicaciones causales, la discusión de asuntos filosóficos o morales o del significado de las palabras. Todos éstos, junto con los clichés de las buenas costumbres, son materia de tabú en terapia gestáltica por constituir una manifestación de "verbiage" (verborrea). Como lo ha dicho Perls: "*Por qué* y *porque* son palabras sucias en terapia gestáltica. Sólo conducen a racionalizaciones y pertenecen a la segunda clase de producciones de verborrea. Yo distingo tres clases de producciones verborréicas: chickenshit (caca de pollo) —que es algo así como 'buenos días', 'cómo le va', etc.—; bullshit (caca de toro) —se refiere a esto es 'porque', racionalizaciones, excusas—; y elephantshit (caca de elefante) —que es cuando uno habla de filosofía, terapia gestáltica existencial, etc.—, lo cual estoy haciendo ahora".

El término *bullshit*, en particular, se ha convertido en parte de la jerga técnica de la terapia gestáltica debido a su expresividad —indica algo que debe ser *eliminado*, algo insustancial cuando se mide junto a la experiencia directa.

La falta de consideración de los terapeutas gestálticos por las conceptualizaciones, a menudo es muy frustrante para los pacientes que previamente han sido expuestos al sicoanálisis o a la literatura sicoanalítica, porque ahí la *interpretación* es considerada como el camino a la verdad. Más aún, parece ser que la tendencia a buscar alivio a las tensiones sicológicas mediante las explicaciones causales, es, al mismo tiempo, una tendencia natural en muchas personas. ¿Deberíamos llamar a estos intentos sicoanalíticos y espontáneos de entender algo, nada más que un estéril "juego de calce", como lo propone Perls?

Personalmente, estoy convencido del valor de conservar la expresión de afirmaciones intelectuales como *técnica sicoterapéutica*, a pesar de que no estoy de acuerdo con la actitud un tanto pedante de muchos terapeutas gestálticos hacia el deseo del paciente de entender a un nivel intelectual. Creo que el respeto por ambos no sólo es algo perfectamente compatible con el empleo de la técnica, sino que más efectivo. No tenemos que creer que "el juego del por qué-porque aristotélico" es *siempre* otra técnica de evitación (conducta fóbica), para dar cuenta de la utilidad de la regla bajo discusión. Basta con que creamos que *a veces* las explicaciones son evitaciones. Si es así, cuando el paciente debe jugar el juego gestáltico, donde las reglas no le permiten un "por qué" o un "porque", tarde o temprano llegará el momento en que se sienta incómodo sin su muleta habitual. En otras palabras, algunas de sus explicaciones serán funcionales, mientras que otras serán fóbicas. Sin embargo, cuando se le pide que renuncie en masa a todas sus explicaciones, encontrará que no puede abandonar tan fácilmente *algunas* de éstas, y se sentirá culpable, vacío, temeroso, y hablará *acerca de* en lugar de vivenciar la incomodidad del momento o de su "tener" que explicarse a sí mismo.

Si mi punto de vista es correcto, la técnica de declarar tabú las formulaciones intelectuales puede ser considerada, en cierta medida, como lo que el revelador es a la película fotográfica: un medio para hacer visible lo que de otra manera hubiera permanecido invisible. Pienso que ésta es una de las cosas que se puede decir de las técnicas supresivas en general.

Por otra parte, una apreciación de la efectividad de la técnica de omitir la interpretación, no tiene que estar basada en la suposición de que todas las interpretaciones son estériles y que el deseo de la comprensión intelectual constituye ya sea un síntoma o el no entender algo. Basta con que veamos que *a veces* la interpretación es estéril y que la expectativa del paciente de que este tipo de comprensión lo cambie, es, *por lo general*, su opción de un camino innecesariamente largo.

Y una vez más, veo el asunto de la no-interpretación como de preferencia para la técnica más efectiva —un asunto más bien de eficiencia comparativa que como el resultado de un mandato sagrado según el cual toda interpretación es intrínsecamente "mala".

La terapia gestáltica es esencialmente un enfoque no-interpretativo, porque su objetivo es la experiencia, el percatarse, y no la introvisión intelectual. El sicoanálisis se basa en el hallazgo de que la introvisión intelectual puede conducir a una introvisión emocional. La terapia gestáltica se apoya en la creencia de que, aun cuando eso sea posible, lo más frecuente es que la introvisión intelectual se convierta en sí misma en una trampa, un sustituto o una muleta que reemplaza para siempre a la experiencia *acerca de la cual* habla. De cualquier forma, la toma de conciencia se puede estimular por medios más directos que la formulación intelectual de sus probables contenidos. Aparte de lo indirecto de tal enfoque "computacional", el terapeuta gestáltico se opone a ello en términos del juego "yo te estoy diciendo a ti", el que implica una relación no favorable para el desarrollo del auto-apoyo o la responsabilidad.

Pienso que si le pedimos a nuestros pacientes que sigan la regla de la no auto-interpretación y acepten nuestra propia regla de la no-interpretación, sabiendo que es una técnica y no un asunto moral, estaremos en mejor contacto con ellos que si implícitamente consideramos sus "porque" como evitaciones o "sabotaje". Generalmente, en mi propia práctica hago una declaración en el sentido de que la necesidad de interpretaciones puede estar basada en suposiciones erróneas, e invito a mis pacientes a experimentar con una situación donde no haya lugar para interpretaciones. Cuando un paciente no se somete a una regla que él ya ha aceptado, podemos inferir que:

1. En ese momento está vivenciando algo que debe evitar;
2. Su deseo de jugar el juego "vean cuán inteligente soy", u otro semejante, es mayor que su deseo de compartir su experiencia;
3. No se atreve a confiar en el terapeuta y/o en el método empleado por él.

En cualquiera de estas instancias, el fracaso del paciente para persistir en la conducta prescrita (de meramente verbalizar sus experiencias), es al menos tan importante para el terapeuta como lo son sus éxitos. Si se mantiene alejado de las intelectualizaciones, tarde o temprano va a:

1. Darse cuenta que no las necesita para obtener auto-conocimiento;
2. Encontrarse con los "hoyos" de su personalidad: las áreas de impotencia, parálisis, incapacidad para aceptar la experiencia, etc., lo que da origen a la experiencia del vacío. Como hemos visto, esto es en sumo grado deseable.

Si, en forma alternativa, el paciente explica o busca explicaciones en él o en su terapeuta, éste puede seguir uno de estos dos cursos de acción:

1. Insistir en la regla;
2. Dirigir su atención a su experiencia del momento: la necesidad

de evitar una incomodidad hasta aquí no reconocida, la compulsión de explicar las cosas o justificar en términos de eventos pasados, su deseo de sentirse aceptado como un paciente con capacidad de introvisión, su elección de su propio enfoque en lugar de aquel sugerido por el terapeuta, etc.

En instancias como las enumeradas, el que el paciente no siga la regla es *tomado como una clave,* y la regla, indirectamente, ha servido entonces la función de hacer aparente la clave. Parte del éxito del terapeuta en cualquier enfoque, depende de su capacidad para captar, en el tramo del discurso del paciente o en el flujo de su percatarse, las claves de los aspectos significativos, la expresión de tales aspectos en su personalidad que requieren confrontación. Las reglas supresivas de la terapia gestáltica constituyen un medio valioso para detectar aquellos momentos en la experiencia del paciente que necesitan ser sacados a la luz. En general, éstos son los momentos en que, a pesar de la estructura establecida por el terapeuta, el paciente escoge no expresar su experiencia en curso, sino que más bien hablar *acerca de* sí mismo o de los demás.

La regla del *no-acercadeísmo,* que involucra las reglas de la no-explicación o búsqueda de explicación, del no-filosofar o búsqueda de otra verdad que no sea la evidencia, del no-diagnóstico de la personalidad o reunir información conducente a interpretaciones (además de discusiones sobre el tiempo, las noticias matinales, etc.), no sólo se aplica al paciente individual, sino que es particularmente efectiva en situaciones de interacción grupal. En la terapia individual, las explicaciones representan pérdidas ocasionales de tiempo. En una situación grupal, una explicación lleva a otra y a otra y a otra, de modo que tal nivel de discurso se establece en que nada significativo puede ocurrir. Por otra parte, la simple regla de suprimir la verbalización de opiniones, ideas, opiniones acerca de los sentimientos de otros miembros, etc., es, por sí misma, una garantía de que algo significativo va a ocurrir en la sesión: porque el compartir experiencias gatilla otras experiencias, y en una atmósfera de no evitación, es probable que la expresión de sentimientos "menores" evolucione —así como las chispas que aumentan hasta convertirse en una hoguera— hasta llegar a ser un compromiso dramático.

La regla de la no-intelectualización no sólo se aplica a la verbalización. Ya se trate de terapia individual o grupal, éste puede ser un ejercicio útil para realizar en forma privada, extendiéndolo a todo nuestro pensar. Pero nuevamente tengo que enfatizar que esto no implica que un estado mental libre de pensamientos sea un estado ideal válido para *todos* los momentos de la vida. Implica que gran parte del tiempo estamos optando por calcular en lugar de percatarnos de nosotros mismos, y que ni siquiera nos damos cuenta de nuestra opción de hacer esto. La técnica de apagar la "computadora" puede ponernos en mejor disposición para contactarnos con nuestra experiencia en curso, la que puede involucrar el deseo de prefigurar el futuro o no. De hecho, la naturaleza de gran parte de nuestro pensamiento es tipo ensayo y habla de una necesidad de controlar el futuro. En la búsqueda de esta "seguridad", podemos evitar perder y que nos duela, pero si nos hemos convertido en computadoras, tampoco podemos vivir.

II. Debeísmo

El decirnos a nosotros mismos, o a otros, lo que *debiera* ser, es, como el *acercadeísmo*, otro modo de no vivenciar lo que *es*. Fritz Perls relataba una historia que ilustra esto: "Moishe y Abe están jugando a las cartas. Moishe: 'Abe, ¡¡¡estás haciendo trampa!!!'. Abe: 'Sí, lo sé'".

Fritz es un *acercade*ísta (*about*ist), un narrador de historias; Moishe es un *debe*ísta (*should*ist); y Abe es un *es*ista (*is*ist).

El *evaluar* es un paso más allá de la experiencia, o vivencia, porque en el primero estamos intentando hacer *calzar* una pauta prestada de experiencias pasadas o extrapoladas al futuro. Si, de acuerdo a nuestros juicios, el grado de calce es suficiente, entonces "aceptamos". Sin embargo, esta aceptación no es un descubrimiento de los valores intrínsecos en lo dado. No es amor por lo peculiar de la vivencia que está a la mano, o goce de ella por sí misma. Además, no hay descubrimiento —sólo un sello de aprobación basado en el hacer calzar estándares preestablecidos. Hay seguridad. Se puede mantener el status quo. Sin embargo, cada vez que el grado de calce entre los patrones y la actualidad no es suficiente, prestamos atención a *lo que está faltando* en lugar de a lo que está presente. Gran parte de lo que llamamos nuestras "experiencias", son los sentimientos desagradables originados por la frustración de nuestras expectativas, y no por la conciencia de lo que está ahí para ser captado. No existe el vivenciar algo, sino que el "vivenciar" la nada.

Podremos abandonar temporalmente tanto nuestra postura enjuiciadora hacia la realidad como nuestra actividad computacional. Hacer esto significa, por ejemplo, dejar de jugar el juego de la "auto-tortura" o el del "auto-mejoramiento". Si somos capaces de hacerlo, podremos descubrir un rango insospechado de verdaderos sentimientos que nuestro simplista mecanismo de aceptación-rechazo estaba cubriendo.

Cualquier persona que conozca el éxtasis transitorio de la experiencia sicodélica, sabe lo que es vivir sin el "mandón". Una vez que se hace dormir artificialmente al monstruo del debiera, todo lo demás es lo que es. Cesa por completo el "juego de las comparaciones". Todo nos ofrece su material de bondad y es el ejemplo más perfecto de sí mismo.

A través de la toma de conciencia de la degustación, descubrí algo acerca de la diferencia entre la verdadera experiencia y el debeísmo. Hace años, había estado en una sesión de terapia gestáltica durante la mañana y había salido de ella sintiéndome muy abierto al mundo, sin necesidad de defenderme de nada ni de nadie —incluso, sin temor a la muerte misma. Entré al comedor para descubrir que había sopa de almejas de almuerzo. Desde niño había detestado el sabor de los mariscos, hasta el grado que me producían náuseas. Me parecía tan ridículo —pensando que ya estaba listo para morir— tener que rechazar un inocente plato de sopa. Apenas me percaté que podría llevar este sentimiento de apertura y de no estar protegiéndome de nada —que aún estaba conmigo— a la situación de tomarme esa sopa, por primera vez realmente *saboreé* la sopa de almejas, y sé que no era nada como lo que había "saboreado" tantas veces antes. En ocasiones previas, cuando había tenido una sustancia semejante en la boca, estaba tan ocupado vivenciando el rechazo, que no podía prestarle atención a la información que me entregaban mis papilas gustativas. Estaba "saboreando" una fantasía, además de mi propia actividad de establecer una barrera entre mi comida y yo. Ahora, abierto al fin, me percaté que la sopa de almejas no tenía nada que ver con mi "recuerdo" de ella. Cuando intenté describir su sabor, sólo fui capaz de decir que era un "buen sabor a protoplasma añejo".

Uno de los *objetivos* de la terapia gestáltica es ser capaz de vivir de tal manera en el presente (al menos cuando lo elegimos así), que ningún estándar del pasado oscurezca nuestra toma de conciencia; que seamos tanto lo que somos, que ningún sentido de *debiera* nuble nuestra identidad. Sin embargo, ¿podemos hacer esto ahora? Si no, es muy posible que la regla del "no-debeísmo" sea irreal.

No obstante, algo típico de la terapia gestáltica es que nos dice que hagamos ahora lo que nos gustaría lograr mañana. Al igual que su prescripción hacia el ideal de centrarse en el presente es: "Vive en el presente, *ahora*", su prescripción hacia el ideal de ser libre del debeísmo es: "Detén *ahora* las auto-acusaciones y los auto-elogios".

A pesar de que este enfoque es típico de la terapia gestáltica, no es exclusivo de ella. Haremos bien al recordar la afirmación de Ferenczi, en el sentido de que el análisis se puede terminar cuando el paciente ha logrado la capacidad de asociar libremente. En el sicoanálisis, la asociación libre es el objetivo y también el medio. Más aún, lo mismo se puede decir de cualquier destreza. Aprendemos a nadar nadando, no leyendo libros acerca de ello o analizando nuestros "bloqueos a nadar".

En la instancia específica de la no-evaluación, la expresión práctica de este mandato es considerada como un *simple reconocimiento* de la vivencia, sin justificación o crítica:

> T.: ¿Qué vivencias ahora?
>
> P.: Me siento bien. No estoy tenso. Siento una corriente de simpatía hacia ti (sonríe). ¡Fantástico! (pausa).
>
> T.: Pienso que te estás haciendo propaganda.
>
> P.: ¡Sí! Me gustaría que todo el mundo supiera que estoy bien. *Eso* es lo que vivencio: quiero tu aprobación, y me da miedo mostrarte algo de mi mierda —si te vuelvo a mostrar mi mierda, no me vas a soportar más.
>
> T.: ¿Qué vivencias *ahora*?
>
> P.: Te veo a ti. Siento mis manos en mis muslos. Me siento tranquilo. Escucho los sonidos del océano (pausa) —podría seguir escuchando para siempre.

En este caso, mi observación "Te estás haciendo propaganda", se fundamentó en una suposición discutible, y en ese sentido, estaba al borde de ser una interpretación. Los fundamentos que tuve para creer que éste era el caso, fueron:

1. La expresión negativa "No estoy tenso". Sólo podemos percatarnos de lo que somos. Las expresiones negativas involucran el "juego de la comparación" y generalmente son evaluaciones: "¿Calzo con éste o aquel estándar", "¿Estoy incurriendo en tal o cual pecado?".

2. La predominancia de términos evaluativos sobre el contenido. "Bien", "Fantástico", "Simpatía", versus la falta de información perceptual o descriptiva. El paciente parece más interesado en relatar su bienestar que aquello con lo cual él está en contacto en su bienestar. A la inversa, al final está en contacto conmigo, con sus

manos, con el océano, y yo podía ver su bienestar sin que él tuviera que relatármelo.

En el ejemplo de arriba, el punto decisivo en la experiencia del paciente fue su deseo de examinar y expresar lo que él estaba vivenciando pero que había elegido ocultar bajo su "bienestar". El percatarse de su miedo al rechazo, de su compulsión a estar cómodo y de su acción de refrenarse, es decir, fingir —todo lo cual estaba claro para el paciente—, primero fueron reemplazados en él por un escotoma. Cuando dejó de evitar la realidad obvia del momento, también empezó a estar abierto al ambiente.

La regla de la no-evaluación es más difícil de seguir que la regla relacionada con ésta de no pensar, y esto se debe, en parte, a la mayor sutileza de la actividad de enjuiciamiento. En la ilustración de arriba, el paciente creía que sólo estaba *expresando* su experiencia, pero, de hecho, se estaba *defendiendo*. Antes de que alguien pueda dejar de evaluar, debe ver claramente cómo lo está haciendo, y esto puede requerir un trabajo preliminar. En terapia gestáltica, una de las formas de hacer surgir esta capacidad de percatarse, como veremos en mayor detalle, es exagerando las limitaciones mismas que deseamos superar. Para vivir en el presente, podremos encontrar útil darle el respectivo valor al pasado o perseguir deliberadamente nuestras fantasías del futuro. Del mismo modo, antes de dejar de enjuiciar, tenemos que enjuiciar de una forma tan deliberada que lleguemos a darnos cuenta cómo lo hacemos, y sobre todo, darnos cuenta que en realidad estamos optando por hacerlo:

> P.: No siento nada especial. Te veo sentado en el tronco. Siento la brisa en la cara. Me siento "¿Y qué?". Todo esto que percibo está muy bien, pero no estoy satisfecho. Algo me falta. Sé que me puedo sentir distinto. Recuerdo tiempos mejores...
>
> T.: El juego que estás jugando se llama "esto no me basta". De ahora en adelante, agrega "esto no me basta" a cada una de tus afirmaciones.
>
> P.: Te veo, y esto no me basta. Huelo la fragancia de esos arbustos, y esto no me basta. Estoy esperando que la próxima cosa ingrese en el campo de mi conciencia para relatártelo, y esto no me basta. Ahora miro el cielo, y esto no me basta. Me siento "¡esto es suficiente!". ¡Ja, ja, ja! Me estoy riendo, y esto no me basta. Me gusta este juego, y esto no me basta. ¡Desde luego que lo estoy haciendo todo el tiempo, y es un juego bastante estúpido!
>
> T.: Muy bien. Ahora quiero que hagas lo mismo con cada trocito

de conciencia que tengas, pero agrégale "esto es suficiente" o "más que suficiente".

P.: Estoy sentado aquí, y esto es suficiente —sí, claro que lo es. Ahora me percato de tu presencia y de que me estás dando tu tiempo, y esto es suficiente. Siento gratitud hacia ti. Veo el eucaliptus contra el cielo. Esto es suficiente —es un árbol maravilloso. Veo su corteza, tan venerable, y me resulta algo muy precioso. Casi puedo sentir que yo soy el eucaliptus. La brisa me trae su aroma, ¡y esto es más que suficiente! Es como si el árbol respondiera a mis pensamientos, y ese olor me es tan querido. Ahora me percato de la atmósfera, del calor del verano. Siento el aire como una forma de abejas doradas que están zumbando sostenidamente. Es dulce y tibio como el sol... No quiero nada más en este momento.

Si somos lo suficientemente rigurosos en nuestra evaluación, sentimientos tales como la angustia, la culpa y la vergüenza no son vivencias directas, sino que el resultado de alguna evaluación: una cortina creada por la mente, que podemos interponer entre nosotros y el mundo (metarrespuesta). Detrás de cada instancia de culpa está el ideal en el cual no estamos pudiendo calzar; detrás de cada instancia de angustia, el deseo de manipular el futuro como nosotros pensamos que debiera ser. Cuando le pedimos a alguien que exprese sus *experiencias* y nada más, a final de cuentas le estamos pidiendo que traspase este *maya* y describa *cómo son las cosas ante él cuando deja de colorearlas* con estas actitudes. Estamos diciendo que la angustia, la ansiedad, la culpa, etc., *son algo que uno mismo se hace sentir* o *que uno elige sentir* —ellas no son la vivencia que uno tiene *del mundo.*

Sin embargo, en un sentido más estricto de la palabra, la culpa, la angustia y los sentimientos relacionados no sólo son "vivencias" o "experiencias", sino que son aquellas que están más cerca de la capacidad de percatarse del individuo.

En qué medida uno tiene que hacer valer la regla de la no-evaluación en estas instancias, es un asunto sobre el cual no he encontrado ninguna declaración, a pesar de lo fácil que es ver las posibilidades de cualquier alternativa: meterse *dentro* de la culpa, la insatisfacción, el temor, o de lo contrario, no permitir que estos juegos subyacentes interfieran con la experiencia de lo obvio. Perls puso gran énfasis en este último enfoque: ver en lugar de imaginar, y percatarse de que lo que estamos extrañando no es una madre, sino tal vez un lápiz. Por otra parte, como con el acercadeísmo, el fracaso de seguir la regla de la no-evaluación puede ser tomado como una clave para trabajos posteriores y la aplicación de otras técnicas.

La regla de la no-evaluación, como aquella de la no-computación, hace surgir la pregunta de su propia extensión. ¿Ha de tomarse esto como una mera técnica cuyo valor está restringido al encuadre terapéutico? o ¿de*biéramos* convertir nuestra actitud no enjuiciadora en un "debiera" más, una regla de la vida? ("No debiéramos tener 'debieras'"). No se puede responder esta última pregunta sin antes hacer una aclaración con respecto a las diferencias entre los *debieras* y los ideales o metas.

Un ideal es una concepción de lo deseable, basada ya sea en la creencia o la experiencia. Una meta es como un blanco al cual apuntar, o conducta dirigida, un objetivo para nuestra orientación, que podrá ser un ideal o no. La terapia gestáltica, como yo la entiendo, no busca eliminar las concepciones de la actividad deseable o con objetivo, a pesar de que sí intenta contrarrestar el exceso de orientación hacia el futuro con un buen anclaje en el presente. Si la terapia gestáltica busca la eliminación de las metas e ideales, ésta es suficiente prueba de que no lo hace: el objetivo de la falta de objetivos y el ideal de la falta de ideales son aún un objetivo y un ideal.

Por otra parte, un "debiera" es distinto a una meta o a un ideal: los "debieras" constituyen una actividad sicológica de estar en pugna con una realidad que no puede ser otra que la que es. Cuando nos culpamos por algo que ya ocurrió, por ejemplo, estamos sumiéndonos en un sentimiento bastante disfuncional que no mejora el error en que incurrimos, ni necesariamente es para que nos vaya mejor en el futuro. Tal vez el único beneficio de nuestra culpa sea que, en cierta medida, nos hace sentir "mejor".

Lo mismo se puede decir de nuestra postura hacia el presente. Nuestras vivencias y acciones aquí y ahora, son lo que son y no podrían, posiblemente, ser de otra manera. Tanto la auto-culpa como la auto-adulación no las hacen más o menos. Y, ciertamente, no *nos* hacen mejores. Si hay algún camino hacia la realización de los ideales, evidentemente que no es convirtiéndolos en *debieras*.

Sin embargo, los *"debieras"* existen en la medida en que no creamos en la afirmación anterior. Creemos que debemos "empujar el río" —que si no *hacemos* las cosas en forma correcta, ciertamente habrá una catástrofe. En este sentido, los *debieras* son una expresión de nuestra manía por el control, de lo cual hablaré en la próxima sección. Por lo general, nuestras expectativas catastróficas toman la siguiente forma: ¿qué sería de mí (o del mundo) si no fuera porque yo (nosotros) me (nos) *esfuerzo* (*esforzamos*)? La gente debiera tener *debieras* para no meterse en problemas.

En este asunto, como en otros, el punto de vista de la terapia gestáltica es que la *conciencia* es *suficiente*. O mejor aún: la conciencia y la orientación, siendo esta última un aspecto de la conciencia misma. Si tenemos un concepto de lo deseado y sabemos donde estamos, eso es todo lo que necesitamos para que nuestros movimientos vayan en la dirección deseada. Tal vez una buena analogía sea aquella del niño que aprende a caminar o a trepar. Las advertencias de peligro y las críticas, aunque sean precisas, lo único que conseguirán es distraerlo de su tarea y ponerlo tenso. Si tal "ayuda" es crónica, lo hará menos seguro y no más diestro. De la misma forma como el adulto, al sobreproteger al niño, está desconfiando en el potencial de aprendizaje y desarrollo de éste, nosotros, en nuestra auto-manipulación, ya sea mediante el culpar o el presionar, perdemos la confianza en nuestro organismo sicofísico.

Cuando la terapia gestáltica dice que es innecesario "empujar el río" (en la forma de tratar o esforzarse), no está diciendo que la *conciencia de las limitaciones* sea la expresión de un debeísmo irrelevante. Por el contrario, sólo es posible tener una apreciación realista de donde estamos en términos de nuestros objetivos o ideales, cuando nuestra evaluación no se basa en el juego auto-castigador o en las defensas contrarrestantes. El mecanismo de descalificación en que invertimos tantas energías, es totalmente distinto de la percepción serena de nuestros fracasos y limitaciones, al igual que el odio hacia los demás difiere del amor realista. La misma actitud hacia los auto-fracasos se puede personificar mejor en el caso de un buen profesor de alguna disciplina concreta. "Eso fue demasiado alto", dirá un entrenador de tenis. "Eso estuvo bien". "No te preparaste a tiempo esta vez". "Podrías relajar el hombro un poco más". Todas éstas son afirmaciones sobre hechos, no declaraciones morales. Dan por sentado que el alumno quiere utilizar estas *observaciones*. El profesor no ejerce coerción sobre él ni lo controla. No le exige que mejore, sino que sirva a *su* deseo.

Lo que en terapia gestáltica se llama *mandón*, es lo opuesto: el mandón impone sus deseos sobre el mandado, lo manipula, lo controla.

Sería demasiado simple —más bien simplista— decir que el mandón es algo que hay que eliminar por ser disfuncional. Creo que la actitud de la terapia gestáltica está mejor expresada en la observación de que el mandón debe ser asimilado. Su control "colaborador" del mandado, para mantenerlo en el camino de lo correcto, puede ser visto como una proyec*ción* de los propios deseos del mandado. El "deber", cuando es vivenciado como un debiera, es una instancia de responsabilidad desheredada. "Mi deber hace que yo" ha tomado el lugar de "Yo elijo"; "Yo debo" en vez de "Yo quiero". Cuando empujamos el río, lo hacemos con la energía del río. El río de nuestra vida juega un mal juego consigo mismo, empujándose en lugar de fluir.

III. Manipulación

El asunto de la manipulación está estrechamente relacionado con el de la evaluación, así como la evaluación se relaciona con el juego de calce de la computación.

El acercadeísmo se refiere principalmente al mal uso del intelecto (es decir, uso del intelecto para evitar), y el debeísmo, al mal uso de la vida emocional. En la esfera de la acción, la manipulación constituye una actividad semejante. Habitualmente, los terapeutas gestálticos no formulan la regla de la no-manipulación en su forma más general, que es la de no hacer "acting out". Aún así, pienso que el ideal de la no-manipulación es tan parte de las acciones del terapeuta, que éste es un punto que vale la pena tratar en esta exposición.

Al igual que con el pensar y el sentir —tanto positivo como negativo—, la acción puede constituir una evitación. Si esto suena paradójico, lo es en la medida en que, conductualmente, igualamos actitudes fóbicas con la *evitación de acciones* o las situaciones de la "vida real". En contraste con esto, la noción de evitación del gestaltista es fundamentalmente la de una *fobia de la vivencia* y una *evitación de la toma de conciencia*, y no es difícil ver cuántas de nuestras acciones están dirigidas a la minimización de la incomodidad, a la evitación de los estados internos que no estamos preparados para aceptar. En un sentido más amplio, se podría decir que la *mayoría* de nuestras acciones son evitaciones de la experiencia. Si observamos nuestra vida con el ojo de un iluminado contemplativo, tal vez veamos que gran parte de ella consiste en variaciones sobre el tema común de huir de algo. Cualquiera que haya estado involucrado en la práctica Zen de "simplemente estar sentado", sabe cuán insoportable puede resultar el no-hacer y cómo una de las prácticas más simples puede servir para revelar todo aquello que esconde la agitación de la acción excesiva. El aburrimiento, la ansiedad por el futuro, el vacío, la tristeza, todos éstos tienen que ser confrontados por aquel que se ha comprometido a sentarse y dejar todo intento.

Decir que la mayoría de las acciones de la persona común están enraizadas en la evitación, que a su vez es una evitación del vacío, es equivalente a decir, en la terminología de Maslow, que las acciones están motivadas en forma deficiente. Si nos pusiéramos a recordar nuestras experiencias cumbre, los momentos pasados de excepcional plenitud y apertura al mundo, posiblemente encontraríamos que éstos fueron momentos donde *ser era suficiente*: momentos donde el éxtasis de lo dado era tal, que no había deseo de ninguna otra cosa, ninguna necesidad de producir un cambio.

Tales afirmaciones de aquellos para quienes las experiencias cumbre son estados más o menos perdurables —fundamentalmente místicos—, con frecuencia han dado lugar a una respuesta muy parecida a la perspectiva de los no-debieras: "¿En qué se convertiría el mundo si todas las personas estuvieran satisfechas con su existencia? ¿Podría haber progresado el mundo, como de hecho lo ha hecho, sin el descontento? La aceptación del sufrimiento, como la tienen el Sermón de la Montaña o el misticismo pasivo hindú, sólo podría conducir a la explotación o al estancamiento".

Declaraciones como éstas parten de la suposición de que el cambio sólo se puede originar a partir del deseo de cambio; y la acción, a partir del deseo de producir efectos o resultados. Esta es una suposición paralela a la discutida previamente, según la cual no haríamos bien a menos que "intentáramos". Ambas son, desde el punto de vista gestáltico, expresiones de una falta de confianza en la auto-regulación organísmica.

Una vez más, el punto de vista del terapeuta gestáltico es: "La conciencia es suficiente". En contraste con las acciones cuya intención es evitar las experiencias, hay acciones que surgen de la experiencia y la *expresan*. Estas no *intentan* producir un efecto, en el mismo sentido en que el gran arte no tiene por intención suscitar ciertos sentimientos en el público, sino que indica y apunta a su propia existencia.

En contraste con las acciones que se producen a partir de motivos deficientes, que quieren poner fin a la insatisfacción, hay acciones que dicen *sí* a la existencia, acciones enraizadas en el valor intrínseco de sí mismas.

El trabajo del verdadero artista o poeta, que replica en formas o palabras a la belleza que ha percibido, es un decir sí muy semejante a la acción de un amante que recorre con sus manos los contornos de su amada. Las acciones que son afirmativas de la vida en lugar de negadoras, auto-reveladoras en lugar de encubridoras, expresivas en lugar de supresivas, son, en cierto sentido, como ninguna acción. Ya que proceden en *forma natural,* sin violencia hacia nuestras tendencias, sin necesidad de auto-manipulación, pueden ser vivenciadas como un camino de resistencia mínima —el modo más simple de estar en el momento. Perls indicó que tales acciones no se basan en la *opción* (un juego de calce), sino que en la *preferencia.* Yo pienso que la experiencia de la que él habló era de la misma naturaleza de aquella que inspiró a Sengtsan, el tercer patriarca chino del Zen, a abrir su Hsin-Hsin-Ming con el verso: "No hay absolutamente nada difícil en relación al Gran Camino, pero, ¡evita escoger!".

La acción, en contraste con la manipulación (de uno mismo o de otros), se vivencia como un flujo desde adentro, no como algo que se realiza con el fin de satisfacer estándares extrínsecos —ya sea internalizados (como mandón) o no. En la medida en que identifiquemos (y llamemos "yo") a la función auto-manipuladora en nosotros, podremos vivenciar tal acción como algo que "nosotros" no efectuamos, pero que conseguimos que se produzca.

"Ello" (it: él, ella, ello, lo, la, le, eso)[1] es una palabra sucia en terapia gestáltica, ya que se emplea con frecuencia como sustituto de "yo" o "tú", como un medio para evitar lo directo o la responsabilidad. En terapia gestáltica, normalmente enfatizamos que "ello" no es lo que "ocurre", sino que *nosotros hacemos* lo que sea que ocurre. Cuán verdadero sea esto, cuando es más verdadero —cuando se aplica a los momentos de extrema espontaneidad—, "ello" puede convertirse en un término más expresivo de la cualidad vivencial de tal acción. El pintor puede sentir que la obra se hace a sí misma, el escritor siente que sus personajes escapan a sus intenciones, el bailarín se siente "inspirado". Estoy seguro que Perls, por toda su insistencia en evitar este lenguaje impersonal del "ello", estuvo de acuerdo con esta excepción, pues en sus talleres de pintura utilizaba frecuentemente expresiones tales como: "No te apures, no tienes

[1] Pronombre personal de tercera persona utilizado como sustituto de cualquier sustantivo. Su traducción al español es él, ella, ello, lo, la, le, eso. Perls pone énfasis en el hecho que mediante su uso se sustantiva y se sitúa en tercera persona lo que no es un sustantivo ni es impersonal. Tiene relación con el reificar, nominalizar o hipostatizar; convertir un proceso, un verbo, en un objeto, un sustantivo (N. del T.).

que decidir nada, simplemente préstale atención a la punta de tu pincel y deja que *ella* se dirija hacia donde quiera ir".

A un nivel técnico, la idea de renunciar a la manipulación encuentra su expresión, así como los otros no-hagas-tal-o-cual-cosa, en la práctica del continuum de la atención. Porque, para verbalizar la experiencia del momento, tenemos que estar abiertos al momento y a aquello que éste trae consigo, en lugar de estar comprometidos en la producción de nuestro propio programa. La forma en que la manipulación comienza a funcionar durante el ejercicio de la atención, puede ser predominantemente aquella de auto-manipulación o manipulación de otros (terapeuta, grupo), a pesar de que ambas son, a final de cuentas, inseparables.

La manipulación de otros, que también podemos entender como una auto-manipulación dirigida a manipular a otros (como, por ejemplo, en el predicamento: "Sonríeme de modo que me pueda sentir bien"), compromete todo el rango de conductas de "juego". Un "juego" siempre involucra la esperanza de un objetivo y puede ser visto más bien como una manipulación para obtener una ventaja que como un acto de expresión.

Perls vio los juegos como una capa externa de la personalidad: "la capa falsa", "la capa Eric Berne o la capa freudiana", y cada vez que se encontraba con ellas, se retiraba o (como una excepción a su regla) interpretaba: "Estás jugando al indefenso", "Estás jugando al sordo", "¿A cuántos terapeutas has derrotado antes de llegar hasta mí?", "Estás haciendo el juego de la trampa de oso".

Sin embargo, estas interpretaciones (interpretaciones globales en lugar de explicaciones causales) no tenían tanta intención de ser observaciones, sino más bien advertencias: "Si quieres trabajar conmigo, será mejor que dejes de hacer eso".

Con Perls, la no-manipulación era una regla *implícita* —parte de una exigencia de autenticidad que él daba por sentado que estaba dentro de la capacidad de los pacientes cumplir. O, por lo menos, la proponía como una prueba de admisión. Su función era traspasar esas capas de la personalidad al nivel de la explosión, pero él consideraba que esta primera parte del trabajo —la de trascender los juegos— era un paso elemental por el cual el paciente podría hacerse responsable: "Para trabajar con éxito, necesito un poco de buena voluntad. No puedo hacer nada por ti, mi pequeño mono sabio".

"En este corto fin de semana, no me voy abrir ante ti si eres un envenenador que me dejará cojo y exangüe...".

"Si eres un trampero de osos que me chupa la energía con preguntas 'inocentes', que me pone cebos a la espera de que yo haga el movimiento equivocado para poder decapitarme, te permitiré tentarme, pero voy a evitar la trampa...".

"Si eres un sonreidor tipo Mona Lisa y tratas de esconderme tu indestructible 'Yo sé más' y esperas que me desgaste para atraparte, me quedaré dormido sobre ti".

"Si eres alguien que vuelve loca a la gente, pronto dejaré de seguirte y discutir contigo. Eres pariente del envenenador".

Las manifestaciones de la manipulación que una persona dirige fundamentalmente hacia sí misma, pueden ser más difíciles de captar que las involucradas en los juegos interpersonales. Pues en este último caso, el terapeuta puede sentir los tira y afloja, las exigencias o engaños tácitos que quieren limitar su libertad o sacarlo de su propio centro. Sin embargo, la auto-manipulación es tal vez el preciso factor que distingue la práctica genuina del continuum de la atención al engaño, o de la seudo-práctica que el "buen paciente" puede realizar durante largos períodos de tiempo sin llegar a nada significativo. Estas formas de controlar el flujo de la experiencia convierten al continuum de la atención misma en un juego que se puede jugar meramente atendiendo a las reglas. El resultado puede ser una larga enumeración de objetos en la sala, algunos trozos de percatarse físico, sonidos, etc., más parecidos a un inventario que a una auto-exploración. Lo que ocurre en estas instancias es que la regla de "expresa tus experiencias" ha sido igualada a "describe sensaciones", lo cual sólo en la superficie es la misma tarea.

Este asunto se puede clarificar si pensamos en un ejemplo extremo: una persona que se dispone a hacer un relato detallado de sus percepciones visuales. El resultado de tal acción puede ser un catálogo de impresiones, útil, tal vez, para cierto objetivo experimental específico, pero no necesariamente conducente a un incremento del auto-percatarse. Lo mismo puede ser valedero para los enunciados de impresiones de otras modalidades sensoriales: olfativas, kinestésicas, etc. De hecho, algunos pacientes hacen algo que no es muy distinto de un ir y venir de un inventario a otro. La diferencia entre la tarea de arriba y la práctica del continuum de la atención, yace fundamentalmente en dos factores: uno, la cuestión del auto-percatarse; el otro, el asunto de la *actitud*. Voy a comentar sobre ambos. Una de las cosas de las que generalmente no se percata un paciente que se embarca en un listado de sus percepciones, es su propia actividad: "Estoy *enumerando* cosas que percibo". Esta es su experiencia más inmediata, la cual debiera resultarle más obvia, y sin embargo, permanece invisible a él en su propia cara. Si pudiera percatarse de sus propios sentimientos y acciones, el relato podría convertirse en algo como lo siguiente:

> Estoy mirando la alfombra. Pienso que debería proseguir y decir alguna otra cosa. Dirijo mi mirada a la derecha y ahora veo la lámpara. Ahora he estado mirando una cosa y luego otra durante un tiempo y no creo que esté sacando mucho de esto. Ahora me siento aburrido y un tanto cansado. Ojalá me ayudaras a superar mi aburrimiento y mi superficialidad, etc.

En la medida en que el ejercicio de la atención siga siendo superficial debido a su escotomización, como el comentado arriba, podrá ser corregido indicando qué es lo que está ocurriendo ("Estás enumerando objetos") o llamando la atención de la persona sobre su propia actividad, física o mental. Una vez que el paciente se percata de qué está ha*ciendo*, aparte de expresar sus experiencias, puede avanzar descubriendo cuáles son sus experiencias naturales. Antes de eso, podrá asemejarse a alguien que está parado en un pie y se pregunta por qué su otra pierna se siente cansada, o a una persona que lee en voz alta un libro que tiene en su bolsillo y luego se pregunta por qué la sesión fue de poco significado personal para ella.

Pienso que el punto más sutil en la práctica del continuum de la atención —y debido a su sutileza, imposible de formular como una regla muy clara— es la distinción entre estar ab*ierto* a la experiencia y fabricar experiencias.

Una de las reacciones más corrientes de los pacientes que están en la "silla caliente" consiste en estar muy pendientes de sí mismos, y junto con esto, la compulsión a *representar*.

El representar es necesariamente una forma de manipulación —hacer que algo ocurra, en lugar de ver qué hay ahí. El modo de traspasar la representación, al igual que con los juegos más obvios, debe comenzar con la toma de conciencia de que se está representando, lo que a su vez puede conducir a un percatarse más sutil de tener que ser productivo, interesante para el terapeuta, creativo, por temor a ser trivial, al vacío, a la nada y a la muerte sicológica.

> P.: Siento que estoy temblando (pausa). Estoy esperando que se me ocurra otra cosa que decir y estoy buscando algo que relatar.
>
> T.: ¿Crees que estarías vacío de toda experiencia si no buscas algo que contar?

P.: Me siento aliviado al pensar eso (pausa). Veo cosas allá afuera y te veo a ti, y siento que estoy aquí sentado —y nada de esto me interesa mucho... ahora me siento en blanco... me siento relajado... ¡no tengo que evitar el sentirme en blanco! Me siento como en vacaciones, no tratando de hacer nada... y ahora realmente te veo. Había olvidado quién eres... me siento muy vivo.

Hay elementos particularmente relacionados con el asunto de la manipulación que surgen fundamentalmente cuando la terapia gestáltica es conducida en un encuadre grupal, y que son tan corrientes que sirven para ser objeto de recomendaciones. Aquí están los principales:

Preguntas. Las preguntas son parte importante de la conversación en cualquier sesión de terapia grupal que las permita. Sin embargo, pocas preguntas son genuinamente tales. La mayoría (preguntas falsas) constituye un modo diplomático de exhibir los puntos de vista del interrogador, un modo de expresar duda, una forma de expresar falta de base en las afirmaciones de alguna otra persona, etc. En general, una pregunta es una forma de manipulación dirigida a la producción de una respuesta y no expresa la experiencia del interrogador. Más bien, el interrogador *necesita una respuesta para evitar mejor la experiencia* de donde surge la pregunta:

¿Por qué estás enojado conmigo? = ahora quedará en claro que no tienes ninguna buena razón para estar enojado = tengo razón = puedo dejar de preocuparme.

¿Por qué no haces esto y aquello? = observa cómo estoy siendo ayudador contigo y observa cómo soy mejor que tú = tú me necesitas = yo necesito tu necesidad de mí, tengo que esconder esta debilidad para parecer como debo.

¿Te sientes atraída hacia él? = me muero de ganar de saber si tengo alguna oportunidad con él, pero me mostraré lo más libre posible de cualquier interés personal, etc.

Las preguntas no sólo sirven para enmascarar las experiencias del interrogador, sino también para "tragarse" al interrogado y que así responda y satisfaga la necesidad manipuladora del interrogador; ellas desvían el contenido de la interacción grupal alejándolo de lo que es terapéuticamente funcional. Por esta razón, es probable que una regla del no-cuestionamiento (y en particular, una en contra de las preguntas *por qué*) incremente la densidad del compartir experiencias en el grupo. Sin embargo, precisamente debido a que una pregunta esconde una experiencia, también es una regla útil considerar necesario que se comparta esto último. Un modo de hacerlo es reformulando las preguntas en forma de afirmaciones, por ejemplo:

> ¿Qué estás pensando? = estoy preocupado por lo que sientes hacia mí y me gustaría saberlo.
>
> ¿No crees que estabas en lo correcto? = me siento apoyador hacia ti. Me gustaría evitar que te sientas mal.

Contestaciones. La mayoría de las contestaciones constituye un sometimiento pasivo a la manipulación de alguien y no le sirven en absoluto al que contesta o al grupo. Más aún, lo más probable es que tampoco el interrogador mismo las utilice si su pregunta fue falsa y una expresión de evitación. Sin embargo, este no es el caso con las *respuestas*, es decir, las experiencias originadas por una pregunta. Por lo tanto, lo más valioso de todo es la siguiente regla bipartita:

1. El interrogado se sentirá libre de contestar o no, según su preferencia general.
2. Sin importar si contesta o no, comunicará su respuesta: "Me imagino que vas a salir con esa pregunta y no me interesa unirme a ti", "Estoy excitado por tu pregunta y me da miedo contestar", "Admiro tu perceptividad al preguntar eso y me gustaría tener contigo una discusión intelectual en otra oportunidad", etc.

Pedir Permiso. Esta es una situación frecuente en el contexto de la terapia individual y grupal. La petición puede ser explícita o un tanto implícita, en cuyo caso merece ser reflejada o explicada. Al pedir aprobación por alguna acción intencional (ocupar el tiempo del grupo, gritar, llorar, etc.), el individuo está así manipulando la situación, de modo que otros se harán responsables de su acción y él, por lo tanto, evitará el posible impasse de una decisión. "Pedir permiso" es distinto a buscar información con respecto a los sentimientos de otras personas o expresar el deseo por esta información para dar un cierto paso. Debido a que es una conducta contraria a promover el arriesgarse y la responsabilidad, la mayoría de los terapeutas gestálticos sólo le indican al individuo, cuando ocurre, su necesidad de apoyo, y de esta forma, lo confrontan con su propia libertad y temor.

Exigencias. La actitud del terapeuta gestáltico con respecto a la expresión de exigencias variará según el individuo y la ocasión. Con frecuencia puede que estimule la expresión de exigencias, ya sea en su trabajo con un determinado individuo o a modo de ejercicio grupal, como una forma de contrarrestar la inhibición de deseos que fue parte de nuestro condicionamiento en la niñez. Por otra parte, una exigencia es algo más que una expresión de un deseo. A pesar de que el ideal terapéutico sería uno en que el individuo es libre de hacer exigencias, también es uno en que el individuo está suficientemente libre para no necesitar exigir: pues, en la acción de exigir, con frecuencia estamos incapacitados para permitir que los demás sean o estar abiertos a ellos. Nuestra necesidad de que los demás hagan o dejen de hacer algo, es proporcional a nuestro equilibrio precario, en virtud del cual sólo nos sentimos cómodos cuando el ambiente es "adecuado" y nadie presiona nuestros botones del dolor. No podemos permitir que los demás sean en la medida en que no podemos permitirnos reaccionar ante ellos tal como son o vivenciar el impacto de su ser. Por ejemplo, tienen que calzar con nuestros ideales, de lo contrario, nos enojaríamos, y no nos podemos permitir vivenciar tan malos sentimientos. O tenemos que actuar de tal forma que nuestra imagen del mundo no tenga que cambiar y así no nos sintamos mal, etc. Debido a esta implicación de las exigencias, el terapeuta a veces puede insistir en la Regla Dorada de "expresar experiencias (o vivencias)" (en este caso, deseos o incomodidades) en lugar de vociferar imperativos, sean éstos positivos o negativos. De otra manera, considerará las exigencias como claves de las áreas en que la persona necesita manipular su propia experiencia por medio de la manipulación de los demás, y actuará sobre estas claves como lo estime conveniente a la situación.

6
Técnicas Expresivas

El percatarse se puede incrementar mediante la supresión o la expresión. El oponerse a un impulso puede conducir a un darse cuenta incrementado de él, de la misma manera como sentimos con más intensidad la fuerza de un arroyo si tratamos de resistirnos a su flujo con nuestra mano. Además, al suprimir los clichés —respuestas condicionadas, juegos— que constituyen algunas de nuestras reacciones, nos percatamos de lo que somos más allá de estas respuestas automáticas.

Sin embargo, el exagerar la expresión de un impulso es un enfoque igualmente efectivo que el darse cuenta incrementado. Más aún, las reglas supresivas discutidas en las páginas anteriores, pueden ser vistas como un medio para revelar (de la misma manera como la supresión del ruido revela el mensaje) la expresión verdadera de un individuo.

Nosotros nos percatamos de nuestros "sí mismos" en gran medida mediante nuestra expresión. Nuestra noción de lo que somos se ve afectada, si no bien completamente determinada, por lo que no hacemos y lo que hemos hecho. (Algunos existencialistas quisieran ir más allá diciendo que *somos* lo que hacemos: no hay una esencia divorciada de nuestra existencia). Sin embargo, aun si es que somos lo que hacemos, sólo lo vivenciamos "a través de un vidrio oscuro", las acciones concretas y los estados físicos que manifiestan nuestro ser.

En una disciplina del darse cuenta, el lugar de la expresión intensificada se podría comparar con la forma en que influye el control de contraste en la visión en una pantalla de televisión o el control dę volumen en el escuchar. En esta analogía, la práctica pura de la atención, que es el trasfondo siempre presente en la terapia gestáltica, correspondería a la acción de concentrarse en la pantalla y observar o escuchar deliberadamente la representación que aparece en ella. Por otra parte, el aspecto supresivo de la terapia gestáltica se podría comparar con el apagar la luz de la sala o cerrar las ventanas para eliminar los ruidos distractores de la calle.

Por medio de los requerimientos supresivos, el terapeuta desalienta al paciente en lo que no es; invitando su expresión, lo estimula hacia lo que es. Cuando el paciente logra expresar lo que hasta aquí estaba inexpresado, no sólo se va a estar revelando a otro sino que a sí mismo, del mismo modo como el verdadero artista incrementa su auto-conocimiento mediante su obra. La auto-expresión no sólo es una forma de auto-percatarse, sino que un medio en sí mismo: la capacidad de expresarse, como la conciencia, es parte de la persona plenamente desarrollada, y por lo tanto, un objetivo de la sicoterapia. El expresarse —es decir, traducir los sentimientos y la comprensión de uno en acciones, formas, palabras— es *realizarse*, en el sentido literal de uno hacerse real. Sin tal realización somos fantasmas y sentimos la frustración de no estar plenamente vivos.

El expresarnos (y, por lo tanto, actualizarnos) sería un proceso tan natural como la germinación de las semillas o el florecimiento de las flores, si no fuera por el hecho de que en nuestras vidas tempranas vivenciamos fricción, angustia, dolor, y aprendimos a manipular mediante "estrategias" en lugar de arriesgarnos a una apertura al mundo; y esto nos ha servido —hasta cierto punto. Sin embargo, la suma de estas estrategias en la forma de un "carácter" se convirtió, en mayor o menor grado, en un fin por sí mismo, una "identidad" a la cual nos aferramos, justificamos, promovemos, mientras nos alejamos de lo que realmente somos y dejamos de expresar nuestra verdadera naturaleza.

En términos conductuales, la terapia gestáltica podría ser visualizada como un programa de refuerzo positivo de la auto-expresión, acompañado de un refuerzo negativo de la manipulación y la falta de autenticidad. En su contexto, todo acto de auto-expresión no sólo es una ocasión para el auto-percatarse, sino que la apertura de una avenida a la acción —una experiencia correctiva en la que, en cierto grado, el paciente aprende que puede ser él mismo sin que se confirmen sus expectativas catastróficas; una experiencia correctiva donde él se arriesga a romper sus pautas fóbicas y aprende que expresarse es satisfactorio y la base del verdadero contacto con los demás.

> Un hombre relató un sueño en que él era un oso. Al pedírsele que se convirtiera en el oso, en un comienzo se sintió muy inhibido. Cuando se lo instó a que se imaginara en este rol e hiciera cualquier cosa que como oso se sintiera inclinado a hacer, empezó a dar "abrazos de oso" a otros miembros del grupo, primero en forma muy tentativa y después con mucho sentimiento y agrado. Al final exclamó: "Prefiero mucho más ser un oso que yo mismo". Otra persona comentó: "No hay modo más efectivo de cambiar la conducta que cambiando la conducta".

En terapia gestáltica, las técnicas expresivas podrían ser consideradas como instancias de alguno de estos tres grandes principios: la iniciación de las acciones, el completar las acciones, la búsqueda de lo directo. O en otras palabras: expresar lo inexpresado, completar la expresión, hacer que la expresión sea directa. A continuación, me referiré a estos tres grupos de técnicas bajo acápites separados.

I. Iniciación de la Acción

La terapia gestáltica considera como fóbica gran parte de la conducta actual: organizada de tal forma que toda ella pueda parecer fluida, y sin embargo, se evita el verdadero contacto, se suprime la verdadera expresión. Más allá de las casi universales evitaciones del dolor, de la profundidad en el contacto y de la expresión, algunas de nuestras fobias son individuales y se relacionan con el desheredar ciertas funciones específicas que son parte de nuestro potencial.

La idea de iniciar la acción o la expresión tiene, por consiguiente, dos formas de aplicación técnica en la terapia gestáltica: una universal y otra individual. Una técnica universal es *maximizar la iniciativa*, correr riesgos y manifestar la expresión en palabras o acciones. Una de aplicación individual es una "prescripción" basada en un diagnóstico individual de algo en cuyo hacer la persona se verá forzada a superar su evitación.

A. *Maximización de la expresión*. En terapia gestáltica, este principio se aplica en varias formas. Una de ellas, de relevancia indirecta, ya la hemos discutido: *la minimización de la acción no-expresiva*.

Una vez que los clichés y la verborrea han sido suprimidos, todo lo que queda es la opción entre el vacío y la expresión.

Una segunda técnica conducente a la maximización de la expresión, es el *suministro de situaciones no estructuradas*. En la medida en que una situación no sea estructurada, el individuo se verá confrontado con sus propias opciones. En la medida en que no se establezcan reglas de interacción o no se esperen conductas de él, él deberá determinar sus propias reglas, ser responsable de sus acciones. La falta de estructura requiere que el individuo sea creativo en lugar de un buen jugador de un juego predeterminado.

La ausencia de estructura es, como lo son muchos otros aspectos de la terapia gestáltica, un componente en su ejercicio básico: la práctica del continuum de la atención. Más aún, creo que el terapeuta puede estar en una posición de responderle efectivamente al paciente sólo a través de la apreciación de este aspecto del ejercicio.

A cada vuelta del continuum de la atención, el paciente está siguiendo o no los dictámenes de sus deseos, impulsos, inclinaciones del momento. Sea lo que sea que haga, él lo hace. Está *optando*, y una de las funciones del terapeuta es hacer que se percate de sus decisiones, ayudarlo a darse cuenta de que él está optando —es decir, que él es responsable.

> P.: Tengo la mandíbula muy apretada. También siento que estoy apretando los puños... y me gustaría patear el piso.
>
> T.: Y *no* estás haciendo eso.
>
> P.: Sí, me estoy refrenando de patear el piso.

En la medida en que la persona no esté integrada, el confrontarse con sus propias opciones, inevitablemente, expondrá sus divisiones internas en forma de conflictos:

> P.: ¡Siento ganas de pararme y rugirle a todos ustedes!
>
> T.: Veo que no estás haciendo eso.
>
> P.: Temo que eso sería ridículo.
>
> T.: ¿*Eso*?[1]
>
> P.: Yo me sentiría ridículo haciendo tal cosa.
>
> T.: Así que aquí estás en un conflicto: rugir o temer la opinión del grupo. Trabajemos un poco en esto... etc.

---

[1] Ibid.

Los conflictos más frecuentemente manifestados durante la práctica del continuum de la atención están, por una parte, entre las necesidades organísmicas y los roles sociales de conducta y consideración ante las reacciones de otras personas. Esto se podría resumir en el siguiente dilema:

> "*ya sea eructar y soportar la vergüenza,*
> *o ahogar el eructo y soportar el dolor*".

Creo que vale la pena indicar cuán importante es la falta de estructura al tratar con tales conflictos. En esta situación, donde la regla es "no tener reglas", el paciente no puede sino reconocer el conflicto como *suyo propio*. En otras palabras, la interpretación del conflicto como uno entre el sí mismo y el mundo externo (o reglas sociales) sólo sería aquí un desheredar de responsabilidad. Al ser la regla "sé tú mismo", él debe encarar el desafío de su libertad. Esto no necesariamente significa que en otra ocasión de su vida él no vaya a encontrar un conflicto que provenga del ambiente, o que él *debiera*, en todas las situaciones, actuar basándose en sus deseos. Eso será asunto de su opción madura. Lo único que produce la falta de estructura es suministrar un vacío que él llenará con su expresión o, en alternativa, con su propio darse cuenta de su incapacidad de hacerlo, un percatarse de sus conflictos y su naturaleza.

En el encuadre grupal, la falta de estructura cobra una dimensión adicional, y la regla de "no tener reglas" tal vez merezca ser indicada explícitamente.

Generalmente hago una afirmación en el sentido de que la naturaleza de nuestras sesiones (o sesión) será de una exploración en la verdad —nuestra verdad—, y podemos beneficiarnos más corriendo el riesgo no sólo de la exposición verbal de nuestros sentimientos, sino de la expresión de nosotros mismos en acciones no-verbales. Lo que decimos o hacemos puede resultar ser una verdad muy relativa o llevar una mezcla de auto-engaño, aun cuando sólo podamos descubrir eso compartiendo y actuando sobre la porción de verdad con la cual estamos en contacto en el momento. La regla también tiene excepciones que variarán según el terapeuta. Una, por ejemplo, es aquella de las técnicas supresivas, delineada en la sección anterior. Otra, a veces, es la petición de no interrumpir el trabajo del terapeuta en un individuo determinado. Mi propia fórmula es *restringir* las interrupciones a expresiones, verbales u otras, de sentimientos intensos (nada de imperativos o comentarios), y cuando no haya nadie en la "silla caliente", maximizar la espontaneidad.

El otro componente fundamental en la maximización de la expresión, es una instigación directa a expresar, en palabras o acciones. Nuevamente, esta instigación va implícita en la descripción del ejercicio básico, dado que al paciente se le urge a que *exprese* minuto a minuto lo que vivencia. Más aún, la expresión verbal muchas veces es requerida por el terapeuta cuando el paciente no lo hace:

> T.: ¿Qué vivencias ahora?
>
> P.: Siento ira ante la observación de Joe.
>
> T.: Aparentemente dejaste de expresar tus vivencias al punto de sentirte enojado.
>
> P.: Sí, también estaba sintiendo miedo.

En el encuadre grupal, la expresión verbal se puede estimular de varias maneras. Fritz Perls solía decir: "Siempre tienes la alternativa de interrumpir a otra persona o interrumpirte a ti mismo. Quiero que interrumpas a otros más que a ti mismo". Un procedimiento útil es darse el tiempo, más de una vez en cada sesión, para pedirle a cada miembro del grupo una breve descripción de su experiencia en el momento. Esto sirve como un despertador de sentimientos o reacciones que de otra manera podrían haber sido soslayados, indica algo o alguien que merece atención y contribuye a mantener abiertos los canales de comunicación.

Una técnica donde se reúnen la falta de estructura y el mandato a expresar, es la de relacionarse con los miembros del grupo uno tras otro —lo cual frecuentemente se llama "hacer las rondas". Esto se puede hacer verbalmente o de otra manera, y es más efectivo, al igual que una regla, como un acto unidireccional de expresión, sin la expectativa de una reacción o la obligación de producir un intercambio. Una instrucción conducente a esto podría ser: "Dile algo a cada persona del grupo", "Dile a cada uno lo que quieres decirle", "Dile a cada persona aquí qué es lo que sientes con respecto a ella", etc. O enfatizar la expresión no-verbal: "*Haznos* algo a cada uno de nosotros" o "Hazle a cada uno lo que sientes deseos de hacer, actuando de acuerdo a tu impulso del momento".

Estos procedimientos, como la mayoría de los otros en terapia gestáltica, no deberían convertirse en formas estereotipadas donde a cada participante del grupo se le pide que se comprometa, sino que son más útiles cuando se emplean como parte de un desarrollo orgánico y según las necesidades del individuo en el momento. Su función es fundamentalmente la de superar las inhibiciones del individuo a la expresión o la falta de expresión en el dominio interpersonal. El efecto catalítico de los demás, se utiliza aquí como un estímulo para suscitar lo que el continuum de la atención no muestra espontáneamente.

La forma activa es valiosa en el caso de los evitadores de riesgos, aquellos que tienen una marcada división entre las respuestas verbales-intelectuales y su conducta emocional-impulsiva. En tales casos, la prescripción de *hacer* algo podrá conducir al individuo a un impasse o revelar un aspecto de él totalmente inaccesible mediante las formas verbales.

Aparte de los requerimientos de decir o hacer algo, ya sea a otros miembros del grupo o no, hay una forma de expresión que merece ser individualizada debido al grado en que reúne lo no estructurado y la iniciativa: la vocalización no estructurada o jerigonza. La jerigonza es una de las pocas acciones que no se pueden programar o ensayar. Una disposición a "hablar" en jerigonza puede ser considerada como una disposición a decir lo desconocido, lo impensado. Sin embargo, la naturaleza de la tarea no sólo no tiene una pauta, sino que es expresiva. Cualquiera que haya experimentado con la jerigonza, o galimatías, sabrá cómo refleja, para cada uno de nosotros, algo de nuestro estilo individual y sentimientos del momento. En la falta de estructura de la jerigonza hay algo predeterminado: se moldea obedientemente a nuestra realidad interna, como una obra de arte.

La técnica de solicitar expresión en galimatías puede ser valiosa, como lo son las acciones azarosas, para estimular la iniciativa y el arriesgarse en general, pero también tiene un uso más específico. La jerigonza tiene la peculiaridad —por lo menos para algunos individuos— de permitir una espontaneidad de expresión que sus palabras u otras acciones no permitirían. De esta forma, el mensaje transmitido a través de estas sílabas supuestamente insignificantes, puede servir tanto de clave como de semilla para el auto-percatarse. A veces la persona puede censurar toda la ira de sus afirmaciones, su voz y su darse cuenta, y no obstante, producir galimatías que él reconoce, sin lugar a dudas, como de ira. O su voz y postura habituales se refrenarán más mientras su jerigonza será más suplicante, y esto podrá inspirar trabajo adicional en su ser necesitado que había sido suprimido. Sea lo que sea que el paciente haya dicho en galimatías, lo puede experimentar al decir palabras posteriormente, y lo más probable es que esto conduzca a un darse cuenta expandido.

B. *"Prescripciones Individuales"*. Cualquiera sea la base para la intuición o percepción del terapeuta, es un hecho que él a veces puede ver los "vacíos" en la personalidad del individuo.

> ...cada uno de nosotros tiene vacíos en su personalidad. Wilson Van Dusen descubrió esto primeramente en los esquizofrénicos, pero yo pienso que todos tenemos vacíos en nuestra personalidad. Ahí donde debiera haber algo, no hay nada. Mucha gente no tiene alma. Otros no tienen genitales. Algunos no tienen corazón; toda su energía se va en computar, pensar. Otros no tienen piernas en que sostenerse. Muchas personas no tienen ojos. Proyectan los ojos, y éstos, en gran medida, están en el mundo externo y siempre viven como si estuvieran siendo observados... La mayoría de nosotros no tenemos oídos. La gente espera que los oídos estén afuera y hablan y esperan que alguien escuche. ¿Pero quién escucha? Si la gente escuchara, tendríamos paz.

El puede que desarrolle una noción acerca de lo que el paciente está evitando en su vida y conducta, lo que está dejando de reconocer, permitir o expresar, y que sin embargo, es parte de sí mismo. Al ayudarlo a expresar los precisos aspectos de sí mismo que él está suprimiendo, lo está ayudando a conocerse, hacerse responsable por lo que es y, por lo tanto, tornarse entero. Es muy probable que el terapeuta gestáltico ponga el tipo de intuición o percepción al que se ha hecho referencia arriba —el cual, en sicoterapia ordinaria, originaría interpretaciones o comentarios— más bien en la boca del paciente que en su oído. La fórmula de Perls, "¿Podría alimentarte con una frase?", se ha convertido en una técnica estándar, mediante la cual el paciente experimenta con la verdad posible que el terapeuta ha visto, haciéndola su propia afirmación de sí mismo. Más frecuentemente, esta acción suscitará un sentido ya sea de verdad o falsedad, u otra reacción más significativa que el acuerdo intelectual o falta de ello.

Por lo general, la invitación del terapeuta al paciente a hacer algo evitado, es más efectiva cuando esto involucra acciones en lugar de afirmaciones, o si éstas son palabras, palabras que tienen el mismo valor de las acciones.

> T.: Veo que evitas mirarla.
>
> P.: Sí.
>
> T.: Experimenta con lo opuesto: mírala directamente.

P.: No me siento relajado cuando lo hago. Siento que no quiero comunicarme con ella.

T.: Díselo.

P.: No me siento atraído hacia ti. Me gustaría estar lejos de ti. Preferiría no verte en absoluto. (Más asertivamente) No me gusta estar a tu alrededor. Me estás succionando todo el tiempo con tus exigencias. (Más fuerte) ¡Y te odio!

En esta instancia, el rol del terapeuta es, en cierta medida, el de una partera que está ayudando a poner en expresión lo que de otra manera se hubiera dejado sin expresar. En otras situaciones quizás pueda dar saltos más grandes: puede que le solicite a un "niño bueno" complaciente que exprese ira, puede que conduzca a un tipo superman a que pida ayuda, o a un intelectual arrogante que repita la frase "No lo sé". En muchas oportunidades como éstas, estará actuando basado en su intuición del "asesino" que hay en el "niño bueno", la inseguridad en el sabelotodo, o la necesidad de afecto del superman.

En otros momentos, las prescripciones tales como éstas se pueden basar en otra formulación que no sea la intuición o percepción de claves: el principio de inversión.

Una de las ideas originales de Perls ha sido la aplicación de la distinción figura-fondo al asunto de la auto-percepción y funcionamiento de la personalidad en general. En la medida de nuestras neurosis, tendemos a aumentar la magnitud de algunos de nuestros rasgos, los que consideramos como virtudes, y escotomizamos aquellos que llamamos defectos. En forma similar, filtramos y dejamos afuera nuestra espontaneidad, fomentando algunas manifestaciones e inhibiendo otras. ¿Qué pasa si cambiamos nuestro punto de vista y optamos por ver como figura lo que hemos estado considerando como fondo? ¿Qué pasa si realizamos un experimento de vivir durante un tiempo en un mundo cabeza abajo? Si ocurriera que ahora estuviéramos viviendo en él cabeza abajo, sin saberlo, el experimento podría revelarnos una mejor posibilidad.

La idea de invertir las auto-percepciones y acciones habituales puede tomar diversas formas, todas las cuales pueden ser consideradas como un medio para suscitar la expresión de lo que está siendo pospuesto, desviado o suprimido en términos de una gestalt incompatible. La suposición aquí es que lo opuesto a la actitud de la persona posiblemente también será parte de ella, sin embargo, un lado menos desarrollado de su personalidad.

El principio de inversión se puede aplicar no sólo a los sentimientos sino también a las actitudes físicas. El abrirse cuando se está en una postura cerrada, el respirar profundamente como una alternativa a un impedimento en la inhalación o exhalación de aire, el intercambiar las actitudes motoras de los lados derecho e izquierdo, etc., todos los cuales pueden conducirnos eventualmente al desenvolvimiento progresivo de experiencias insospechadas. A continuación, damos un ejemplo de este tipo:

> El terapeuta se percata de que mientras el paciente está expresando sus experiencias en curso, a menudo interrumpe lo que está diciendo y sintiendo, y en esos momentos, traga o inhala aire por la nariz. El terapeuta le sugiere que haga lo opuesto a inhalar y tragar. El paciente comienza entonces una exhalación forzada y prolongada a través de la nariz y la boca, lo cual termina con lo que él relata como una sensación poco familiar y sorprendente: "...algo así como si estuviera sollozando, pero también haciendo fuerza contra una resistencia, y mis músculos están tensos, así como cuando me estiro al bostezar; yo disfruto esta tensión cuando trato de exhalar hasta la última gota de mi aliento, lo que también se siente algo así como un orgasmo".
>
> Luego descubrió que, durante mucho tiempo, había estado viviendo con esta sensación sin percatarse ella: "Es como querer estallar, querer explotar desde adentro, haciendo pedazos algún tipo de membrana en que estoy envuelto y limitado. Y al mismo tiempo, yo soy esta camisa de fuerza y yo me estoy presionando".

Esta breve experiencia fue el punto de partida para un desarrollo espontáneo que tuvo lugar en los meses venideros. La tensión muscular y los sentimientos concomitantes siempre estuvieron muy presentes en su darse cuenta desde ahí en adelante, y se sintió más y más inclinado a hacer ejercicio físico. Luego descubrió el placer de bailar y tornarse mucho más libre en su expresión, tanto en movimiento como en actitud general. Finalmente pudo sentir la ira involucrada en sus contracciones musculares, hasta que se percató de ello en sus reacciones ante la gente a un grado en que jamás había estado antes.

Otra orientación más para la iniciación de la acción o expresión que ha sido reprimida, es la propia sensación de la persona de una falta de "completud" o, en terminología gestáltica, falta de cerrazón. Las palabras no dichas y las cosas no hechas dejan en nosotros una huella que nos une con el pasado. Una considerable parte de nuestra ensoñación y pensamiento es un intento de vivir en la fantasía lo que dejamos de vivir en la realidad. A veces, como veremos, el terapeuta invita al paciente a hacer que algunas fantasías sean más reales actuándolas; otras veces, él meramente averigua acerca de su sentido de incompletud e invita al paciente a llevar a cabo lo que ha postergado o evitado. Esta idea se puede aplicar en distintas formas: concluyendo en fantasía un sueño inconcluso; diciéndole a los padres lo que no se les dijo durante la niñez; despidiéndose de un(a) ex esposo(a) o un pariente muerto. En la terapia grupal es una práctica corriente averiguar al final de las sesiones o días, acerca de las situaciones inconclusas entre los miembros del grupo. Con frecuencia la "incompletud" es creada por una retención de la expresión de aprecio o resentimiento, y tal expresión puede ser requerida directamente como un ejercicio grupal.

II. El Completar la Expresión

En cierta medida, siempre estamos expresándonos. El verdadero novelista delineará su personaje más anónimo de tal forma que la falta de cualquier cosa especial será revelada, después de todo, como una expresión de sí mismo. Hay momentos en que todos somos artistas y vemos el milagro de la peculiaridad de cada individuo a través de sus acciones aparentemente insignificantes. Sin embargo, al igual que el percatarse, la auto-expresión varía en grado de una persona a otra. Una de las cosas que hace un terapeuta gestáltico, es in*tensificar* la auto-expresión de la persona. El hace esto, en primer lugar, reconociendo los momentos o elementos de verdadera expresión en una acción, e invitando hacia su desarrollo.

T.: ¿Qué vivencias ahora?
P.: Nada especial.
T.: Te encogiste de hombros.
P.: Creo que sí.
T.: Así, acabas de hacerlo de nuevo (encoge los hombros).
P.: Supongo que es un hábito.
T.: Por favor, hazlo de nuevo.
P.: (Lo hace).
T.: Ahora exagera ese gesto.
P.: (Se encoge de hombros, hace una mueca y un gesto de rechazo

con codos y manos) Supongo que estoy diciendo "no me molestes". Sí, déjame tranquilo.

Con el objeto de ser claros, creo que podemos distinguir, por lo menos, cuatro tipos de procedimientos conducentes a una intensificación de la acción:

1. La repetición simple.
2. La exageración y el desarrollo.
3. La explicitación o traducción.
4. La identificación y la actuación.

Me referiré, por separado, a cada uno de estos cuatro tipos de procedimientos.

Repetición Simple. Este es un método cuyo objetivo es intensificar el percatarse de la persona con respecto a una determinada acción o afirmación suya, y puede ser visto como un paso más allá de la acción del terapeuta de simplemente hacer de espejo o reflejar. El ejemplo de encoger los hombros, arriba, puede servir para ilustrar este punto. A veces, la repetición verbal puede tener un efecto notable, en el sentido de que la persona se lleva a ver algo en una forma más y más comprometida, que estaba minimizando o no dándole su justo peso, o que estaba cubriendo bajo una máscara.

P.: (Hablándole a su madre) Ya no quiero nada de ti. Lo único que quiero es que te mantengas alejada de nosotros. No te metas en nuestras vidas. Ya no soy tu hija. En realidad, nunca lo fui. Jamás me comprendiste. Me duele que nunca lo hicieras. Estoy resentida contigo y dolida porque jamás me comprendiste. Tú no me ves. ¡Cómo me gustaría que me vieras!

T.: Repite eso.

P.: Me gustaría que me vieras, mamá. Mírame. Aquí estoy para que me veas. Quiero que seas capaz de verme. No mires para otro lado. No hagas teorías acerca de mí. *Esta* soy yo. Tómame como soy; ni más, ni menos. ¿Puedes *verme*?

T.: ¿Puede verte?

P.: Sí, creo que puede (se deshace en llanto).

A veces la repetición no tiene como resultado una intensificación del significado, sino que, si la afirmación original era contraria al verdadero sí mismo del paciente, un *sin sentido incrementado* y una reacción en contra de la afirmación original.

La técnica de la repetición se puede adaptar a la situación grupal dirigiendo la afirmación o acción repetitiva a diferentes miembros del grupo. En estas instancias hay lugar para diversas variaciones del ejercicio:

1. Repetición estricta (por ejemplo, diciéndole "Adiós" a cada uno).
2. Repetición estricta seguida de elaboración según la forma en que la afirmación es aplicable a la persona en cuestión.
3. Repetición de *contenido*, adaptando la *forma* de la afirmación a cada persona.
4. Repetición de *actitud* con variación en *contenido* (es decir, la expresión de ira en cualquier forma que parezca adecuada para el individuo que se está encarando).

Como en el caso de otras técnicas, no se puede esperar que éstas por sí mismas hagan milagros, pero sí que permitan una oportunidad para el descubrimiento cuando se aplican en la actitud correcta. El rol de terapeuta es supervisar el procedimiento y rescatar al individuo de caer en un procedimiento mecánico, una representación o una evitación. Si él es estimulado a mantenerse consciente de lo que está sintiendo y haciendo, es probable que ocurra algo verdadero.

Exageración y Desarrollo. La exageración es un paso más allá de la repetición simple y frecuentemente tiene lugar en forma espontánea cuando a una persona se le pide que vuelva a hacer o decir algo una serie de veces. Un gesto se hará más intenso o más preciso, una afirmación se va a hacer más fuerte o más susurrante, más intensamente expresiva o sea lo que fuera que inicialmente fue su tono de sentimiento.

Cuando a una persona se le pide que exagere y hace esto una serie de veces, puede descubrir algo nuevo en su acción. Tal vez esto no sea una cualidad completamente nueva, sino una que estaba en su conducta original como una semilla invisible, de modo que sólo la exageración pudo convertir en obvia.

En la siguiente ilustración (que estoy reconstruyendo luego de varios años), Fritz Perls tiene el rol de terapeuta y yo el de paciente:

T.: Te traje un regalo. Toma (le presenta un plato con arena).

P.: (Toma el plato).

T.: *Cómetelo.*

P.: Estoy perplejo. No sé si realmente quieres que me lo coma o acaso hay otro mensaje que no estoy captando.

T.: *Cómetelo.*

P.: (Toma unos granitos de arena entre dos dedos y se los pone en la boca).

T.: ¿Qué vivencias?

P.: Siento los granos de arena en la boca y entre los dientes, y escucho el sonido de los granos cuando los mastico. Noto que me llega más saliva a la boca y tengo deseos de deshacerme de la arena. Empiezo a escupir algunos granos, pero aún se quedan pegados en mi lengua. Me tomo la lengua con los dedos para limpiarla —y ahora se me pega la arena en los dedos. Estoy frotándome los dedos unos con otros —mientras sigo escupiendo.

T.: Exagera eso.

P.: Y froto las manos entre sí y contra los pantalones y sigo botando arena, ¡botándola fuera, fuera, fuera! (con amplios movimientos rechazantes de brazos y manos). Sí —eso es lo que siento—, he estado tragando demasiadas cosas que no tenían nada que ver conmigo. Ahora me voy a deshacer de ti. ¡Fuera de mí! ¡Muchas gracias por tu arena!

La exageración constituye una forma de desarrollo de una acción, pero el desarrollo no siempre involucra exageración. A veces, si nos quedamos con una acción o afirmación a través de la repetición, el énfasis tendrá como resultado una modificación de dicha acción, de tal forma que un movimiento lleva a otro, y un sentimiento o pensamiento a otro diferente. La instrucción "desarrolla eso" es una invitación a que el paciente explore la *tendencia* de este movimiento, gesto, postura, sonido vocal o imagen visual. De esta forma, el impulso, sólo expresado de manera imperfecta en una acción pasajera, es capaz de revelarse completamente en una secuencia que a veces puede constituir un trozo de danza, música o poesía.

P.: No tengo ningún sentimiento claro. No le veo el sentido a enumerar mis sensaciones físicas...

T.: Por favor, sigue hablando con la misma voz pero sin las palabras.

P.: Da da da da da da da da da da da da (con una expresión de desesperanza).

T.: Exagera esa expresión en tu voz.

P.: (Sigue adelante, pero esta vez con más tristeza aparente).

T.: Otro poco. Exagéralo y veamos qué surge.

P.: (Su voz se transforma en una melodía triste y majestuosa y con

> una potencia cada vez mayor). ¡Esto es lo que siempre quise hacer! ¡Cantar! (con lágrimas en los ojos). ¡Eso fue realmente *yo*, más que en todas mis palabras! ¡Qué maravilloso! ¡¡No quiero detenerme!! (sigue cantando).

Explicitación o Traducción. Le doy el nombre "explicitación" a una de las técnicas más originales de la terapia gestáltica, que el terapeuta habitualmente introduce con afirmaciones tales como "Ponle palabras a tu movimiento de asentimiento"; "Si tus lágrimas pudieran hablar, ¿qué dirían?"; "¿Qué le diría tu mano izquierda a tu mano derecha?" o "Dale una voz a tu soledad". Al hacerlo, al paciente se le está pidiendo que traduzca en palabras un trozo de expresión no-verbal —un gesto, una imagen visual, un síntoma físico, etc.— y se le pide, entonces, que haga explícito un contenido que sólo era implícito.

> T.: ¿Qué tienes que decirle a Marta?
>
> P.: (Con una voz muy muerta) No tengo mucho que decirte. Me gusta tu expresión y lo que has dicho hoy, pero te tengo un poco de miedo...
>
> T.: Háblale en jerigonza.
>
> P.: (Se pone muy animado mientras lo hace, se inclina hacia adelante, sonríe y hace gestos con las manos).
>
> T.: Ahora traduce eso al español.
>
> P.: Marta, eres adorable. Me gustaría acariciarte, besarte, cuidarte. Siento mucha ternura hacia ti. Eres como una hermosa flor y siempre me gusta estar cerca tuyo.

En el proceso de explicitación, el paciente necesariamente tendrá que empatizar con aquel aspecto de sí mismo o de su percepción que él trata de colocar en palabras. Tendrá que vivenciar, por así decir, el acontecimiento desde adentro en lugar de como un observador externo: el resultado puede ser sorprendente cuando se aplica a la percepción de personas o imágenes de sueños, siendo ambas, pantallas para nuestra proyección. En estas instancias, el fantasma proyectado puede crecer y hacerse explícito en su cualidad fantástica, o a la inversa, puede surgir una verdadera percepción que estaba cubierta por una proyección:

> P.: Yo lo odiaba y aún lo hago. Era un viejo verde. Siempre le gustaba tocarme o besarme, y yo le tenía tanto miedo...

T.: Déjalo hablar. Imagínate qué te hubiera dicho si hubiera sido capaz de hablarte con entera honestidad acerca de lo que sentía.

P.: Habría dicho: "Eres una hermosa niñita. Eres tal cual como tienen que ser las niñitas: ¡tan sana, tan pura! Es como beber agua fresca en medio de un desierto. Me siento tan solo y apartado de la vida, y toda mi soledad desaparece cuando estoy contigo".

T.: ¿Cómo te sientes en relación a él ahora?

P.: Siento compasión. Ojalá no hubiera sido tan mala con él. En realidad no había nada que temer.

El proceso de explicitación conduce al deseado fin de la interpretación mediante un enfoque radicalmente diferente. En primer lugar, no es el terapeuta quien le dice al paciente el supuesto "significado" de su acción, gesto, voz; sino que al paciente se le insta a que *contacte* su mensaje por sí mismo. En segundo lugar, hay una gran distancia entre "pensar acerca de" un trozo de conducta o símbolo y empatizar con ello.

El primer paso implícito en la explicitación es *vivenciar* el contenido-sentimiento de la acción a ser explicitada. En segundo lugar, traducir ese contenido en un medio alternativo de palabras. Este proceso es semejante a aquel involucrado en la poesía o las artes visuales figurativas. El intentar dibujar, por ejemplo, es, sobre todas las cosas, un aprender a *ver*.

Este proceso de contactar una experiencia y luego expresarla en palabras, puede ser considerado como una instancia más de exageración y desarrollo de un acto expresivo. La diferencia es que, en la explicitación, el desarrollo no permanece dentro de un dominio único de experiencia (movimiento, voz, palabras), sino que fluye de un dominio hacia otro.

Cuando un mensaje (hasta ahora invisible como tal) es traducido de las acciones, sonidos o imágenes y puesto en palabras, el proceso justamente merece ser llamado un proceso de explicitación, ya que la actividad motora-visual habitual está más próxima a nuestros procesos automáticos e inconscientes, mientras que lo verbal o conceptual, vinculado al "proceso secundario", es parte de nuestra actividad de vigilia. Sin embargo, el proceso de traducción no tiene que ser de acciones a palabras para servir al objetivo general de amplificar:

T.: ¿Qué estás sintiendo ahora?

P.: Me siento inquieto. Estoy impaciente conmigo mismo por no poder decir nada importante. Y estoy muy consciente del grupo como un auditorio obligado a estar presente.

T.: Veo que estás golpeando tu pie izquierdo.

P.: (Exagera el movimiento) Sí.

T.: Ahora haz con todo tu cuerpo lo que está haciendo tu pie.

P.: (Gradualmente desarrolla el movimiento hasta golpear el piso con fuerza utilizando ambos pies, mientras que, al mismo tiempo, se da palmadas en los muslos y muestra los dientes).

T.: Haz algunos sonidos también.

P.: ¡Ah! ¡Ah! ¡¡Ahh!! (algunas exhalaciones forzadas precedidas por unos ruidos guturales que se van convirtiendo cada vez más en risa).

T.: Ahora *haz* algo con la misma actitud.

P.: (Le descruza los brazos a alguien y le endereza la postura). ¡Despierta, hombre! (da vueltas golpeando con sus pies y moviendo los brazos y las manos como para indicar que se pongan de pie). ¡Despierte todo el mundo! ¡Salgamos de este lugar enfermo y oscuro! (Abre la puerta y empuja a alguien haciéndolo salir de la sala). O *tú* sal de aquí. Voy a limpiar esta casa y botaré toda tu mierda. (Saca a empujones a alguien del brazo) ¡Sé limpio y alegre o sal de aquí!

Identificación y Actuación. La actuación es parte importante de la terapia gestáltica, tanto en el sentido externo de pasar por los movimientos que calzan en un determinado rol como en el sentido interno de vivenciarse como otro, imaginar que uno mismo posee los atributos o acciones de otros seres o cosas.

En el sentido de que la actuación le da expresión motora a una idea, sentimiento o imagen, puede ser considerada como una instancia más de *traducción* de una modalidad expresiva a otra. De hecho, es el opuesto de la explicitación: mientras que en la explicitación le ponemos palabras a nuestros movimientos, en la actuación le damos movimiento a un pensamiento. Por lo tanto, la actuación puede ser comprendida como un modo más de *completar* o implementar la expresión. La conducta privada que llamamos "pensar" puede ser considerada como una acción incompleta o una acción simbólica. Al corporeizarla o trasladarla al medio de la carne y los huesos, llevamos esa acción a su máxima expresión. Lo mismo se puede decir de la anticipación y el recordar. Lo que el terapeuta gestáltico está haciendo cuando le pide a un paciente que actúe sus recuerdos o expectativas, es equivalente a pedirle que lleve a cabo físicamente una acción que está ejecutando, repetidamente a veces, en fantasía. Al hacerlo, el paciente podrá descubrir que se está aferrando a ese recuerdo o fantasía en particular como consecuencia de su "incompletud" misma —una urgencia a poner en acción algo crónicamente evitado y sustituido por un ensayo descorazonado.

Además del principio de completud, hay otro sentido en el cual la actuación expresa la actitud de la terapia gestáltica. En un sentido interno, la actuación involucra un proceso de identificación, de convertirse en uno con la parte que actuamos o reconocer "su" experiencia como nuestra. Las instrucciones "*sé* él", "*sé* tu mano", "*sé* tu voz", etc., son un paso más allá de la empatía requerida por la explicitación. Entre "dale una voz a ese bebé llorón dentro de ti" y "sé ese bebé llorón", hay una diferencia en el grado de identificación con nosotros como actores. La tarea, probablemente, será más difícil para el paciente cuando equivalga a identificarse con un lado desagradable de sí mismo que él está tratando afanosamente de desposeer. Por otra parte, en la medida en que sea capaz de identificarse con todo aquello que es —bueno o malo—, se estará haciendo responsable de sí mismo.

La identificación y la actuación no sólo acortan la distancia entre el *yo* y sus procesos, sino que también son las avenidas principales hacia el percatarse. Podemos saber más mediante el ser algo o alguien que razonando acerca de ello. La actuación necesita la comprensión holística de que es más la función de la intuición que ninguna otra tarea particular. Sin embargo, lo específico al empleo gestáltico de la actuación, es que el mandato tras toda tarea constituye una variación del "sé lo que eres". Los escenarios y personajes no son los dioses de un ritual religioso ni las creaciones de un autor clásico, sino que aspectos de nuestra propia vida que podríamos estar inclinados a considerar como accidentales o triviales, a veces insignificantes —una figura favorita de discurso, un gesto, una fantasía.

En la terapia gestáltica, las aplicaciones fundamentales de la actuación son la representación de sueños, la actuación de anticipaciones del futuro (que están tras la mayoría de los conflictos de la vida real), la representación del pasado y la representación de las diferentes partes de la personalidad que están en conflicto. En otra sección, me referiré al enfoque que le da la terapia gestáltica a los sueños, el pasado y el futuro. De modo que aquí sólo hablaré de la representación de rasgos de la personalidad.

En una sesión de terapia gestáltica, algunos de los momentos más dramáticos son aquellos en que el paciente toma partido por las diferentes partes que constituyen los aspectos no integrados de sí mismos en conflicto dentro de su propia personalidad: el niño bueno y el rapaz rencoroso, el amatonado y el filántropo, la persona solícita y la egoísta, lo masculino y lo femenino, lo activo y lo pasivo, padre e hijo, el mandón y el mandado, y así sucesivamente.

Yo pienso que gran parte de la maestría del terapeuta está en su capacidad de indicarle al paciente los roles claves que debe explorar mediante la actuación —asunto que requiere, como todo lo demás en terapia gestáltica, ser sensible al momento. La suposición o conocimiento de que prácticamente todo el mundo quiere sentirse especial, por ejemplo, no basta para decirle a una persona determinada "sé especial" o "actúa en forma especial". Para que esa representación de roles sea exitosa, el paciente tiene que haber entrado en contacto con esta región de su siquis por etapas, de modo que esa actuación de una persona "especial" sea la coronación de un desarrollo orgánico durante la sesión.

Aquí hay algunas de las claves que pueden revelarle al terapeuta la presencia de una actitud elegible para la actuación:

1. Síntomas *sicológicos* tales como la angustia, la culpa, la vergüenza. La mayoría de las instancias de angustia involucran ya sea:
   a. El juicio imaginado o la reacción de otra persona (como en el pánico de escena) que entonces se podrá elegir como tema para la representación de roles y, eventualmente, reconocer como la propia actitud hacia uno mismo; o
   b. Una fantasía catastrófica del futuro que puede, en forma similar, ser actuada: fracaso, desgracia, muerte, etc.

En la culpa siempre hay una auto-acusación, o una auto-acusación proyectada, que puede ser igualmente dramatizada representando al culpable del modo más exagerado y luego representando al acusador. En ambas instancias, los otros miembros del grupo pueden ser usados como blancos, viéndolos como jueces o como mandados.

En el caso de la vergüenza, la sensación de exposición implícita en tal sentimiento también implica un observador o un testigo enjuiciador, cuyas actitudes pueden ser exploradas mediante la representación del él o ella.

2. *Conflictos*. Incluso los micro-conflictos como sonreír o no, mirar al terapeuta o alejarle la vista, etc., son por lo general la expresión de una división más amplia que aquella aparente en la acción específica en consideración. Mediante la explicitación o la exageración, dos alternativas a este conflicto del momento, es probable que el

paciente llegue pronto a dos aspectos amplios de su propio funcionamiento sicológico.

3. *Exageración e inversión.* La amplificación de virtualmente cualquier sentimiento o acto expresivo: gesto, postura, inflexión de la voz, afirmación verbal, puede poner en evidencia bastante pronto una actitud amplia digna de mayor exploración mediante la actuación. Una vez que se ha definido esto, la actitud inversa también puede ser explorada.

4. *Una discrepancia entre la expresión verbal y no-verbal* puede ser la avenida de investigación de otra división. Un paciente, por ejemplo, estaba manifestando angustia y temblando mientras su voz, postura y aspecto general transmitían gran presencia y seguridad. Le pedí que actuara abiertamente de una manera temerosa y luego erguida, en forma alternada, haciendo calzar en cada caso la conducta verbal y no-verbal. Al hacer esto, pronto descubrió que *siempre* estaba *actuando* erguido, que no se sentía libre para mostrar su debilidad y que había adoptado una compulsión de mandón en relación a ser el dueño de la situación, y así sucesivamente. En otra situación, el paciente habló muy calmadamente relatando sentimientos agradables, mientras que, al mismo tiempo, obviamente estaba retorciéndose en la silla y frotándose sus manos sudorosas. Una indicación semejante a la de arriba, en el sentido de, alternadamente, estar ansioso y *ser* una persona que se "siente muy bien", le reveló su propia simulación y el hecho de que no sólo cuando se le pedía que actuara "un rol frío", lo hacía, sino que siempre.

5. *Conducta total.* A veces el terapeuta se puede percatar del rol de un paciente mediante el estilo de su conducta total en lugar de por una clave específica. En la medida en que el juego así captado sea sutil, tendrá que confiar en su aprehensión intuitiva de la gestalt conductual. Luego de reflejar su observación (es decir: "Parece que estás representando al inocente" o "Pienso que estás buscando el brillo de los focos"), y si esta observación es reconocida por el paciente, a continuación podrá sugerir una exageración o la actuación de las características relevantes.

III. El Ser Directo

Minimización. La auto-expresión frecuentemente se ve entorpecida por acciones tales como la minimización, el dar rodeos, la vaguedad, etc., y en tales casos, un incremento en el ser directo va a resultar en una mayor razón mensaje-es-a-ruido en la comunicación de un individuo.

P.: Me siento un tanto cansado y un poco aburrido. Tal vez también estoy un poco enojado contigo. Quizás no me gusta mucho estar aquí en este momento...

T.: Me percato que estás usando muchos calificativos: "*un tanto* cansado", "un *poco* de esto o aquello", *tal vez, quizás...*

P.: Sí, pienso que tienes razón.

T.: (Irónicamente) Tú "piensas" que *tal vez podría* ser cierto.

P.: Sí, yo uso muchos calificativos. Es... como una especie de hábito.

T.: "Especie de".

P.: Es un hábito.

T.: Por favor, vuelve a contarnos acerca de tus sentimientos, esta vez omitiendo los tal vez y los quizás. ¿Podrías repetir lo que dijiste hace poco con este cambio?

P.: Me siento cansado. Sí. Y me siento enojado y aburrido. Me gustaría irme a dormir en lugar de estar aquí. No, no prefiero eso; deseo intensamente descansar, y sin embargo, estoy lo suficientemente interesado como para quedarme aquí.

Una frecuente fuente de minimización se relaciona con el uso de la conjunción "pero", y por lo tanto, la ocurrencia misma de la palabra puede ser tomada como una señal. Aparte de los significados válidos que requieren la existencia de esa palabra en nuestro lenguaje, el "pero" es introducido con demasiada frecuencia para descalificar una afirmación o para restarle algo de su peso o validez. De todas maneras, el "pero" es una reflexión audible del conflicto. "Sí, pero...", "Me gustaría hacer esto, pero...", "Me gustas, pero...". Mediante esta ambigüedad, el individuo evita tomar partido por algo o vivenciar plenamente cualquier mitad de la afirmación, donde cada mitad invalida a la otra. Aparte de las indicaciones que el terapeuta pueda darle con respecto a esto, en el sentido de tomar partido por cualquiera de las dos o exagerar una u otra, a veces lo disuadirá del uso de la palabra "pero" y sugerirá, en su lugar, el uso de la palabra "y".

P.: Me estoy manteniendo lejos de ti, pero me gusta tu paz.

T.: Trata de usar "y" en lugar de "pero".

P.: Me estoy manteniendo lejos de ti y me gusta tu paz. ¡Por supuesto! Esto es mucho más verdadero.

"Ello" (It). Otro giro del lenguaje íntimamente relacionado con el asunto de lo directo, es el uso de la palabra "ello" en lugar de un contenido específico.

P.: El quería que hiciéramos algo con lo que yo no podía estar de acuerdo. E insistió tanto en ello que se convirtió en objeto de interminables peleas entre nosotros...

T.: ¿Podrías decirnos que es *ello*?

P.: (Una larga pausa) Quería que nos pegáramos una volada sicodélica.

Frecuentemente, el verdadero significado sustituido por la palabra "ello" es "yo" o "tú", y de esta manera, "ello" actúa como un cojín para amortiguar lo directo de un encuentro.

"Mi mano está haciendo este movimiento...".

"¿*Ella* está haciendo el movimiento?".

"Yo estoy moviendo mi mano de esta manera... y ahora me viene a la mente el pensamiento de que...".

"¿El pensamiento te 'viene' a la mente?".

"No, yo tengo el pensamiento".

"¿Tú *lo tienes*?".

"Yo pienso. Sí. Yo pienso que utilizo mucho el 'it' y me alegro de que al percatarme de él, pueda traerlo de vuelta hacia mí".

"¿Traerlo de vuelta?".

"*Traerme a mí mismo de vuelta*. Me siento agradecido por esto".

"¿*Esto*?".

"Tu idea acerca del 'it'".

"¿Mi idea?".

"Me siento agradecido hacia ti".

Perls sugirió por primera vez el uso de *yo* en lugar de *ello* en *Yo, Hambre y Agresión*, y le dio mucha importancia en su trabajo a este detalle aparentemente trivial del lenguaje. El dice, en el libro antes mencionado: "Cada vez que aplicas el lenguaje ego adecuado, te expresas, asistes al desarrollo de tu personalidad". Sin embargo, al igual que con muchas técnicas, prefiero considerar ésta en particular como un aditamento útil, cuyo valor será determinado por lo adecuado de su uso en el momento. He visto algunos terapeutas que se dedican a atacar palabras y consiguen poco, porque eso aparentemente fue una mala opción en el momento. Personalmente, estoy dispuesto a dejar pasar muchos "ellos" cuando el requerimiento de refrasear interrumpiría un sentimiento, arruinaría la concentración en una imagen o distraería al paciente en su identificación con un personaje de un sueño, etc.

La evitación de la palabra "yo" no siempre va ligada a la introducción de "ello". Aquí hay algunas alternativas:

> P.: Todos estamos nerviosos y no creo que nos guste lo que está pasando.
>
> Otro P.: Habla por ti mismo.
>
> P.: Bueno, yo estoy nervioso...

En este caso, "nosotros" sirve como un bosque que esconde un árbol e involucra una falta de disposición a hacerse responsable por una experiencia. Otra pantalla de camuflaje es "uno".

"Uno no hace esto fácilmente".
"*¿Uno?*".
"Yo tengo problemas para expresarme ante todos ustedes".

Las afirmaciones impersonales son frecuentes y pasan por afirmaciones científicas:

> P.: Veo que tus ojos me están mirando... Hay transpiración en mis manos... Y hay temblor en mi voz. Hay temor...
>
> T.: Tu modo de hablar es de un observador muy distanciado: "hay" esto o aquello, nunca dices "*yo* siento miedo" o "*mi* voz está temblorosa".
>
> P.: Sí. Eso es tan cierto. Lo que más quiero es *poder decir yo*[2].

Retroflexiones. Una instancia de la falta de ser directo que es objeto de una técnica específica en terapia gestáltica, es el deshacer retro-

---

[2] Richard Bandler, editor del libro *Enfoque Gestáltico* y *Testimonios de Terapia*, junto con John Grinder, lingüista, sistematizaron esto en forma bastante elegante y ordenada en aquello que se llama el metamodelo. Esto aparece en *La Estructura de la Magia*, de estos dos autores (Santiago de Chile: Editorial Cuatro Vientos, 1982) (N. del T.).

flexiones: el redirigir un impulso que ha sido desplazado de tal modo, que en lugar de encontrarse con su objetivo intencional, se revierte al agente.

Perls le ha dado el nombre de *retroflexión* a la conducta mediante la cual una persona "se hace a sí misma lo que originalmente hizo o trató de hacer a otras personas u objetos". En lugar de dirigir sus energías hacia acciones sobre el ambiente que satisfacerá sus necesidades, él "redirige la actividad hacia adentro y se pone a sí mismo como *sustituto* del ambiente, convirtiéndose, entonces, en el blanco de su conducta". En la medida que hace esto, divide su personalidad en un "hacedor" y en un "receptor de la acción".

La retroflexión es una consecuencia de obstáculos ambientales a la expresión de impulsos que han conducido a un bloqueo activo por parte del individuo. Al reprimirse, la persona se hace a sí misma lo que originalmente le fue hecho a él por el ambiente (introyecta), y para esta actividad utiliza la energía de sus propios impulsos (retroflecta).

La retroflexión, según Perls, puede ser bastante funcional: "¡No llegues a la conclusión de que nosotros queremos decir que estaría muy bien si todos pudiéramos, sin mayor problema, liberar nuestras inhibiciones! En algunas situaciones es necesario reprimirse, incluso como un medio para salvar la vida —por ejemplo, el reprimirse de inhalar mientras uno está bajo el agua. La pregunta importante es si acaso la persona tiene o no *bases racionales* para inhibir rápidamente una conducta en determinadas circunstancias". Sin embargo, muchas de nuestras retroflexiones son disfuncionales e inconscientes. Para Perls, la *represión* es una retroflexión "olvidada".

Yo pienso que el concepto de retroflexión es particularmente valioso para el sicoterapeuta, pues le hace prestar atención al aspecto *activo* de la represión y la inhibición. Como lo dijera Perls: "El sicoanálisis ha puesto énfasis en la recuperación del percatarse de aquello que está reprimido —es decir, el impulso bloqueado. Por otra parte, nosotros ponemos énfasis en la recuperación del percatarse del bloqueo, el sentimiento de que uno lo está haciendo y cómo lo está haciendo. Una vez que una persona descubre su acción retroflectiva y vuelve a tener el control de ella, el impulso bloqueado se recuperará automáticamente. La gran ventaja de tratar con la parte retroflectada de la personalidad —el agente represivo activo—, es que ésta se encuentra más o menos al alcance del percatarse, puede ser vivenciada directamente y no depende de interpretaciones adivinadas".

El contenido de las retroflexiones puede variar, así como también su resultado: el odiarse, el tenerse lástima, el ser codicioso, autoinhibitorio, etc. Incluso la introspección es considerada por Perls como un observarse a sí mismo retroflectivo: "Esta forma de retroflexión es tan universal en nuestra cultura, que gran parte de la literatura sicológica simplemente da por sentado que cualquier intento de incrementar el auto-percatarse, necesariamente debe consistir en una introspección... El observador se escinde así de la parte observada, y sólo cuando se sana esta escisión, la persona se percata plenamente de que el auto-percatarse, que no es introspectado, puede existir. Previamente habíamos igualado el darse cuenta genuino con el resplandor producido dentro de un carbón encendido por su propia combustión, y la introspección con el dirigir el haz de luz de una linterna sobre un objeto y observar su superficie por medio de los rayos reflejados".

Yo pienso que, sin comparación, la forma más corriente de retroflexión con la cual tratamos en sicoterapia, es la retroflexión de la agresión. Del mismo modo como la agresión hacia otros puede constituir una proyección de la agresión hacia uno mismo, la autoagresión bien puede constituir una retroflexión de un impulso originalmente dirigido hacia otro. De esta manera, una persona puede convertir su resentimiento en auto-acusaciones y culpa, su sarcasmo en un sentimiento de ridículo, su odio en un sentimiento de no tener ningún derecho a existir, y así sucesivamente. En términos generales, la agresión retroflectada se convierte en depresión, como lo estableció hace mucho tiempo el sicoanálisis.

En terapia gestáltica, la posibilidad de que los sentimientos de una persona hacia sí misma puedan constituir un caso de retroflexión, se pone a prueba no vía interpretación sino que vía experimentación. Cuando una persona es dirigida a hacerle a otro lo que se está haciendo a sí misma, puede *ser* que descubra que esto es lo que realmente quería hacer. Si es así, habrá recuperado algo de su ser directo con respecto a la expresión.

Frecuentemente, la posibilidad de revertir una retroflexión es recibida con bastante angustia, vergüenza o culpa, y cuando la retroflexión finalmente es deshecha, esto puede conducir a una conducta socialmente inadecuada o infantil. Sin embargo, ésta es una de las instancias donde el "acting out", o actuación manifiesta, puede ser el camino más rápido hacia la introvisión de lo reprimido, así como también hacia la redirección de un impulso. Perls nos da el siguiente ejemplo:

Un hombre religioso, por ejemplo, incapaz de descargar su ira contra el Señor por sus decepciones, se golpea el pecho y se arranca los cabellos. No obstante, tal auto-agresión, obviamente una retroflexión, *es* agresión y *sí* da alguna satisfacción a la parte retroflectiva de la personalidad. Es una agresión cruda, primitiva, indiferenciada —una pataleta infantil retroflectada—, pero la parte de la personalidad a la cual se ataca siempre está ahí y disponible para ser atacada. Tal auto-agresión siempre puede estar segura de su víctima.

El invertir tal retroflexión de una sola vez, significaría que la persona entonces atacaría a otros en formas igualmente ineficaces y arcaicas. Ella reaccionaría con la misma contraagresión avasalladora que, en primer lugar, la llevó a retrospectar. Es alguna realización de esto lo que hace que incluso la reversión imaginada de las retroflexiones produzca tanto miedo. Lo que se pasa por alto es que el cambio se puede hacer en etapas fáciles que gradualmente transformen toda la situación a medida que se vayan sucediendo. Para empezar, uno puede descubrir y aceptar el hecho de que el individuo sí "se desquita consigo mismo". El puede llegar a percatarse de las emociones de la parte retroflectiva de su personalidad —especialmente, la amarga alegría que le produce el administrarse un castigo. Esto, cuando lo logra, representa un considerable progreso, porque la venganza constituye algo tan mal aceptado socialmente, que es muy difícil de reconocer y aceptar incluso cuando uno supuestamente defiende a otros y la dirige exclusivamente contra uno mismo. Sólo cuando es aceptada —es decir, cuando es reconocida como un componente existente y dinámico de la personalidad funcionante de uno— es que uno realmente llega a tener la posibilidad de modificarla, diferenciarla, redirigirla en una expresión sana. A medida que mejora la orientación de uno hacia el ambiente, a medida que el percatarse de uno genuinamente quiere tornarse más claro, a medida que uno hace aproximaciones que se ven limitadas por ensayos para ver qué ocurrirá, gradualmente también se desarrollan las propias técnicas de expresión de los impulsos previamente bloqueados. Pierden su primitivo aspecto horripilante a medida que uno los diferencia y les da la oportunidad de ponerse a tono con las partes más crecidas de la personalidad.

El enfoque paso a paso al cual se refiere Perls, no es un asunto de técnica, propiamente hablando, sino de aquello que llamaré *estrategia* —es decir, la organización de técnicas en el contexto de una sesión.

7
Técnicas de Integración

En términos generales, toda técnica expresiva es una técnica de integración, porque expresar significa traer al percatarse lo que estaba disociado de éste, o traer al dominio de la acción algo que la persona llevaba en su mente como un pensamiento, imagen o sentimiento disociado —y por lo tanto, ineficaz.

Sin embargo, en terapia gestáltica hay formas más específicas en que promovemos una integración de la personalidad. A veces, el terapeuta indicará un recurso adecuado para una situación específica —como al sugerir un rol que representar, el cual constituirá una síntesis de elementos ahora en conflicto en la siquis del paciente. No obstante, con mayor frecuencia va a estimular la integración de voces conflictivas internas por medio de alguna de las dos enseñanzas que voy a discutir ahora: el encuentro intrapersonal y la asimilación de proyecciones.

Encuentro Intrapersonal. Una de las técnicas más originales de la terapia gestáltica es la de poner en *contacto* a los sub-sí mismos de una persona, indicándole que represente sus partes en forma alternada y haga hablar a estos "personajes" entre sí (o que se relacionen de alguna otra manera). Esto es tan parte de la terapia gestáltica, que Fritz Perls, con mucho humor, decía que todo lo que necesitaba era su destreza, la colaboración del paciente, algunos pañuelos desechables, la "silla caliente" y una silla vacía. La razón es que, en estos diálogos internos, el paciente es estimulado a cambiarse de una silla a otra para reforzar la realidad de su identificación con estos sub-sí mismos alternantes.

La idea del encuentro interpersonal es bastante simple: hacer que dos o más lados de una persona se relacionen entre sí de modo que se establezca un diálogo. Perls frecuentemente daba la siguiente instrucción: "Inventa un sketch". De esta forma, se puede desarrollar una conversación de creciente profundidad y significado entre, digamos, una buena mamá y una niñita que necesita atención, entre la motivación de una persona y su inclinación a improvisar, o entre su razón y su corazón. Sin embargo, lo que determina la eficacia o éxito de este procedimiento, yace en factores que pueden requerir de la sutileza del terapeuta para evaluar. A continuación, enumero algunos de éstos:

1. Un encuentro no debe ser prematuro. Antes de que el Juan egoísta pueda hablarle al Juan generoso, por ejemplo, es necesario que Juan se haya percatado lo suficiente de estos dos lados en sí mismo y haya contactado sus modos de vivenciar.

2. El encuentro no debe degenerar en una discusión intelectual o en un juego de ping-pong de acusaciones mutuas y defensa; el contacto entre los sub-sí mismos se debe tratar de lograr a nivel de los sentimientos. Cuando el Mandado está suplicando: "No soy culpable", por ejemplo, el terapeuta puede que tenga que introducirse en la conversación para preguntar: "¿Qué estás vivenciando en vista de esta acusación?". Luego el diálogo puede continuar con la expresión de vergüenza o ira del Mandado.

A continuación, hay algunos ejemplos de encuentros intrapersonales que he tomado de una publicación anterior:

1. Una mujer explica que le gustaría recordar el sueño que tuvo la noche anterior. Se le instruye a que llame al sueño, que se dirija a él directamente, y ella dice en una voz muy baja y monótona: "Ven, sueño, quiero recordarte". Cuando se le hace prestar atención a la falta de sentimiento en su llamado, vuelve a intentarlo varias veces, pero sin éxito. Al hacer esto, es capaz de vivenciar el hecho de que en realidad no tiene un verdadero deseo de recordar. Más bien, se siente un tanto indiferente al asunto y se ha estado interpretando mal, suponiendo que tenía ese deseo. Ahora puede ver que ha estado representando el rol de la "buena paciente".

2. Una mujer tuvo un sueño donde se vio arrastrándose por la sala. Alguien le pregunta qué está haciendo y ella responde: "Quiero tener una confrontación con esa pared". —"¿Por qué, en lugar de eso, no la tienes con una persona?". Ella responde: "Las personas son paredes".

En el sueño, ella no sólo reemplazó a la persona por una pared, sino que la pared misma jamás fue alcanzada y "confrontada". Cuando se le pidió que hiciera esto en una sesión, la mujer lo hizo en la misma posición que en el sueño, de rodillas e inclinándose. "Quiero traspasarte, pared". Al tomar el rol de la pared, su respuesta fue distante, dura y despectiva hacia su humildad y docilidad, su postura y su débil reclamo. Luego de varias inversiones de roles, se levantó y, más adelante, adoptó la actitud de la pared, ella misma, firme, erguida y dura, de modo que estaba visualizando dos paredes frente a frente. Ella sintió esto como la confrontación que estaba buscando. Una semana después, relató que por primera vez en su vida había sido capaz de confrontar a un hombre con la misma actitud.

Muchos de los encuentros, y tal vez los más importantes, son formas particulares de una muy diseminada división en la personalidad: el "yo debiera" versus el "yo quiero". Esto puede tomar la forma de un diálogo con un padre imaginado, con una auto-acusación descarnada, con la "gente en general", etc., pero las partes aparecen una y otra vez con el rasgo distintivo que inspiró a Perls (en su inclinación por una nomenclatura fenomenológica) a llamarlas Mandón y Mandado[1].

> El Mandón puede ser descrito como normativo, amatonado, persistente, autoritario y primitivo...
>
> El Mandado desarrolla una gran capacidad para evadir los mandatos y exigencias del Mandón. Sólo tratando de obedecer sin mucho entusiasmo las exigencias, el Mandado contesta: "Sí, pero...", "Lo estoy intentando con todas mis fuerzas, pero la próxima vez me va a ir mejor", y "mañana" (en español). El Mandado generalmente obtiene lo mejor del conflicto.
>
> En otras palabras, el Mandón y el Mandado son en realidad dos payasos que representan sus raros e innecesarios juegos en el escenario del Sí Mismo tolerante y mudo. La integración, o cura, sólo se puede lograr cuando cesa la necesidad de control mutuo entre el Mandón y el Mandado. Sólo entonces se escucharán mutuamente los dos maestros. Una vez que llegan a sus sentidos (en este caso, que se escuchen el uno al otro), se abre la puerta de la integración y la

[1] Mandón y mandado corresponden a *top-dog* y *under-dog*, respectivamente, y se refieren a la jerarquía que se establece en una jauría de perros: el que domina, el opresor, y el dominado, el oprimido. Es una de las polaridades en los posibles conflictos intrapersonales, tal vez exagerada en su uso por los seguidores de Perls al intentar emular su personalidad (N. del T.).

unificación. La oportunidad de hacer una persona entera a partir de la división, se hace cierta.

.El siguiente encuentro (de hecho, escrito por el paciente durante una sesión terapéutica) no conduce a una integración plena, pero, sin embargo, ilustra el procedimiento:

El terapeuta sugiere un encuentro entre el monje y la bestia.

Monje: Terrible, terrible, los dolores de la carne.

Nuevo Yo: No es necesario el dolor ahora —escucha la "Trucha" y gruñe a la luz del sol, gruñe al temblor, que es para abrir la Puerta, hombre.

Monje: Tú me haces sentir tan solo, Charles.

Nuevo Yo: Gracias por nombrarme. Ahora puedo proceder a fornicar o, por lo menos, *sentir* algo *aquí* abajo entre las piernas.

Monje: Ese es un perro que pone su cola entre las piernas.

Nuevo Yo: Entonces, señor, usted es un perro.

Monje: *¡Cómo te atreves!*

Nuevo Yo: Ahora estás actuando como la Srta. Henrietta. Alcanza allá abajo, hombre, y siéntete las pelotas para producir un cambio.

Monje: No uses ese lenguaje tan vulgar.

Nuevo Yo: Sólo por eso, señor, te sentencio y condeno a 90 días y noches de extremo placer.

Monje: *Cualquier cosa*, mientras no toques la música japonesa. (La sola mención de eso me hace temblar hasta los sobacos).

Nuevo Yo: Voy a tocar eso, hombre, exactamente en cuanto se termine este maldito quinteto de la "Trucha". (Esta música japonesa es muy agradable —más bien inocente.

Bueno, ése es el modo de comenzar, con inocencia.

Pueraeternis es tú mismo y toda otra hermosa persona.

Sí, es mi propia crueldad hacia mi cuerpo. El monje torturó y mató a mi cuerpo. No es de extrañar que yo pusiera el Crucifijo sobre la cama: "el hombre que murió").

Monje: Me convertí en lo que soy porque dejaste atrás a tus compañeros de juego en Minnesota.

Nuevo Yo: No tiene sentido.

Monje: "Abandona tu mente y despierta a tus sentidos".

Nuevo Yo: Te estás poniendo bastante agudo, hombre.

Monje: Gracias, hijo, por llamarme así.

Nuevo Yo: No soy tu hijo, gracias a Dios.

Monje: Veo que me reconoces.

Nuevo Yo: Supongo que quieres decir que cada hombre que oprime el cuerpo es mi madre. A propósito, ¿te das cuenta que hemos invertido las posiciones?

Monje: No era tan importante como creíamos, ¿verdad?

Esta última frase surge del sentimiento de que los dos personajes ya no estaban en roles antitéticos. Ambos han cambiado al punto de compartir algunos rasgos (el "Nuevo Yo" tortura, el monje se siente victimado), de modo que ahora no importa mucho a quién se le llama por cuál nombre o quién está en qué posición.

Asimilación de Proyecciones. Cuando decimos que "Se siente bien" en lugar de "Yo me siento bien en relación a ello", o "Se siente incómodo" en lugar de "Yo me siento desagradado", o "Se siente adecuado" en lugar de "Yo apruebo", nos estamos proyectando en *"ELLO"* (*IT*). A veces esto puede ser verdaderamente un asunto de lenguaje o un poco más que eso: tal vez una cierta preferencia por disimular nuestro compromiso personal, minimizar nuestra asertividad o enmascarar la responsabilidad por nuestras reacciones. Sin embargo, en otras oportunidades, la proyección puede ser equivalente a un completo desheredar de parte nuestra en la experiencia: una cierta persona *es* buena —no es que personalmente nos guste— o que tal o cual persona *es* mala —*no* sólo que nos hace sentir mal.

En la literatura sicológica existe bastante documentación sobre varias formas de proyección. La que nos interesa aquí es el tipo de proyección que el sicoanálisis considera como una "defensa": el proceso de atribuirle a una persona o cosa en el ambiente, cualidades o sentimientos propios nuestros que no estamos dispuestos a reconocer como tales. Frecuentemente, esto equivale a "ver la paja en el ojo ajeno en lugar de ver la viga en el propio".

En la medida que desheredamos parte de nuestra experiencia o no reconocemos algunos de nuestros rasgos, no vemos la realidad en torno a nosotros tal como es, sino que distorsionamos nuestra percepción de la realidad con el atributo de todo aquello que rechazamos en nosotros mismos. Esto es particularmente cierto en lo que se refiere a la percepción de personas (tal vez sea más así en la medida de nuestro compromiso personal con otra persona). En terapia gestáltica también tratamos las imágenes de sueños como proyecciones de nosotros mismos —no en el ambiente real, sino que en el ambiente imaginario del estado de sueño.

Las proyecciones constituyen una ilusión, pero también una

realidad. Son ilusorias en el sentido de que frecuentemente no le pertenecen a la persona o cosa a la cual se las atribuimos (a pesar de que la proyección y la realidad *pueden* coincidir). Son una realidad en el sentido de que son imágenes de nuestra vida interior y avenidas hacia nosotros mismos.

Un aspecto importante de la terapia gestáltica es el de *asimilar* proyecciones. Es decir, incorporar en nosotros mismos lo que hemos desheredado, reconociendo como parte de nuestra experiencia aquello que hemos estado colocando fuera de nosotros mismos.

La técnica más importante para la asimilación de proyecciones es una que ya se ha analizado: la *identificación* con la proyección por medio de la actuación de su parte.

> T.: Qué sientes ahora?
>
> P.: Me siento bajo escrutinio. No creo que yo te agrade.
>
> T.: Sé yo por un momento. Imagínate en mi lugar y ponle palabras a los sentimientos o pensamientos que yo pueda tener.
>
> P.: "Ella es aburrida. Preferiría estar en mi casa en lugar de tener que escucharla. Simplemente es poco interesante y estoy clavado con ella porque supuestamente tengo que ayudarla".
>
> T.: Por favor, repite esto ahora como tu propia afirmación acerca de ti misma y ve si calza.
>
> P.: Soy aburrida. Soy poco interesante y no puedo creer que yo te agrade o que quieras brindarme tu atención, ya que no puedo darte nada que valga la pena. Por supuesto. Esto es exactamente lo que lo pienso.

En el ejemplo anterior, la actuación sirvió como un medio para que la paciente vivenciara el contenido de su proyección, pero no fue suficiente. Lo que produjo que se contactara con su propia experiencia (su auto-enjuiciamiento de ser una persona poco interesante), fue la sugerencia de *reformular la experiencia proyectada como si fuera suya*. Esto es equivalente a la sustitución de "yo" por "ello", y puede hacerse de distintas maneras. A veces bastará una pregunta: "¿Es éste tu propio sentimiento?", "¿Reconoces esto como parte de ti misma?", etc. En otras oportunidades, puede ser necesaria una reformulación completa de la experiencia sustituyendo el sí mismo por otro. Cuando el procedimiento se aplica a afirmaciones cortas, en jerga gestáltica se le ha llamado "adaptando para uno mismo".

> P.: No me gusta lo poco directo que eres. Te reprimes y haces comentarios, y nunca sé en qué estás.

T.: Adapta eso para ti.

P.: No me gusta lo poco directo que soy. Me reprimo y hago comentarios y la gente nunca sabe en qué estoy. Sí, pienso que es cierto.

En otras oportunidades, la asimilación de una proyección se puede realizar convirtiendo un diálogo interpersonal en uno intrapersonal.

P.: Me haces sentir incómodo, Jane, porque pareciera como que estás esperando algo espectacular de mí y siempre tengo miedo de decepcionarte.

T.: Imagínate que eres Jane y háblale a Henry haciéndolo sentir incómodo.

P.: (Henry) Eres un tipo tan talentoso, y sin embargo, dices tantas estupideces. Usa tu talento, Henry. No puedes darte el lujo de ser uno del montón. Tú sabes que lo puedes hacer mejor.

T.: Bien, ahora coloca a Henry en esa silla y dile lo que Jane te acaba de decir.

P.: Eres un genio, Henry, y no estás viviendo a la altura de eso. Estás desperdiciando tu vida. Actúas como un tipo cualquiera y sabemos que tu potencial es mucho mayor. Tendrías que tomarte más en serio y mostrarle al mundo quién eres.

T.: Bien. Ahora sé el mandado y contéstale a lo que le acabas de decir.

P.: Hombre, al diablo contigo. Estoy hasta la coronilla de tratar de ser un genio sólo para agradarte y para ser lo que mi madre esperaba de su maravilloso niñito. Yo soy yo y eso es todo. ¡Estoy aquí para agradarme a mí mismo y me importan un bledo tus expectativas!

T.: Continúa con el diálogo.

P.: Cuidado, Henry. Esta nueva filosofía tuya parece muy atractiva y correcta, pero sólo es una moda. Si dejas de escucharme y sólo haces lo que te agrada, vas a pasarlo bien únicamente durante un tiempo y luego terminarás sintiéndote vacío. Ahora eres alguien porque yo he cuidado bien de ti. Has crecido tanto en estos años y ahora estás a punto de arruinarlo todo.

Como en la ilustración de arriba, las proyecciones frecuentemente corresponden a aquellos aspectos de la personalidad que en terapia gestáltica llamamos "mandón" y "mandado". En esta última instancia, el individuo se siente criticado, incapaz de satisfacer las exigencias, culpable, avergonzado, etc., mientras que en el caso anterior, hace juicios sobre los demás y adopta un rol exigente. En ambas instancias, la proyección puede revelar lo que la introspección simple o el encuentro intrapersonal prematuro no podrían, y el terapeuta quizás desee ocupar más tiempo para estimular la expresión de las proyecciones (por ejemplo, por medio de sonidos) y su explicitación o desarrollo, antes de cualquier intento de reasimilación.

Según Perls, el temor neurótico a ser rechazado es una consecuencia de la proyección del propio rechazo del individuo hacia los demás.

> Los neuróticos hablan mucho de ser rechazados. En gran parte, esto es una proyección en otros de su propio rechazo.
>
> Lo que se niegan a sentir es su desagrado latente por aquello que han incorporado a su propia personalidad. Si lo hicieran, tendrían que vomitar y rechazar muchas de sus "queridas" identificaciones —las cuales, en el momento de ser tragadas, fueron de muy mal sabor y detestables. O de otro modo, habrían tenido que atravesar por el laborioso proceso de sacarlas a la luz, trabajarlas y luego, al final, asimilarlas.

Perls también ha interpretado el temor a la castración, que el sicoanálisis ha exagerado tanto, como una proyección de la agresión:

> La *vagina dentata*, la frecuente fantasía de la angustia de castración, es la propia mordida inconclusa del hombre proyectada en la mujer. Poco se puede conseguir al trabajar en las fantasías de castración hasta que no se haya removilizado la agresión dental; pero una vez que esta destructividad natural ha sido reintegrada a la personalidad, no sólo el temor de daño al pene sino que también el temor de otros daños —al honor, la propiedad, la vista, etc.— son reducidos a su tamaño real.

Como una consecuencia de desheredar tanto el desagrado como la agresión —sus mecanismos sanos de rechazo—, el individuo debe "tragarse" todo aquello con lo cual el ambiente "lo alimenta", ya sea adecuado a sus necesidades o no. La persona sigue siendo un niño en la etapa de amamantamiento, incapaz de "masticar" sus experiencias, morder los obstáculos o ejercer selectividad. La consecuencia de esta actitud es la introyección de lo que se podría considerar como cuerpos sicológicos ajenos. En terapia gestáltica, un introyecto es visto como una situación inconclusa, algo incorporado a la personalidad sin una asimilación adecuada, lo cual involucraría una acción de masticación sicológica —análisis— e incorporación selectiva o rechazo de las partes o aspectos componentes del objeto. Perls vio una correspondencia muy próxima entre el proceso de asimilación, a un nivel sicológico, y el proceso de ingerir alimentos, a un nivel fisiológico. Más específicamente hablando, vio una correspondencia entre la fijación en la etapa oral pasiva y la incapacidad de masticar adecuadamente. Debido a esto, él recomendaba una serie de ejercicios que involucraban la práctica del darse cuenta mientras se come y la removilización de la agresión oral.

> Debido a la alimentación programada y otras prácticas científicas que se les aplicaron a ustedes siendo niños, el bloqueo de la agresión oral, como se describió arriba, probablemente está presente, en algún grado, en su propio caso. Esta condición es el requisito básico para las tendencias a introyectar —tragar pedazos enteros de aquello que no pertenece a su organismo. Por lo tanto, atacaremos el problema en su fuente, fundamentalmente, el proceso de comer. La solución involucra una removilización del desagrado, lo que no es placentero y que suscitará intensa resistencia. Por lo tanto, sólo en esta ocasión, al indicar el siguiente experimento motor, no lo proponemos como algo que se deba ensayar de una manera espontánea para ver qué ocurre, sino que hacemos un llamado a su coraje y se lo encargamos a ustedes como una tarea.
>
> Cada vez que coman, tomen un bocado —recuerden, ¡un solo bocado!— y licúen el alimento completamente masticándolo. No permitan que ni un solo trozo escape a la destrucción, persíganlo con la lengua y colóquenlo en posición para masticarlo aún más. Cuando estén satisfechos de que la comida ha sido plenamente licuada, bébansela...
>
> ...Como una contrapartida funcional de la tarea de masticar un solo bocado de comida, entrénense de la misma forma en la esfera intelectual. Por ejemplo, tomen una sola oración difícil de un libro que sea "duro de roer" y analícenla, es decir, desháganla completamente. Capten la connotación precisa de cada palabra. Para la oración como un todo, decidan sobre su claridad o vaguedad, su verdad o falsedad. Háganla suya, o si no, aclárense qué parte de ella no entienden. Tal vez no es que no hayan comprendido, sino que más bien, la frase es imcomprensible. Decidan esto por ustedes mismos.

Otro experimento útil que emplea plenamente la identidad funcional entre comer comida física y "tragarse" alguna situación interpersonal, es el siguiente:

> Cuando estén en un estado de ánimo impaciente —iracundo, molesto, resentido— y, por lo tanto, inclinados a engullir, apliquen la agresión en un ataque deliberado sobre algún alimento físico. Tomen una manzana o un pedazo de pan duro y depositen ahí su venganza. Según su estado de ánimo, mastiquen tan impaciente, apresurada, maligna y cruelmente como puedan. Pero muerdan y mastiquen —¡no engullan!

Parte III
ESTRATEGIA Y MAS ALLA

8
La Estrategia como Meta-Técnica

La descripción de las técnicas que he presentado en los capítulos anteriores es a la práctica de la terapia gestáltica lo que los ladrillos son a la casa. Los diversos tipos de ladrillos presentados, muestran una semejanza o un estilo común que deriva del hecho de haber sido concebidos como expresiones de un único punto de vista y pueden ser considerados como partes de una sola estructura. Sin embargo, de la estructura no he dicho nada.

Vista desde afuera, la estructura de una sesión sicoterapéutica está determinada por la secuencia en que el terapeuta emplea las diferentes herramientas o técnicas de que dispone, ya sea por herencia o inventiva personal. Aunque cada técnica tenga un cierto grado de validez general, es probable que para cada individuo en cada momento, también haya una dirección particular que pueda ser una promesa mayor —un camino de menos resistencia. A pesar de que el terapeuta evalúa lo oportuno o lo adecuado de una técnica mediante una combinación de intuición y respuestas emocionales al encuentro en curso, además del raciocinio, me referiré a sus opciones como estrategia. Ciertamente, es en este nivel de estrategia que la intuición del terapeuta es más decisiva y donde su creatividad consiste precisamente en enfrentar una situación única con una respuesta única. Las notas de la escala son pocas, y sin embargo, el número de melodías posibles, ilimitado. El número de buenos intérpretes también es mucho mayor que el número de buenos compositores.

Al igual que en el caso más general del arte, el aprendizaje de una estrategia parece derivar fundamentalmente de la experiencia personal y de la observación de ejecuciones maestras. La formación de los discípulos californianos de Perls consistía esencialmente en una combinación de sicoterapia personal y observación del maestro trabajando. Desde luego que además de estos elementos (y por supuesto, supervisión), puede ser útil no sólo observar el proceso terapéutico, sino que reflexionar sobre él, y creo que una contribución especialmente valiosa a la comprensión de la estrategia puede ser el acceso al deletreo retrospectivo, por el terapeuta, de sus propias intervenciones. Por consiguiente, he intentado enriquecer las transcripciones de esta sección mediante el auto-comentario. A excepción de los comentarios de la primera de estas transcripciones (Len), que he agregado con ocasión de la re-composición de este libro en 1987, estas observaciones fueron registradas poco tiempo después de las sesiones mismas (1970), en el curso de reuniones con un pequeño grupo de alumnos. En el caso de la sesión de sueños de Richard, también le pedí a la sicoanalista Anna Appelbaum, de Nueva York, que contribuyera con comentarios a la transcripción —y he agregado una respuesta a éstos con ocasión de haber terminado el libro diecisiete años más tarde.

Además de compartir mi actividad terapéutica y reflexionar sobre ella, he intentado complementar el material clínico con algunas observaciones teóricas. En el Capítulo 7 delineé dos estrategias específicas que, creo, constituyen el trasfondo siempre presente de las opciones de un terapeuta. De la misma forma como a un nivel técnico, el terapeuta gestáltico puede enfatizar la supresión o la expresión, a nivel de la estrategia puede requerir que el paciente trabaje en contra de sus síntomas (siendo directo o verdadero, por ejemplo) o instarlo a que "cabalgue con" sus síntomas —que exagere su sicopatología o alardee acerca de ella— como un modo alternativo de entenderlos, asimilarlos y trascenderlos. Esta opción involucra, en particular, las alternativas de quedarse en el presente o tratar asuntos del pasado o el futuro, y también las de poseer o desposeer la experiencia. El pasado y el futuro tienen un lugar en la terapia gestáltica, así como también el presente, y una "estrategia de irresponsabilidad" junto con la búsqueda de responsabilidad —como lo analizaré más adelante.

9
El Aquí y Ahora con Gerald: Un Caso Comentado

GERALD: Estoy con flujo nasal y sinusitis y también estoy produciendo... quiero saber qué es lo que hay *detrás* de la sinusitis, qué me estoy haciendo a mí mismo. Fue Munson quien me disparó esto anoche cuando me dijo que cada síntoma o queja es una forma de alardear[1]. Así que lo devolví sobre mí y dije: "Ahí está tu sinusitis; ¿de qué diablos estás alardeando?". La otra cosa es que tengo esta mirada fija y a veces me esfuerzo tanto por ver que me ciego[2], y me percato de mi garganta, como que está seca en la parte de atrás y parece que necesito humedad. Me doy cuenta que mi voz se está

[1] Este es un asunto sobre el cual los gestaltistas podrán tener opiniones divergentes. Gerald está hablando acerca de algo que no está ocurriendo en este momento, y sin embargo, creo que los síntomas son, como los sueños, claves tan importantes que no importa si pertenecen al aquí y ahora o no, son un punto de partida muy valioso. Nunca disuado a una persona de relatar síntomas al comienzo de una sesión, para así poder escoger si vamos a trabajar con ellos o no. Aunque a veces el síntoma quizás sea parte de un juego que la persona está jugando ("mira todos los problemas que tengo" o "pobre de mí"), también puede ser que constituya material que de otra manera no surgiría. Si los sueños, que no están aquí y ahora, se pueden traer al presente y trabajar con ellos, también se puede hacer lo mismo con los síntomas. Generalmente dejo eso como un asunto abierto o a veces le pido al paciente una afirmación acerca de lo que desea, para qué ha venido.

[2] Del primer síntoma, la sinusitis, ya tiene un prejuicio: que está haciendo alarde. Porque Munson dijo que los síntomas involucran un alardear o porque Fritz puede haber dicho eso. Yo pienso que está siendo un "niño bueno" y sintiendo: "Eso debe ser cierto. ¡Qué horror! Mi síntoma debe estar reflejando algo realmente malo sobre mí, y yo debiera corregir lo que está mal". Una posible línea de acción sería explorar este fervor de auto-mejoramiento, confrontándolo con lo que estaba haciendo en el momento. Pero yo tenía más interés en seguir escuchándolo. Ahora continúa con un segundo síntoma: la mirada fija.

suavizando más y que me estoy rascando la fosa derecha de la nariz, lo que me hace ponerme un poco analítico sobre todo el asunto. Me percato que estoy cerrando los ojos, suspirando un poco pesadamente, posiblemente diciendo que quiero escabullirme en un tipo de sueño o fatiga. Me doy cuenta que me estás observando en forma bastante intensa, con tu mano derecha en la barba. Nuevamente me percato que estoy tratando de fijar la vista y termino no viéndote tanto como quisiera[3]. Me doy cuenta que me estoy chupando los labios. Me percato que quiero que tú también me digas algo a mí, algo así como: "Oye, ¿me puedes decir cualquier cosa acerca de lo que acabo de decir?", con mi sonrisa seductora... No sé si en realidad es seductora, pero es un tipo de sonrisa, el movimiento de mi mano, el peso de mi brazo derecho sobre mis piernas, los movimientos de la muñeca, el subir los hombros, los movimientos de mis ojos hacia abajo. Hay algo de angustia en esto, tengo un poco húmedas las manos. Mi voz se está suavizando más. Nuevamente me estoy humedeciendo los labios.

T.: Tú sientes la humedad, varias veces te has estado humedeciendo los labios, y está tu flujo nasal. Experimentemos un poco con esto de humedecerse los labios, exagéralo y veamos cómo se siente[4].

GERALD: Me doy cuenta de la sensación de la sal en el pelo, el tirón en la parte de atrás de mi lengua, hay cierto placer en ello, no tanto el lamer como el sacar la lengua y sentir el tirón en la parte

---

[3] Creo que vale la pena tener presente cuáles son las alternativas en el continuum de la atención. Se puede tratar de una concentración sobre el mundo interno, o bien, sobre sensaciones físicas, pero también está la posibilidad de concentrarse en el mundo externo —lo que Fritz solía llamar la "zona externa"— y la posibilidad de concentrarse en fantasías y pensamientos —lo que Fritz denominaba la "zona intermedia". A mí siempre me produce sospechas la persona que hace sólo *una* de éstas, a menos que se esté desarrollando algo que lo justifique. De otra manera, puede que esté simplemente enumerando objetos. Luego le pregunto qué está sintiendo, qué está haciendo su mente; o le puedo pedir que relate sus acciones, lo que está haciendo minuto a minuto, de manera de comprobar si no está evitando un área de la experiencia. Si es así, entonces la dificultad se hará aparente cuando se vea confrontado con la tarea. Pero ése no es el caso aquí. Podrán ver que él se desplaza fácilmente entre el mundo interno y externo. Ahora nuevamente se percata del hecho de fijar la vista: "No veo mucho". Siento que se está *exigiendo*: "Yo *debiera* ver mucho más; en lugar de simplemente fijar la mirada sin ver, debiera estar viendo más".

[4] Aquí hice una elección. El parece bastante fluido. Habla de mí, habla de los movimientos, habla de sus sentimientos, y luego yo *escojo un movimiento*, el humedecerse los labios, lo que parece ser relevante, en parte porque lo está haciendo y en parte porque pensé que no estaba tanto en contacto con esta acción como con otras, y también porque calza con lo que originalmente relató como un síntoma: el flujo nasal de la sinusitis —un síntoma relacionado con el área buco-nasal.

posterior de mis ojos. Siento como que recién estuviera conociendo mis labios. Y mis ojos se sienten un poco más libres, hasta la parte superior del hueso maxilar[5].

T.: Si tu lengua pudiera hablarle a tus labios, ¿qué le diría?[6].

GERALD: Yo soy la lengua de Gerald: labios, los he extrañado. Ustedes están siempre afuera y yo no salgo a ahí con demasiada frecuencia. Me pregunto ¿por qué me tienen miedo, por qué me mantienen tan encerrada? ¿Qué pasa con el sacar la lengua, qué hay entre nosotros que les impide venir?[7]. ¿Por qué? Siento que ya no quiero salir más. Me siento encerrada en el fondo y estoy tan cansada que no quiero salir a la superficie. Simplemente me canso de tratar de salir porque ustedes siguen manteniendo cerrada la entrada.

T.: ¿Podrías repetir lo mismo como Gerald, imaginando que estás expresando estos sentimientos acerca de *ti*?[8].

GERALD: Quiero salir. Quiero meterme entre ustedes dos. Los he extrañado. Estoy cansado de tratar de salir mientras ustedes me mantienen encerrado. No puedo recordar qué más dije.

T.: Dijiste que te sientes cansado; dijiste algo acerca de tener sueño, creo.

---

[5] Estoy un poco perplejo con el hecho de que sus *ojos* se sientan más libres, mientras que lo único que ha exagerado es el movimiento de humedecerse los labios. Había una cierta voluntad puesta en ello, su movimiento de lamer, lo cual puede dar cuenta del efecto sobre sus ojos. Los dos síntomas originales fueron el flujo nasal por la sinusitis y la mirada fija, y a partir de esto, ellos parecen estar relacionados de alguna manera. Además tengo la sensación de que al hacer intencionalmente lo que está haciendo todo el tiempo, en forma natural, algo cuya naturaleza era la de un síntoma pequeño, está satisfaciendo una urgencia sana. En otras palabras, tras su movimiento labial, hay una tendencia organísmica correctiva. Cumple alguna necesidad, ya sea simbólica o real.

[6] Primero le indiqué el síntoma. Luego le pedí que repitiera el movimiento, lo cual hizo, exagerándolo también. Ahora le estoy pidiendo que lo explique. La importancia de la verbalización no está en el resultado de las palabras, sino que para traducir el lenguaje corporal a lenguaje verbal, él debe ponerse más en contacto consigo mismo. Cuando uno intenta expresar algo, reacciona en la medida que lo entienda o no.

[7] El contenido de esto ha sido hasta aquí una sensación de soledad, una sensación de ser dejado afuera y querer que se le permita estar adentro, y añorar afecto: una pauta bastante corriente en términos sicoanalíticos. El sujeto está en contacto con su *necesidad*, la cual percibe en términos orales.

[8] Ahora le estoy pidiendo que *asimile* la experiencia que ha estado proyectando. Lo que ha relatado es la experiencia de su lengua, no la "suya". Sin embargo, lo más probable es que *él* se sienta encerrado, sienta un fuerte deseo de salir y encontrarse con alguien o algo. El truco de introducir un cambio gramatical y repetir las afirmaciones de su lengua como si fueran de él, puede servir como un medio para que descubra si acaso son realmente sus propios sentimientos.

GERALD: Sí. Tengo los párpados pesados y siento un tirón hacia abajo. Quiero dormir. Quiero retirarme, retraerme.

T.: Me gustaría que siguieras con esto hasta el final. Sigue adelante y retráete. Cierra los ojos. Permítete retraerte.

GERALD: Me hace sentir angustiado. Siento que estoy transpirando[9]. Siento que estoy haciendo rechinar los dientes, mordiendo, no queriendo soltar[10]. Vuelvo lentamente. Sonrío y lo acepto.

T.: Sigue con esto un poco más y veamos a dónde te lleva[11].

GERALD: (Luego de un período de silencio, con los ojos cerrados) Sentí deseos de aplastar algo y me sentí parando golpes. Me estoy refrenando. (Como si estuviera volviendo a la "realidad" después de un período de trance) Pensé que estaba parando golpes. Y luego renuncié, me sometí a ello. Aún rehusándome a que me golpeen hasta dar en el suelo. Y escucho algo de dolor en mi voz. Y me percato que hubo un aflojar, una descarga.

T.: Veo mucho contraste entre tu expresión, tus movimientos y lo que dices *ahora* y tu estilo habitual. Hay una gran calidad de niño bueno en tu voz y un cuidado por decir lo adecuado en tu actitud habitual. Posiblemente este deseo de aplastar algo y parar golpes es

---

[9] Pienso que esto es interesante. Tan pronto como se retrae de la comunicación, se pone ansioso y comienza a transpirar. Mi impresión es que para él, este retraimiento es una anti-vida: un síntoma; en el sentido de que está traicionando sus propios impulsos más profundos, sus necesidades organísmicas, su necesidad de vida, su verdad: está siendo infiel consigo mismo en el momento de retraerse e inmediatamente siente las señales de falta de vida —la angustia. Ha hecho una mala elección y obtiene un síntoma extra, un castigo en términos de vida. La vida no le permite a uno brujulear mucho con su naturaleza.

[10] Aquí me veo tentado a hacer una interpretación sicoanalítica. El no puede chupar, no puede llegar a afuera, no permite que proceda un curso natural de conducta, y entonces, necesita morder. En términos sicoanalíticos estrictos, el morder se entendería como una agresión oral, la que toma el lugar de la pasividad oral anterior. También puede ser verdadero en un sentido muy general de que si uno bloquea un impulso, se produce la agresión como un mecanismo correctivo: morder para corregir lo que está mal.

[11] No quiero volver a interpretar, así es que le pido que exagere, que haga de nuevo *lo que ha estado haciendo* (es decir, mordiendo), pero con más fuerza, de modo que si hay algo de verdad en aquello que estoy imaginando, esta verdad pueda tener la oportunidad de hacerse aparente por sí misma. Le estoy pidiendo que *exagere* el morder.

[12] Mi primera observación de su calidad de niño bueno la vi en la forma cómo relataba su síntoma y cómo se dispuso a trabajar en él; luego, su modo de hacer el continuum de la atención fue fluido, pero había un ansia de producir y hacer lo correcto. Nunca mencioné esto en su momento. No me pareció que la actitud fuera lo suficientemente clara como para reflejarla provechosamente mientras estaba ocurriendo, y tuve otra opción. Ahora veo que por primera vez está fuera de eso; su

lo opuesto a lo que quiere salir[12]. Así que tal vez podrías descubrir algún modo de agregarle sonidos a esta cosa y traerla más a tu garganta. Y también expresa esta actitud, relacionándola —tal vez simplemente con gestos y sonidos; hazle esto a alguna otra persona.

GERALD: Tengo miedo de dañar a alguien. Me retraje porque pensé que quería pedir permiso para hacer daño. Pero no creo que les haría daño. Pero me descubrí reprimiéndome cuando lo dije. Me eché para atrás.

GERALD: (Ruidos) Atorado. Con náuseas. Hay algo aquí. Calor súbito. Dificultad para tragar. Calidez. Algunos sonrojos repentinos de algún tipo.

T.: Cuando te sale la ira, te haces sentir enfermo.

GERALD: Me atora.

T.: Has mantenido los ojos cerrados. Demos un paso más en la comunicación e intenta hacerlo con los ojos abiertos. Enfrenta a la persona a la cual le estás haciendo esto[13].

GERALD: ¡No! ¡No lo hagas! Si me golpeas, te pegaré de vuelta. (Sonidos).

T.: No hay duda, hay mucha fuerza en ese lado tuyo. Ahora, ¿podrías pensar en la persona que está siendo el blanco de estos sentimientos en este momento de tu vida?

GERALD: Me percato que tengo la mano en la garganta como si me quisiera ahorcar. Estoy recibiendo una imagen de mi madre... pero no es una imagen visual, es simplemente la palabra "ma-

---

voz suena diferente y todo su estilo es distinto ahora, así que probablemente puede sentir eso como una distancia de su rol anterior y contemplarlo en retrospectiva. Ahora menciono lo que veo, en caso de que caiga en un terreno receptivo. No lo presiono a hablar acerca de ello, pero nuevamente le pido que siga desarrollando sus movimientos agresivos mediante la exageración.

[13] Este es otro paso adicional en la dirección de una expresión más completa: primero exageró, luego hizo ruidos, pero luego cerró los ojos. Frecuentemente la gente cierra los ojos en momentos de intimidad inusual. Sin embargo, lo que estamos buscando es una intimidad con los demás. Ahora bien, al pedirle que haga lo mismo con los ojos abiertos, le estoy pidiendo que traslade su sensación hasta su relación con el mundo. Incluso si todavía no puede dirigir sus sentimientos hacia otros, tiene que estar libre para vivenciar lo que está vivenciando ante los demás; hacerse responsable de sus propios sentimientos, a pesar de la presencia de otros, en lugar de que sea un acto privado. Estoy intentando hacerlo sentir más a gusto con lo que está expresando en sus gestos y sonidos. Mi suposición es que su rol de niño bueno está íntimamente relacionado con su conducta social y su noción de los demás, mientras permite que su agresión y su pauta de niño malo aparezcan únicamente en forma de sensaciones físicas o cuando está solo y en privado.

dre"[14]. Y quiero... no quiero verlo. Tengo los ojos cerrados. Y ahora es doloroso, muy difícil. Estoy contemplando algo feo, algo que no me gusta, algo que no entiendo. Y no quiero verlo.

T.: Ahora haz los mismos gestos que le estabas haciendo a esta cosa fea. ¿Sientes que te estás comunicando con esta cosa fea cuando realizas esta acción de cerrarte? (sonidos).

GERALD: Me siento muy acalorado, sudoroso, siento que quiero mirar otra vez[15]. Estuve momentáneamente preocupado por el hecho de que fue algo inconcluso de mi lado izquierdo y femenino. E indudablemente, de lo que más me estaba alejando era de eso y aún lo estoy haciendo.

T.: ¿Tuviste una imagen de qué es lo que te estabas alejando?

GERALD: Nuevamente tengo una palabra: "madre", pero ninguna imagen.

T.: Ve si te puedes *convertir* en aquello de lo cual te estabas alejando. Ve si te puedes vivenciar como siendo apartado. Ve si te puedes describir y ve si esta imagen toma alguna forma.

GERALD: ¿Verbal o no verbalmente?

T.: Verbalmente.

GERALD: Me siento más cómodo en relación a esto. Quiero. Te

---

[14] Este breve episodio ilustra cómo se deshace espontáneamente una retroflexión. Le pregunto acerca del blanco de su agresión y lo primero que ocurre es que su mano se va directamente a su cuello. Luego viene la palabra "madre". Muy naturalmente, desde luego, tratando con la frustración oral. Pero aún así, es sólo la palabra "madre", que es muy vaga. No sólo no existe una imagen, sino que no tiene certeza de que su madre sea el blanco de sus sentimientos. Sólo se percata de la relevancia. Y luego tiene esta sensación de confrontarse con algo muy feo. Ahora bien, esto es interesante porque no descubre una persona específica, sino que la presencia de cualquiera que sea la realidad que está ahí —no es una palabra, no es una imagen, y sin embargo, definitivamente vivencia una fealdad que lo confronta y no quiere contemplarla. El paso siguiente, de descubrir el blanco, saber qué es lo que está frente a él, le resulta particularmente difícil. Ahora bien, yo le sugiero que comience desde donde está, se relacione con esta experiencia de la fealdad. No le estoy pidiendo que la defina más o que diga quién es ella o él. No digo nada de esto, sino que tomo esta fealdad como una entidad, la personifico, le digo que le haga estos gestos, incluso si no sabe a quién van dirigidos.

[15] Lo que está claro es que sea lo que sea que estaba expresando, fue una expresión que lo satisfizo. Se siente mejor luego de hacerlo. Aparentemente está expresando algo que no es parte de su sí mismo habitual; algo que ha estado reprimiendo. E incluso ahora se siente inconcluso. Aún no está seguro de quién es esta persona, aparte de una asociación vaga con su madre. En lugar de abordar la pregunta en forma intelectual, estoy tratando de facilitar su toma de conciencia de la madre pidiéndole que se convierta en ello: esa entidad con una vaga cualidad maternal. Estoy optando por no dirigirlo a encontrar a su madre, porque mal que mal, aquello de lo cual se está alejando presumiblemente no es su madre sino que una parte de sí mismo, el engrama de su madre en su propia personalidad.

necesito. Necesito apoyarme en ti. No me hieras. Me han herido. Este tipo de cosas. Y entonces, si yo fuera el que estuviera alejándose, sería con mucho llanto, estallidos de dolor.

T.: Siéntete dolido y sé ella.

GERALD: Hay algo de vergüenza ahí, en el bajar la cabeza, el bajar los ojos.

T.: ¿Puedes darle más expresión verbal a la vergüenza?

GERALD: Tengo vergüenza de que me hayas visto débil. Tengo vergüenza de que no puedo encarar todas tus catástrofes que me han ocurrido a mí y que te han sido transferidas a ti. Tengo vergüenza de que no me entiendo. Tengo vergüenza de que no puedo controlar más el modo como aparecemos ante los demás. No fue nuestra intención. No habría escogido estos eventos. Para nosotros.

T.: ¿Quién es nosotros?

GERALD: Mi madre. Y yo.

T.: ¿Puedes continuar este diálogo con ella?

GERALD: (Como él) Entiendo eso. ¿No puedes ver que entiendo? ¡Mi sinusitis! ¡Es un llanto interno! ¡Es una cascada o algo así! ¿Qué es lo que quiero llorar?

T.: Ve si puedes darle palabras a tu llanto sin suprimirlo[16].

GERALD: Me está temblando el brazo derecho. Los veo a ustedes hiriéndose mutuamente. Los veo destruyéndose el uno al otro. Veo que todo esto es tan innecesario. Veo todas estas buenas intenciones y veo tan poco conocimiento sobre cómo hacer las cosas. Los veo derrotando los mismos fines que están tratando de lograr. No entiendo. Me siento indefenso porque yo también tengo estas buenas intenciones, estos buenos deseos, y me siento indefenso porque no sé qué hacer en relación a ellos. Déjenlos solos. Déjenme solo. Déjenla sola. Déjenlo solo.

T.: Ahora intenta dirigir esta afirmación hacia tu madre.

GERALD: Moví la cabeza. La estoy negando o algo así, no sé. Como que estoy tratando de mover algo desde acá arriba hasta aquí abajo. Como si pudiera deshacerme de un bloqueo por aquí. Hay un bloqueo, y pensé que tal vez si pudiera mover la cabeza lo suficien-

---

[16] Temo que sea cual sea la instrucción que yo le sugiera, va a interferir con su experiencia. No quiero interrumpir lo que está haciendo. Por otra parte, temo que si no lo presiono en la dirección en que va, puede que se detenga. Así que me comprometo diciendo: "Ponle palabras a tu llanto, sin dejar de llorar". Quiero asegurarme de que no actúe como un "buen paciente" que pierda contacto con sus sentimientos para cumplir mis instrucciones.

temente fuerte, se desplazaría hacia abajo. Algo pasaría a través del bloqueo.

T.: Te ves molesto.

GERALD: Sí, lo estoy. Me siento desesperanzado en ese punto, así que con ese sentimiento de desesperanza, me sentí rechazado. Aléjate. Me haces sentir indefenso.

T.: Hace un momento te estabas expresando con tu cuerpo, y luego te dirigiste a tu madre. ¿Te puedes imaginar haciéndole esto a ella, físicamente y con estos sonidos no-verbales? Pero esta vez únelo con tus palabras. Di algo como "Déjame solo". Sólo que en lugar de simplemente decir las palabras, hazlo con los gestos de alejar; une las palabras con tu cuerpo.

GERALD: Estoy vivenciando una gran sequedad. Vivencio que me estoy poniendo un tanto intelectual, diciendo que eso es una emoción trivial. Vi a Carol hacer eso anoche. Me juzgo. Juzgo mi enjuiciamiento. Estoy tratando de dejarme llevar. También necesito humedad. Necesito aire. Simplemente para eliminar esta sequedad de mi garganta. Me percato que no quiero ver. Otra vez mis ojos están cerrados. Están muy apretados. Poco aliento. Mi brazo derecho... un tirón hacia atrás. Más sequedad. Más sequedad. No puedo tragarla. No puedo hacer una abertura lo suficientemente grande. La lengua no se extenderá lo suficiente como para hacer que la abertura en la parte posterior de mi garganta sea lo suficientemente grande.

T.: ¿Suficiente para qué?

GERALD: No lo sé.

T.: ¿Sientes que estás tragando algo? ¿Tuviste que tragarte algo?

GERALD: No, pero pienso como que tengo que hacerlo. Y no puedo hacer que la abertura sea lo suficientemente grande. Ahora ¿quién me está diciendo qué tragar y quién me está diciendo que tú tienes que tragártelo?

T.: Ahora entiendo un poco más el que tuvieras que atorarte. Quiero que vuelvas a este movimiento que estabas haciendo antes, la ira y el encerrarte, pero dirigiéndolo hacia tu madre.

GERALD: La sequedad está volviendo. Desapareció por un tiempo. Momentáneamente. Desapareció y ahora está de vuelta.

T.: Es la segunda vez que sugiero esto, y en ambas ocasiones, has generado síntomas[17].

---

[17] El ha estado refrenándose de dar este último paso y durante un momento esta sesión ha estado como detenida. Antes de que alguien pueda expresar objeciones, primero tiene que percatarse que son objeciones. Sólo ahora le mencioné esto, le

GERALD: Supongo que sé que yo estoy produciendo mis propios síntomas. Tú me estás contando algo acerca de cómo lo estoy haciendo. Y no quiero... y sin embargo, sí quiero porque estoy aquí. Ahora tengo algo en la boca. Es decir, la expresión que siento aquí, no estoy muy seguro qué significa eso. Mamá, si tú estuvieras aquí y yo te dijera, te hiciera, lo que hice, diría: "¡Mamá, deja de quejarte todo el tiempo! Deja de estar dolida. Tanto, tan fácilmente. Deja de tragarte tu orgullo, deja de tragarte al mundo, diciendo que es culpa tuya. Baja de la cruz. Deja de herir a los demás. Deja de estar tan malditamente llena de buenas intenciones. Deja de ahogarme. Deja de ser tan malditamente fuerte. Deja de succionarnos. Deja de ser tan fuerte. Incluso en tu debilidad, fuerte. Te conviertes en la dominadora de la familia. Puedes tener el centro del escenario incluso cuando estás sufriendo una catástrofe. Deja de estar tan preocupada por mi bienestar. Deja de exigir".

T.: ¿Qué es lo que sientes?

GERALD: Algo de alivio.

T.: ¿Cómo suenas?[18].

GERALD: Más suave que la ira. No creo que sintiera arrepentimiento. Fue más como... esto es gran parte de lo que me di cuenta... pasando las manos por la parte superior de la silla, así que supongo que estaba siendo el hombre educado, controlado. Explicando su punto, porque, si me estuviera dirigiendo a mi madre, diría: "Tú has sido herida lo suficiente. Pienso que tengo que decirte esto o alguna otra persona lo hará. No he sido capaz de llegar hasta ti. Y éste es un modo de darle vueltas a la cosa, tratando de traspasar por donde no he podido hasta ahora". Pero aquello era tranquilo, yo aún estaba tratando de ser lo suficientemente suave.

T.: ¿Podrías ser menos controlado y educado?[19]. Trata de repetir algunas cosas que dijiste, pero esta vez soltándote un poco más.

GERALD: Agregará dolor a más dolor y se me está volviendo a secar la garganta. No puedo tragar eso.

T.: Es sistemático.

---

mencioné su renuencia. Mi sensación es que haber hecho esto antes habría sido prematuro.

[18] Ahora le pregunto cómo se siente y suena, con la esperanza de que tomara conciencia de su control, lo cual se ha hecho más y más evidente en su lenguaje y ha disminuido la asertividad de su voz.

[19] Ahora la situación es diferente. Ya se ha dado cuenta de su control, así que ahora estoy autorizado para decirle: "¿Podrías ser menos controlado?". Le puedo pedir que modifique aquello de lo cual se percata bien que está haciendo.

GERALD: No puedo tragar eso, pero no quiero agregar más dolor al dolor.

T.: Simplemente estás hiriendo a tu propio mecanismo, lanzándote en contra de tus límites.

GERALD: Tal vez tengas razón. Siento como que necesito un gancho.

T.: Usa la frase repetitiva "No me ahogues", o alguna de las afirmaciones que ya hiciste. Y repítela, pero con gestos, con movimientos[20].

GERALD: ¡No me ahogues! ¡No sigas insistiendo en todas esas tácticas! ¡Para! ¡Para! ¡Para! ¡Para! ¡Para! ¿Qué sentido tiene hablarle a ella si no puedo llegar hasta ella? Quiero renunciar. Enterrar la cabeza entre los ojos. Descansar un momento. Tal vez dejar esto y volver a intentarlo en otra ocasión.

T.: Esto es lo mismo que estabas vivenciando antes con tu sueño y la lengua encerrada. Una especie de renunciar, de darse por vencido[21].

GERALD: Sí. Sentí como que quería dormir.

T.: ¿Te puedes retraer otra vez?

GERALD: Siento como que me están golpeando en esta postura. Tuve una imagen de flagelación en la espalda. Y quise salir. Pero no quise salir luchando. Ahora me percato que estoy diciendo: "Sáquenme. Alguien que me saque de aquí". Me doy cuenta que me estoy apoyando aquí, así que digo: "No quiero que hagas todo el trabajo, pero anda primero. Tal vez tú conozcas un modo de atravesar que yo no conozco, de eliminar el dolor". Hay algo de sequedad aquí. No me quise quedar ahí. Pero tú ves, estoy fuera.

T.: Tengo la impresión de que quieres llegar, no a tu madre, sino

---

[20] Le estoy sugiriendo que use la frase repetitiva como un gancho donde colgar el afecto no-verbal. Como ya sabemos, puede expresar sus sentimientos bastante bien en gestos y sonidos, y también puede ser verbalmente expresivo. Pero en ningún momento se ha estado expresando tanto verbal como no-verbalmente al mismo tiempo. Cuando usa palabras, como que apaga su espontaneidad física. Sus sí mismos que hablan y sienten no están unidos. Así que ya le estoy dando un conjunto de cosas entre las cuales puede escoger, pidiéndole que elija una afirmación y se quede con ella; lo cual no es como decirle que exprese *más*. No tiene nada que desarrollar. Su única tarea es la integración: haciendo ambas cosas a la vez, estando en contacto tanto con los elementos verbales como no-verbales de la pauta.

[21] Otro T.: En ese momento, yo lo hubiera hecho invertir los roles y que fuera su madre.

El quiere retraerse. Estoy más interesado en su retraimiento, el cual ha sido su síntoma desde el comienzo de la sesión.

que a ti mismo. No creo que haya una alternativa al hecho de aceptar[22].

GERALD: ¿Aceptar qué cosa?

T.: Esta sensación que transmites con tu cuerpo. De todo lo que has indicado, tu madre y tú están haciendo esto (lo demuestra): ahorcándose y apretándose, no creo que tengan ninguna otra reacción aparte de la agresión.

GERALD: Déjame ver si entendí lo que dijiste. Tú ves esto en mi mandíbula, mi rechinar los dientes, y que no acepto eso en mí mismo.

T.: Tú alternas entre retraerte y morder, y no te retiras. Estas son las dos alternativas. La primera vez que te retrajiste, terminaste con (demuestra la actitud de morder).

GERALD: Sí.

T.: Si sigues hasta el final con esto (gesto de la agresión de morder), terminas retrayéndote. No eres libre en este movimiento.

GERALD: Me veo como un péndulo sin un punto medio.

T.: Posiblemente tendrías un punto medio si tuvieras puntos extremos. Si pudieras llegar hasta el final de tu ira, pero, por ejemplo, cada vez que tienes el pensamiento de enojarte con tu madre, te vuelve la sequedad. Y te retraes.

GERALD: Sí.

T.: Así que aún veo que tienes que soltarte un poco más.

GERALD: Ahora estoy pensando que mi padre era un hombre violento.

T.: Tú no quieres parecerte a él.

GERALD: No en ese aspecto. Porque hacía cosas violentas con atizadores y escobas. Intelectualmente, puedo decir que sí, la agresión es distinta de la ira, y la ira es distinta de la violencia, pero no sé dónde podría tirar la línea. Pienso que apareció cuando me acerqué a ti y dije: "No quiero porque te haría daño, o algo así".

HOMBRE: Tú dijiste: "Si me golpeas, te pegaré de vuelta".

GERALD: ¿Eso es lo que dije? ¿Qué te dije, Claudio? Pensé que le dije a alguien, supongo que me lo dije a mí mismo: "No quiero agregar dolor al dolor", la afirmación general.

MUJER: "No quiero herirte más". Así que quieres decir que hay sólo dos alternativas —o te haces violento, loco como tu padre, o tienes que ahorcarte y dejar que te caigan las lágrimas. Esas son las únicas dos opciones.

---

[22] Encuentro mi afirmación muy oscura. Quiero salir, pero no quiero salir luchando.

HOMBRE: Yo estaría dispuesto a arriesgarme a un encuentro físico.

GERALD: Siento como que ahora tengo que ser estimulado. Tengo un asunto de cabeza rondando por aquí.

T.: Desconfío de tu miedo a herir. Siento que los límites que te estás poniendo dan...

GERALD: Me dan más fuerza de la que tengo.

T.: Para no herir, tienes que permitirte ser ahorcado.

GERALD: ¿Pero cómo sé eso?

T.: Experimentando. ¿Cómo es perder el control durante un momento? Descúbrelo. Si puedes sobrevivir a ello o no. O cuán terrible es. No sé cuál sea el caso. Lo único que estaba sugiriendo es que... si estarías dispuesto a entrar en una lucha física con él, cómo lo sentirías[23].

GERALD: Tendría que intentarlo. No sé cómo lo sentiría.

T.: ¿Sería una experiencia nueva para ti?

GERALD: No, he sido bastante peleador antes. Una vez traté de ahorcar a un tipo. Y lo que me divirtió es que... oye, se me acaba de ocurrir que lo que hice fue lanzarme contra su garganta. Y lo interesante es que una vez que perdí el control, sentí que él me podía traer de vuelta a la realidad. Habíamos establecido algún tipo de límites en forma no-verbal. Y luego él me dio algo. Me dijo: "Te ves hermoso cuando estás enojado". Así que no sé. Te tengo un poco de miedo. Creo que eres más grande que yo y más pesado.

HOMBRE: Sospecho que, probablemente, eres más fuerte que yo. Y no creo que eso sea importante. ¿Quieres empezar con una lucha libre? ¿Qué es lo que sientes?

GERALD: Cuando me preguntaste eso, mi sentimiento fue el de déjame golpear tus palmas para comenzar (ruido).

HOMBRE: ¡A mí no me vas a derribar!

GERALD: ¡Estás abajo! ¡Estás abajo!

HOMBRE: ¿Ah, sí?

GERALD: ¡Estás abajo! (jadeando) Sentí con gran intensidad que te diste por vencido cuando comencé a devolverte los golpes. ¿Te retuviste?

HOMBRE: Demostraste bastante fuerza mientras yo estaba sólo protegiéndome.

GERALD: Correcto.

---

23 Nota extraviada.

HOMBRE: Cuando empecé a luchar, sentí que la pelea se terminaba.

GERALD: Así que no tengo miedo de herirte. Tengo miedo de otra cosa. Tengo miedo de que me hieran a mí. Cuando me mantuviste abajo, en parte fue por agotamiento físico. Lo que me sorprendió fue que yo aún estaba mordiendo[24]. Y no tenía ninguna alternativa. Así que volví a tener la sensación de indefensión. Bueno, yo no sé ninguna otra estratagema de lucha libre.

HOMBRE: ¿Intentarías mantenerme abajo?

GERALD: ¿Intentar mantenerte abajo?

HOMBRE: Bueno, simplemente intentar sentir qué es tratar de mantenerme abajo. (Ruidos de lucha libre) ¡Asombroso! (risas).

GERALD: Me pregunto ¿qué significa la mordida?

HOMBRE: ¿La mordida? La sentí como un beso.

GERALD: Sí, claro. Pensé que antes era alguna otra cosa. Cuando te miré a la cara y empezaste a morder y a rugir, tú...

HOMBRE: Bueno, otra vez te digo que siento que tienes una gran fuerza que aún no has sido capaz de utilizar, que todavía no la he sentido dirigida contra mí. Mira, incluso cuando me mantenías abajo, yo estaba actuando como incapaz de levantarme. En realidad, todo lo que tuve que hacer fue darte vuelta. Tienes todo este desarrollo muscular que es simplemente tensión, un músculo tensado en contra de otro. Ahora mirándote, nunca sentí la verdadera fuerza que debieras tener, la utilización de ella.

GERALD: Estoy de acuerdo... Porque en cierto momento, me dio como un leve dolor de cabeza.

HOMBRE: Tú mismo te lo creaste.

GERALD: Claro. Y qué hago con todo esto ahora.

T.: ¿Dónde estás ahora?

GERALD: Vivenciando varias partes de mi cuerpo. Sintiendo el sudor que surge de mi frente, mis manos y mi pelo. La respiración en mi garganta que parece estar bastante abierta. Una discreta humedad en los labios. Como que me han quitado algo. Algo se ha soltado aquí. Trato de recuperar el aliento o lograr una velocidad distinta de respiración.

HOMBRE: ¿Podrías hacer un poco de lucha libre con los brazos? Sólo es un simple torneo de fuerza que no involucra ningún dolor.

GERALD: ¿Y qué crees que puede resultar de esto?

---

24 Nota extraviada.

T.: Te desconectaste inmediatamente cuando tú... bueno, la primera vez que te desconectaste fue cuando sentiste que estabas perdiendo. Todo este movimiento en contra y alejándose, todo tiene que ver con renunciar, darse por vencido. Desesperanza: ahora no sabes qué vas a ganar...

GERALD: Eso es bastante típico. Puedo empujar hasta cierto punto y luego abdico. No sé por qué no sigo luchando o no continúo con la pelea. Por eso sospecho que la posibilidad de herir podría tener algo que ver con ello. Suena como que estoy diciendo que ya he sido herido bastante. No quiero que me vuelvan a herir.

T.: De modo que podrías explorar esto con algo donde no te puedan herir.

GERALD: ¿Ahora o después?

HOMBRE: Ahora.

GERALD: Bueno. Tienes que darme órdenes, no te dejes vencer, cuando me esté dejando vencer (risas).

HOMBRE: Puede que yo tenga que darme órdenes al mismo tiempo.

GERALD: En este momento estoy empezando a sentir una sensación de fatiga.

HOMBRE: Bueno, ¿estás listo a perder? (ruidos de lucha cuerpo a cuerpo).

GRUPO: Ahí realmente lo hiciste. No le permitiste que se volviera a levantar.

GERALD: ¿Ven?, ahí está el problema, soy fuerte de verdad. (Risas). No voy a perder otra vez. Tengo más fuerza de la que cree el doctor. (Luchando de nuevo).

HOMBRE: Otra vez la misma cosa. No te dejaste vencer. Estás muy distinto de lo que estabas antes.

GERALD: Me siento bien. Me siento como un perro que lo han dejado salir a correr[25].

MUJER: Tengo una verdadera necesidad de concursar contigo sobre cuál de nosotros dos puede representar mejor el papel de desesperanzado. Yo puedo ser más desesperanzada que tú.

GERALD: Mira, no creo que sea necesario nada más para terminar esto.

25 Nota extraviada.

10
El "Modo Directo" vs. el Trabajar con Recuerdos, Fantasías y Anticipaciones

Como lo he dicho en el Capítulo 2, muchas veces el modo en terapia gestáltica es el de implantar el ideal terapéutico (de autenticidad y centrarse en el presente) y, en lugar de trabajar hacia su realización futura, presionar para provocar una actitud sana en el momento mediante la confrontación de "juegos" y evasiones. El modo hacia el ser genuino, el buscar ser genuino —"decidir ser 'derecho', dejar de lado las intelectualizaciones"—, es ser genuino en este instante. El camino hacia pararnos por nosotros mismos es hacernos responsables de nuestras acciones y omisiones presentes. El camino hacia la auto-regulación organísmica, deshaciéndose de la armadura de la personalidad condicionada, es este mismo momento.

Sin embargo, este enfoque, que he enfatizado en el Capítulo 2, es sólo la mitad de la terapia gestáltica. Podríamos llamarlo "el modo directo". En la práctica, muchas de las indicaciones del terapeuta apuntan en una dirección opuesta: él invita al paciente, no a ser genuino, sino que a exagerar su falsedad; o, en lugar de estimular su expresión espontánea, le podrá pedir que se identifique con su superego, o que represente algo y que ponga todo su empeño en producir una auto-crítica, haciéndose exigencias; o que se inhiba, se critique o se sabotee. O en lugar de instar al paciente a minimizar su actividad de computar y fantasear, bien le puede pedir que siga su inclinación a fantasear —en gran medida como en el ensueño dirigido de Desoille— o que predique o dé una charla. Hablando en términos más generales, el terapeuta le sugerirá al paciente que exagere y tome partido por su sicopatología, sus evitaciones, todas sus tendencias que entran en conflicto con el ideal terapéutico.

Esta actitud de tomar partido por los síntomas podría resumirse en la afirmación de William Blake: "Si los estúpidos persistieran en su estupidez, serían sabios". Perls a veces afirmaba que el principio involucrado en tal estrategia es de absoluta validez: uno jamás supera algo resistiéndolo. Sólo se puede superar algo entrando más profundamente en ello. Si se está resentido, tornarse más resentido. Si uno está representando, aumentar la representación. Sea lo que sea, si uno se mete lo suficientemente adentro de ello, entonces desaparecerá; será asimilado. Ninguna resistencia sirve. Hay que introducirse de lleno en ella —dejarse llevar por ella. Déjense llevar por el dolor, por la intranquilidad, sea lo que sea que esté ahí. Utilicen su resentimiento. Utilicen su ambiente. Utilicen todo lo que combaten y tratan de desposeer. De modo que ¡alardeen acerca de ello! Jáctense de lo buenos saboteadores que son. Si en la última guerra hubieran pertenecido a la resistencia, seguramente habrían llegado a ser héroes.

El principio podría considerarse semejante a aquel mediante el cual el luchador de judo o Tai Chi Chuan consigue vencer a su enemigo sin oponerse a él, sino que sólo enfrentando su fuerza o tirándolo más en la dirección de sus propios movimientos. Al igual que este último puede ser fuerte en su suavidad porque utiliza la fortaleza de su oponente en lugar de neutralizarla, el terapeuta gestáltico (o paciente) puede usar la energía encerrada en forma de síntomas o resistencias por medio de la mera estimulación de su expresión y/o guiando suavemente su curso, hasta que ocurre lo típico: una transmutación de la emocionalidad neurótica en una emocionalidad sana que tiene un carácter de exorcismo.

No estoy seguro de que "uno *jamás* puede superar *algo* resistiéndolo". Creo que gran parte de la terapia gestáltica se puede considerar como una situación de *entrenamiento* donde resistimos las tentaciones a evitar, fingir, calcular, etc., y en este proceso aprendemos a sentirnos cómodos sin las muletas que se han convertido en parte de nuestra "personalidad". En otras palabras, creo que somos capaces de resistir nuestros desvíos *en cierta medida* —y provechosamente. Cada grado de éxito en esta dirección instituye un revivir y una experiencia emocional correctiva. Sin embargo, el modo indirecto o circundante —la estrategia de ir *con* el síntoma en lugar de luchar contra él— entra en el punto donde hemos alcanzado nuestro límite personal. Pienso que los terapeutas gestálticos más efectivos saben esto implícitamente y alternan entre el modo directo y aquel modo alternativo u "opuesto" (opuesto a la práctica de la actitud sana en el sentido que involucra una rendición temporal a lo que parece ser opuesto a nosotros mismos). Por lo general, el terapeuta estimulará a la persona a confrontar el desafío del modo directo, considerará sus fracasos en esta tarea como claves y luego procederá a trabajar en estas claves mediante la amplificación, la explicitación, el desarrollo y la identificación. Pienso que gran parte de la efectividad de un terapeuta gestáltico yace en su capacidad para percibir el carácter neurótico, para tener una visión clara de las desviaciones del estado de auto-conciencia sano y espontáneo. Ayudado por su buen olfato para lo sospechoso, el terapeuta sugiere o dirige al paciente a convertirse en su opuesto —lo que parecía más alejado de sus rasgos sobredesarrollados. En la estrategia que invade la práctica gestáltica, el terapeuta está llevando al paciente a través de un proceso semejante a aquel mediante el cual un niño que está aprendiendo a sentarse en una silla, necesita descubrir que sólo puede sentarse dándole la espalda a la silla, y no moviéndose hacia ella.

Si bien esto es un descubrimiento que muchos hacen en cierto momento de una sesión típica, un espectador puede no compartir su introvisión: mientras el paciente descubre que su resentimiento era una forma diluida y desviada de agresión sana, por ejemplo, el observador podrá atemorizarse por lo que ve como una destructiva pérdida de control; lo que el paciente vivencia como una explosión gratificante y limpiadora de dolor, producida mediante la exageración del vacío, el observador no familiarizado con la Gestalt podrá temer que el terapeuta, urgiendo los síntomas del paciente, lo pueda llevar a un suicidio. La habilidad del terapeuta para conducir al paciente a un punto de cambio donde sus destructivas energías desheredadas se conviertan en *su propia* fortaleza purificada, dependerá en gran medida no sólo de la técnica, sino de su *conocimiento vivencial de que esto es posible,* y en el consiguiente sentido de *confianza* en las motivaciones constructivas cuyas manifestaciones sicológicas son una distorsión producida por una negación malsana y que puede curarse por sí misma en presencia del percatarse. Tal confianza le permitirá seguir un curso determinado de acción hasta un grado efectivo, a pesar del caos, la ira o la pérdida de control del paciente —y también será importante para crear en el paciente la suficiente confianza que le permita soltarse.

El hecho de que tanto el modo directo como el modo opuesto tengan validez o efectividad, le presenta al terapeuta una opción en casi todos los pasos de una sesión. Si el paciente no está siendo directo, le podemos pedir que lo sea o que exagere su no ser directo; si está evitando el contacto, le podemos pedir que deje de evitarlo, o como alternativa, que exagere su evitación. Aquí hay un ejemplo de una sesión mía con Jim Simkin:

> Estoy mirando la alfombra. Ahora miro el techo. Ahora estoy mirando un punto directamente encima de tu cabeza. Y ahora los pies. Estoy empezando a sentirme relajado. Vuelvo a mirar la alfombra: Es muy bonita, el sol se refleja en ella. Escucho un pájaro afuera. Veo la puerta. Estoy mirando entre ustedes dos. Veo la forma del espacio entre sus cabezas y cuellos. Estoy disfrutando mucho esto —¡me siento tan libre por no tener que mirarlos! Toda la vida me he sentido culpable de retraerme y ahora me estoy dando permiso para retraerme bajo la mirada de todos ustedes. ¡Y me siento tan afectuoso hacia todos ustedes por permitirme tener esta libertad! Aún no los quiero mirar, y sin embargo, ¡ya los estoy empezando a querer!

Una instancia del modo indirecto que no ha sido indicada y que, sin embargo, supongo que muchos la perciben implícitamente, es lo que yo llamo la "estrategia de la irresponsabilidad". Si bien el objetivo de la terapia gestáltica es llevar al paciente a un punto donde él pueda "pararse detrás" de sus acciones y sentimientos en lugar de desposeerlos, hay momentos en el proceso que podemos entender como un truco mediante el cual el terapeuta apoya transitoriamente la ilusión del paciente de irresponsabilidad o la estimula. Pienso que esta idea se puede entender mejor si primero consideramos no la instancia de la terapia gestáltica, sino que aquella de la hipnoterapia. En el trance hipnótico profundo, el terapeuta habitualmente (aunque de manera implícita) invita al paciente a actuar sobre la suposición: "Este no soy yo". "Cualquier cosa que yo diga o haga no será más mi responsabilidad, y por lo tanto, no soy responsable de ello. De ahora en adelante estaré en 'trance' y surgirá mi inconsciente, no yo. No sé y no sabré lo que siento o expreso mientras esté dormido. El terapeuta y yo sabemos que todo eso será mi alter ego —no yo mismo. No me culpará por los procesos que están más allá de mi conocimiento y control". La consecuencia de esta actitud es que, en la condición hipnótica, la persona puede recordar eventos demasiado dolorosos para que "ella" los traiga a la conciencia, expresar sentimientos que "ella" no tendría el valor de expresar, percibir las cosas de un modo en que "ella" no estaba preparada a hacerlo, por temor de que "sus" puntos de vista actuales tal vez tuvieran que cambiar. Sin embargo, una vez que ha vivenciado todo esto, frecuentemente descubre que todos estos sentimientos, visiones, recuerdos, etc., que consideraba intolerables o insoportables, son algo que fácilmente puede enfrentar. El estado de trance ha tenido la función de un ensayo antes de una confrontación responsable, o un telón sobre el cual proyectar ciertas experiencias antes de reconocerlas plenamente o rechazarlas una vez más. Mediante la discriminación, el paciente finalmente logra la integración. Por medio de la ilusión de irresponsabilidad, se ha tornado más capaz de aceptar su realidad y hacerse responsable de sí mismo.

Lo que es cierto con respecto al estado hipnótico, también es cierto con respecto a las proyecciones y la identificación proyectiva deliberada involucradas en la dramatización de la conducta expresiva. Sospecho que incluso la intensidad de parte de la conducta explosiva que se produce cuando los pacientes en terapia gestáltica están actuando sus conflictos, puede derivar del hecho de que han entrado en un trance hipnótico moderado donde abandonan temporalmente el usual centro de gravedad sicológico, su rol habitual y el correspondiente control.

Una instancia donde el terapeuta protege la seguridad sicológica del paciente estimulando su proyección, es aquella en que le pide al paciente que complete en fantasía un sueño inconcluso.

Cuando un terapeuta hace esto, se está basando en el hecho de que el individuo, en su estado de vigilia, también es capaz de "soñar" aquello que en un sueño verdadero —debido al sentido de realidad de los sueños— le era insoportable. El paciente sabe eso en cualquier momento a lo largo de su fantasía: "Esto es sólo una fantasía", y al igual que el espectador de una obra de teatro que sabe cuál es su lugar en el auditorio, es capaz de percibir y apreciar más que si estuviera totalmente involucrado. Sin embargo, una vez que se ha completado la fantasía, el terapeuta lo sacará del rol de espectador de modo que ahora pueda realmente vivenciar la acción (fundamentalmente a través de la actuación) como suya propia.

Lo mismo se puede decir de las proyecciones interpersonales. Al pedirle a una persona que comparta su percepción de los demás y los sentimientos que imagina que los otros tienen hacia ella, puede que, en cierta medida, le esté dando forma a aspectos de sí misma proyectados en otros. Mientras se le induce a hablar de "ellos", en realidad hablará de "yo", y la riqueza sicológica de sus afirmaciones acerca de sí misma pueden ser proporcionales a su falta de conciencia de que está haciendo esto. Sin embargo, una vez que ha descrito a los "otros", ha dado el primer paso para descubrir que su descripción es una parte de ella misma.

Otro ejemplo es la expresión no-verbal. Una persona podrá decir en movimientos, melodía o jerigonza, algo que no dice en el discurso habitual, precisamente porque no sabe muy bien qué está diciendo. El mecanismo de censura en nosotros está bien desarrollado con respecto a aquello que podemos conceptualizar y rotular, pero nuestra expresión física fluye más rápidamente que nuestro percatarnos de qué estamos transmitiendo. Sin embargo, luego que se ha completado una acción, el significado —parte del alter ego de la persona— puede traerse al campo de la conciencia y el individuo puede asumir la responsabilidad por lo que hasta ahora sólo se permitía expresar como un "no-sí mismo" o bajo la apariencia de un sin sentido.

Pienso que la petición de explicación antes de una total identificación con una acción o parte del cuerpo, es un paso importante precisamente porque un individuo puede ser más locuaz y fluido antes de percatarse de la importancia total de lo que está diciendo:

T.: ¿Qué le diría tu mano izquierda a la derecha si pudiera hablar?

P.: Te estoy acariciando, te estoy reconfortando...

T.: ¿Y qué responde tu mano derecha?

P.: Me gusta que me reconforten. Por favor, continúa. Me sentiría muy sola sin ti.

T.: Ahora coloca a Betty en esa silla y dile lo mismo.

P.: Me gusta que me reconforten. Me sentiría muy sola sin ti, Betty. (Sollozos) Debo ser agradable conmigo misma de modo de poder olvidar que nadie más me quiere.

Lo que el terapeuta hace en instancias como la de arriba, es seguir la alienación original de la persona desde su acto, de modo que "su mano" parezca estar haciendo algo por sí misma, no ella.

Tal vez la instancia más clara de la irresponsabilidad como una técnica en terapia gestáltica, ha de verse en algunas situaciones de actuación. Al actuar, el individuo se vivencia como "meramente" representando un rol, está "simplemente actuando", y es precisamente esto lo que le da el sentido de libertad que puede necesitar para expresar ciertos sentimientos. Sin embargo, en el proceso de expresarlos, descubre que estos sentimientos son suyos.

T.: Expresa tu ira hacia nosotros.

P.: Eso sólo sería artificial. No tengo rabia contra nadie aquí.

T.: Simplemente finge que estás enojado.

P.: Bueno, fingiré. Te odio, Mark, te has estado interponiendo en mi camino toda la semana. No me gusta la forma en que compites conmigo y me molesta que trates de seducir a Linda. Ya no soy más tu amigo desde entonces. ¡Y no estoy fingiendo! ¡Esto lo digo de verdad!

Debido a la naturaleza dual de la situación de representación-actuación —que es, al mismo tiempo, un fingimiento deliberado y un acto de expresión—, las palabras con que se introduce la tarea pueden ser muy importantes. A veces, con la intención de traspasar las defensas del individuo, el terapeuta puede subrayar el carácter "como si" de la tarea a la mano y posponer el trabajo de asimilación. Perls frecuentemente utilizaba para esto la expresión "sé falso" o "exagéralo".

Paralela a las estrategias alternativas de promover la responsabilidad o irresponsabilidad temporal, o a aquellas de ser directo vs. indirecto, está abierta la alternativa al terapeuta entre el principio de actualidad o la opción de tratar con fantasías, la opción de atender al presente (que se vivencia directamente) o a los recuerdos, fantasías y anticipaciones.

De lo que he dicho acerca del centrarse en el presente en terapia gestáltica, parecería que la única respuesta técnica a la producción de recuerdos o planes del paciente fuera trayéndolo de vuelta a su experiencia presente. Esto no es así, en cada desviación del ideal, la teoría gestáltica se caracteriza, igualmente, por la regla de oro que percibe como el objetivo de la vida y por su enfática inversión de ella. Donde quiera que el terapeuta opte por "ir con los cambios de foco del paciente al pasado o al futuro", él parece estar implementando una estrategia de: "Cuando recuerdes, recuerda de todo corazón, dejándote absorber por los *recuerdos*, la experiencia de tus sueños; cuando ensayes, ensaya plenamente, aun cuando signifique sufrir la perspectiva de tus expectativas catastróficas".

Dada la importancia de las teorías y anticipaciones en sicoterapia, destinaré las dos secciones siguientes de este capítulo a los asuntos específicos que tratan con el pasado y el futuro.

Retornando al Pasado

Nuestros recuerdos son *del* pasado, pero no están *en* el pasado. El recordar es una actividad donde nos involucramos ahora, y uno podrá estar motivado en forma diferente según la ocasión. Puede que nos aferremos a un recuerdo por comodidad o cultivemos una imagen infantil de nosotros mismos (y las correspondientes actitudes infantiles) por miedo a enfrentar el mundo en otros términos. Puede que retornemos al pasado una y otra vez, deseando alterar o completar una situación que permanecía inconclusa. Puede que estemos comprometidos en la comprensión de nuestro pasado porque nos adherimos a la fe sicoanalítica que nos dice que tal actividad cambiará nuestro presente.

El terapeuta gestáltico a menudo tiene la opción de invitar al paciente a profundizar su contacto con sus recuerdos o invitarlo a que abandone el pasado. A veces hará ambas cosas: dejarse llevar por la inclinación espontánea del paciente a permanecer en la reminiscencia, y una vez que se ha satisfecho plenamente esta tendencia en él (como no ocurre con frecuencia en el recuerdo habitual), le pedirá que deje atrás su pasado.

Como en el caso de los sueños y las fantasías del futuro, el enfoque gestáltico del pasado se hace mediante lo que yo he propuesto llamar presentificación[1]. Por medio de la actuación, el paciente se coloca una vez más en una situación cuyo significado lo persigue, y trata con ello como si fuera el presente. El terapeuta puede ayudarlo a ser abierto y consciente con respecto a esta situación imaginaria, tal como lo hace cuando el paciente está abocado a la situación real del momento.

La actuación de eventos del pasado no es algo nuevo en sicoterapia. El revivir es espontáneo en el estado de sueños y a veces en la hipnosis, y se podría considerar como un intento instintivo de restauración sicológica. El revivir deliberadamente situaciones que nos evocan la niñez o eventos traumáticos de la vida adulta, es lo que se intenta en la hipnoterapia, en las técnicas narcohipnóticas y en conjunción con otras drogas facilitadoras, tales como anfetaminas, barbituratos, MDA y los alucinógenos. En sicoterapia, aparte de los estados hipnóticos o los inducidos farmacológicamente, cada experiencia catártica relacionada con la comunicación de eventos pasados involucra algún grado de revivir —e incluso podríamos decir que, en cierta medida, todos los recuerdos lo hacen.

En el sicoanálisis, a pesar de la inevitable observación de que el efecto terapéutico o el recordar corre paralelo al grado de evocación

[1] Me agradó que Fritz adoptara el término de mi trabajo conmemorativo.

afectiva y que esto a su vez es concomitante al grado de revivir (es decir, participación) en oposición a recordar, se olvidó un paso práctico obvio hacia la maximización del efecto; el de la dramatización como un medio de apoyo al percatarse de los sentimientos: el revivir deliberadamente, mediante la representación de roles, episodios del pasado.

Fritz se vio influenciado con respecto a esto no sólo por su experiencia en el teatro y su percepción del trabajo de Moreno, sino que por la técnica básica de la Dianética de Ron Hubbard (como queda claro en su prefacio al informe del Dr. Winter sobre Dianética). Como se describe en el libro de Hubbard, su técnica de "retornar" es una práctica que involucra un recurso equivalente a un entrenamiento de una evocación sensorial y afectiva en contraste con el recuerdo meramente intelectual y abstracto. "Ser" nuevamente un niño, en tal o cual situación del pasado, y decirle a papito lo que no se le dijo en la realidad, puede ser impresionantemente más efectivo que la pura descripción y reflexión sobre el acontecimiento recordado.

Sin embargo, la terapia gestáltica le agrega a la técnica de recordar dos elementos nuevos: la técnica de identificación con otros significativos del pasado y el énfasis en los aspectos motores de la actuación, más allá de la mera identificación subjetiva.

La razón fundamental para actuar las partes de otros, es que los "otros", tanto en la "realidad" como en los sueños, son considerados, en cierta medida, nuestras propias proyecciones. Esto es más cierto en el caso de nuestros recuerdos infantiles e imágenes parentales —como lo ha puesto en evidencia ampliamente la literatura sicoanalítica.

La importancia del hecho de, literalmente, traspasar los movimientos de la escena recordada, se puede entender en términos de la estrecha relación que existe entre la acción y el efecto, y también en términos del principio de completar acciones, un principio que el recuerdo abstracto satisface sólo parcialmente.

Sin embargo, tan importante como los dos puntos técnicos anteriores, es un asunto de estrategia: ¿cuándo invita el terapeuta al paciente a permanecer en el pasado en lugar del presente?

La respuesta se puede expresar de esta forma, entre otras: cuando él ve que el pasado del paciente está en su presente y que las imágenes del pasado fluyen orgánicamente desde el desenvolvimiento de la experiencia presente del paciente. Cuando una paciente se siente avergonzada por haber dicho "algo equivocado", tal como se solía sentir cuando su hermana mayor la ridiculizaba, por ejemplo, podemos decir en un sentido muy real que la paciente está llevando consigo a su hermana ridiculizadora como un cuerpo extraño dentro de su siquis —un introyecto. Si esto es así, no hay ninguna necesidad de embarcarse en un safari de recuerdos infantiles. Prestándole atención a las experiencias y preocupaciones actuales de la persona, todo el pasado que vive en el presente se hará explícito como tal en forma natural. Con respecto a esto, el pasado significativo puede ser tratado como se trata un sueño. Un sueño es altamente significativo en virtud de su ser natural. La actividad del soñador constituye una selección de lo que es significativo entre los residuos de experiencia, precisamente porque "él" no está "seleccionando". De la misma manera, las reminiscencias más significativas no ocurren cuando una persona se dispone a recordar, sino cuando sus recuerdos surgen sorpresivamente, sin invitación.

Yo fui testigo del surgimiento significativo de una experiencia pasada en una sesión con una mujer cuyo interés en la terapia era de que posiblemente le permitiría dejar de lastimarse los dedos. Impresionado por el auto-reproche implícito en esta preocupación suya, le pedí que se increpara y verbalizara sus objeciones al hecho de lastimarse los dedos.

"No es maduro", dijo. "No es bonito. A los demás no les gusta. Es tonto. Uno debería poder controlar sus acciones. Es como la masturbación".

Al cambiar al rol de su propio mandado, ella respondió: "Quiero hacerlo. Son mis dedos y estoy aburrida. Me aburro cuando estoy en reuniones o cuando cocino, y entonces me gusta lastimarme los dedos". Luego explicó que antes de lastimarse los dedos, solía mordérselos.

Pensé que la amplificación podría revelar más de la experiencia involucrada en el síntoma, y le pedí que extendiera la acción a toda la mano. A partir del lastimarse los dedos, gradualmente fue cambiando a darse masajes en los dedos y la mano, pero sintió que esto era menos, y no más, satisfactorio. Lo mejor era tironearse las puntas de los dedos, que eran más sensibles. Y luego vino un eureka: "¡Quiero sentir!".

Su lastimarse los dedos y su lucha contra ello habían sido el campo de batalla para su deseo de placer egoísta y el deber de agradar a los demás.

Como una forma de conseguir que tomara partido por aquello que percibía como egoísmo, le pedí que hiciera una ronda y actuara de manera egoísta hacia las demás personas del grupo. Lo hizo, y pidió cosas: ropa bonita, regalos, viajes. Luego se dio cuenta que estaba pidiendo símbolos de amor en lugar de contacto directo. No había tocado ni había pedido ser tocada.

Su padre no la había abrazado ni tocado. Sólo le proporcionaba ropa, educación. Ahora le habló a su padre como si fuera una niñita. Cuando lo hizo, expresó una frustración que había estado reteniendo durante toda su vida, y lloró. El padre se sentía impotente, pero ella terminó la sesión más en contacto con un deseo básico suyo. Más deseo y menos culpa y crítica destructiva.

Otro aspecto del manejo gestáltico-terapéutico del pasado es la *variación*. La mera reactuación puede ser suficiente para el objetivo de llegar a un acuerdo con el pasado (o con el presente como simbolizado en el pasado y tal vez estructurado ahí), pero a veces el individuo espontáneamente siente la necesidad de revivir algo con ciertas modificaciones, "reescribir" el pasado o expresar algo que había dejado sin expresar. Nuevamente, esto es parte del proceso natural de soñar, así como también del fenómeno de recuerdos en un telón. Estos se pueden considerar como actos expresivos mediante los cuales el individuo sc asegura una libertad de la cual carece, y al igual que el luchador que siente su fuerza cuando golpea un punching-ball, se verifica a sí mismo sus recursos en el medio de la acción simbólica. El terapeuta gestáltico estimula estos actos de completud, reconociendo su valor curativo natural.

La siguiente serie de sesiones que intentaré reconstruir luego de alrededor dos años, no sólo ilustra el trabajo más centrado en el pasado y en las fantasías catastróficas que en el presente, sino que es una de mis experiencias más dramáticas como sicoterapeuta. El punto de partida para este tormentoso proceso terapéutico que se desarrolló desde cierto punto en adelante en forma espontánea, fue el revivir el pasado, a pesar de que aquí el revivir fantasías fue más significativo que el revivir acciones. La esencia de los eventos descritos más abajo puede ser entendida como una *completud* del pasado. La paciente, al desarrollar, luego de muchos años, la expresión de lo que reprimió en su conducta siendo niña, sus fantasías expresadas, encontró aquella parte suya que había alienado de su propia vida.

La paciente —una sicoterapeuta de mediana edad—, expuesta durante años al sicoanálisis, estaba asistiendo al taller sobre terapia gestáltica, de una semana de duración, en Esalen, por interés profesional. Parecía ser más madura y mejor adaptada que la mayoría de los otros veinte participantes.

Su sesión individual comenzó con un sueño. Sólo recuerdo que la acción transcurría en un lugar árido, seco, y que las otras personas que había en este lugar también fueron descritas por ella como "secas". Toda la escena estaba invadida por una intensa sensación de escasez.

Le pedí que se convirtiera en la tierra árida que había descrito, y al hacerlo, se contactó muy profundamente con un sentimiento de deprivación e intensa sequedad, que ahora incluso sentía físicamente en la cara y la boca. Luego le pedí que vivenciara, aún como tierra seca, la lluvia cayendo sobre ella.

Para el observador, ahora parecía como si la lluvia le empezara a brotar de los ojos, a medida que ella sentía la sequedad disolviéndose en humedad y las aguas saciando una sed centenaria. Se tornó más y más extática a medida que emergía y se identificaba con aquellas abundantes aguas corrientes de vida. Esta fue una experiencia distinta de cualquier otra cosa que ella hubiera conocido antes. La inmensa "sequedad" y la "aguidad" con que se contactó dentro de ella misma, fueron aspectos evidentes por sí mismos de esa experiencia suya de la que jamás se había percatado antes en tal medida, a pesar de años de auto-examen y auto-interpretación (y el mejor de los analistas). Ahora, ella meramente los vivenciaba y no se sentía muy inclinada a especular sobre ellos.

En otra sesión surgió nuevamente el tema de la sequedad, el que la llevó al recuerdo de una sensación de la niñez: la soledad que solía sentir en la noche, acostada, en una habitación que estaba lejos de la de su madre. Reviviendo estos momentos, descubrió una desesperación que había olvidado. Su madre tenía dificultad para caminar y ella de niña había aprendido muy pronto a ser considerada y no llamarla a su habitación de noche. Permanecía despierta durante horas, a veces aterrorizada en la oscuridad, y aun así no pedía ayuda, de modo de no molestar a su pobre madre. ¿Qué la aterrorizaba tanto? Al revivir su terror, ahora lo recordó: el fuego. El pensamiento de que tal vez se iniciara un incendio de noche y la madre, incapaz de caminar, no pudiera escapar.

Le pedí que fuera el fuego y quemara la casa. Su identificación con el fuego, que pudo haber comenzado como una representación-actuación deliberada, pronto tomó las características de una posesión en trance. Ella era el fuego, y sin embargo, no plenamente así. Al mismo tiempo, aún era la víctima del fuego, todavía con pánico de dejarse llevar, asustada tanto de quemarse como de rendirse a ser quemada. Chillaba aterrorizada y sentía físicamente intensas olas de calor.

Esta era la última hora del último día de aquel taller. La violenta y sorprendente experiencia fue nuevamente diferente de todo cuanto recordaba haber vivenciado, y sintió una fuerte necesidad de continuarla. Acordamos hacer una sesión individual al día siguiente, después del taller. Esta sesión, que tendría que haber durado una hora, duró seis horas. Volvimos al incendio. En el fuego estaba su ira, su frustración hacia su madre y una calidad vengativa que posiblemente no podía tolerar en sí misma, pero que había retroflectado en esta ira, tanto en la fantasía de la niñez como en el revivirla, y en lugar de imaginar el incendio quemando la habitación de su madre, ella temía que quemara la suya propia. Se sintió victimada, abandonada. Ahora fue ella quien se convirtió (como su madre) en una persona paralítica e indefensa. Al estar en contacto con su temor, ahora vivió otra fantasía que se hizo presente durante estas mismas noches: una temible serpiente escondida en un rincón de su habitación.

Nuevamente, ante este agresor, le pedí que se convirtiera en él: "Sé la serpiente. ¿Qué es lo que quiere la serpiente?".

La serpiente quería arrastrarse hasta la habitación de su madre, así es que ella (es decir, la paciente) hizo esto en fantasía, identificándose con el animal. La madre tenía miedo, no deseaba que estuviera ahí. La serpiente insistía —quería acercarse. No —no quería hacerle daño—, sólo deseaba estar con ella, tocarla; pero la madre no entendía y seguía rechazándola. Para la madre, ella era una criatura horrible.

A instancias mías, ella resistió su propio desagrado y temor, y consiguió actuar la fantasía de tocar a la madre. Se enrolló en torno a ella. Esto no fue tan atemorizante para la madre como ella lo había imaginado, pero aún se sentía incómoda.

La serpiente quería más; quería estar dentro de su cuerpo. Se sentiría cómoda y tibia dentro de su útero —no quería hacerle ningún daño a la madre. Pero la madre aún no entendía y le dio pánico.

Luego de permanecer durante largo rato en este impasse, ella (como una serpiente) finalmente entró en el cuerpo de su madre. No a través de la vagina, sino a través de su ano, el que en su imaginación tomó el carácter de una rosa. Ahora, al cambiarse al rol de su madre, tenía una serpiente en la barriga. Y ésta no era una situación estable. No quería que estuviera ahí. Y también la serpiente quería moverse.

Las horas que siguieron estuvieron llenas por los eventos relacionados con un ascenso gradual de la serpiente a lo largo de su cuerpo a medida que estaba ahí tendido en un diván. Fueron horas dramáticas en que los movimientos de la serpiente fueron percibidos por la paciente como un asunto de vida o muerte. El proceso no podía dejarse inconcluso. A estas alturas, fuera lo que fuera que "significara" esta extraña fantasía, ella no lo sabía ni le importaba, pero sabía que éste era un proceso importante de continuar. Todo era muy lento debido a su terror, el que por momentos se tornaba tan intenso que la hacía gritar. La mayor parte del tiempo, la sensación de tener una serpiente dentro de su cuerpo fue una verdadera alucinación somática, a pesar de que se percataba de la realidad ordinaria y, al mismo tiempo, podía mantener comunicación en ella. El paso más difícil para la serpiente —que, a estas alturas, se había convertido en una cobra— fue llegar hasta su corazón. Tenía tanto miedo de morir que tal vez transcurrió más de una hora en la transición de la serpiente desde la boca de su estómago hasta su pecho. Luego el cuello también fue difícil. Sin embargo, la cabeza de la serpiente finalmente emergió desde su frente. A estas alturas, era una reina de las serpientes y la paciente ahora sentía una sensación de completud.

¿Cuál era la relación de todo esto con los objetivos de la sicoterapia? ¿De qué le serviría esta "fantasía" a la paciente? ¿Sería que, en cierto sentido, era más que una fantasía? Ella no pudo decir cuál era el valor de la experiencia, pero no dudaba que fuera grande. Dijo que estas horas le habían mostrado otro aspecto de la realidad; un aspecto de la vida que ella sólo vagamente sabía que existía, a partir de insinuaciones durante su vida temprana que únicamente ahora podía recordar.

Después de la sesión, regresó de Berkeley a Nueva York, esperando que la vida prosiguiera su curso normal. Sin embargo, después de una semana me telefoneó: podía vivir como siempre, realizando sus actividades habituales, trabajando como sicoterapeuta, pero sólo a expensas de suprimir e impedir el desarrollo de experiencias que sentía que eran importantes. Si se abría a ellas, sentía que esto significaría sicosis: una condición de intenso sentimiento que se relaciona con el desenvolvimiento de fantasías que nadie entendería y el deseo de retraerse del ambiente para así prestarle su atención no dividida al proceso que estaba golpeando a la puerta de su mente.

Después de deliberar un poco, optó por dejar su trabajo y su familia durante un tiempo para ver la completud de este proceso.

Se mudó a una habitación en Berkeley, no muy lejos de mi casa, y durante más o menos tres meses se rindió ante una condición verdaderamente incompatible con la vida común. Vivía con una constante alucinación de una o dos serpientes en su cuerpo, apenas podía dormir de noche sumida en el terror a las serpientes que reptaban por su habitación. Yo la veía periódicamente y confiaba que, tomara el tiempo que tomara, sería una persona completa cuando pudiera aceptar su propia "serpientidad" en lugar de temer a ella. El proceso fue lento y a veces parecía ser un impasse interminable. Ella no renunció a las serpientes mandándolas a dormir al mundo subterráneo donde habían estado durante años, antes de su sesión gestáltica. En las serpientes estaba su vitalidad, su fuerza. Y sin embargo, cuando ella estimulaba la aparición de su imagen, era más de lo que podía tolerar e incluso a veces se escapaba físicamente.

Fue un proceso lento, pero con un final. Gradualmente aprendió a vivir entre las serpientes y, mientras esto ocurría, se convirtió en más mujer de lo que había sido. Mientras llegó a un acuerdo con las imágenes, la realidad que estaba siendo expresada en éstas cobró vida en ella como su propio fundamento instintivo, su espontaneidad, sus deseos y gustos, sus energías y asertividad, su propia identidad —que durante años ella había confundido con su rol.

El proceso terminó cuando un día sintió que la serpiente volvió a sacar la cabeza por el medio de su frente; pero esta vez la reina no era la serpiente, sino ella.

Explorando lo Futuro y lo Posible

Cuando un paciente viene a sicoterapia, frecuentemente trae consigo un "problema": una dificultad para relacionarse con un miembro de su familia o un superior, una elección que no está preparado para hacer o una característica sicológica suya que le gustaría superar —por ejemplo, una tendencia a disminuirse ante los demás, una ira excesiva, una iniciativa lenta, y así sucesivamente.

En rigor, cualquiera de estos problemas pertenece al pasado o al futuro imaginado. Si el terapeuta opta por quedarse estrictamente en el presente, se puede descubrir que tales asuntos están reflejados ahí o no.

Por lo tanto, cada vez que un paciente está preocupado por un asunto específico que le ha ocasionado problemas en el pasado y anticipa que puede continuar causándole problemas en situaciones futuras semejantes, el terapeuta tiene la opción de dos caminos a seguir:

1. Insistir en la toma de conciencia de la situación en curso, confiando en que si el paciente es capaz de estar libre, vivo y entero aquí y ahora, también será capaz de estar en la mejor de las condiciones en cualquier otra situación que tuviera que enfrentar.

2. Traer el futuro problemático al presente y explorarlo por medio de la actuación.

Las posibles ventajas de este último enfoque son que: (A) Actuando sobre la clave del paciente (es decir, el asunto que lo está preocupando), el terapeuta tiene menos posibilidades de errar en un asunto sustancial. (B) La conciencia del paciente de que, trabajando en un asunto que le concierne, puede influenciar favorablemente su motivación durante la transacción terapéutica.

El representar en actuación el futuro significa actuar una fantasía. Por esta razón, el trabajar en las expectativas o imaginaciones de lo que va a ocurrir, puede ser considerado como semejante a trabajar en los sueños. La diferencia es que aquellas fantasías que denominamos sueños, las vivenciamos como "mera fantasía" —mientras que aquellas que constituyen nuestra imaginación del futuro, las tomamos y tratamos como "realidad".

La siguiente sección la he llamado "ahí y entonces" debido al grado en que mis indicaciones y la experiencia del paciente durante su curso, se refieren a la imaginación del futuro del paciente. Pienso que puede servir para ilustrar cómo el trabajo que equivale a un ensayo explícito del futuro puede entreverarse con los otros recursos de la terapia gestáltica: rondas, repetición, exageración y toma de conciencia del presente. Pienso que la sesión fue bastante exitosa en términos de resultados, pues eventualmente, el paciente dio en la vida real el paso que su experiencia de la sesión anticipó.

11
Ahí y Entonces (Len)

LEN: Lo que me gustaría ver y trabajar es una cosa muy importante para mí que he conseguido —que he suprimido durante, más o menos, las últimas siete semanas en los grupos de encuentro donde he estado. No lo saqué a relucir en los grupos de encuentro y tampoco sabía si lo iba a hacer aquí, porque es una cosa tan personal que puede que aburra a la gente y todo eso. Pero, por otra parte, esto es tan importante para mí, que quería verlo y tratar de obtener alguna introvisión o sensación sobre qué es lo que voy a hacer con esta cosa que sigue surgiendo: la necesidad de tener que hacer una elección, digamos, en el próximo año o por ahí.

T.: En Gestalt, una de las formas como tratamos el conflicto es dándole voz a cada uno de los sub-sí mismos conflictivos. Así que ahora imagina que quieres dejar la Orden. *(Obviamente, él me había contado su dilema, ya que no le pedí la descripción de ello en el grupo).* Habla *exclusivamente* desde ese punto de vista. Háblanos a nosotros o a ti mismo lo que sea.

LEN: Este sentimiento de querer abandonar, que tengo ahora, es como una marea que viene cada cierto tiempo, y me siento más y más empujado en esa dirección. Siento que quiero ir en esa dirección. Mi estilo de vida es distinto del de la mayoría de las personas y quiero que sea así. Me critican por la forma en que vivo, que no es la convencional o la típica. Muchas veces me pregunto por qué tendría que quedarme. Desde luego que no puedo dar demasiadas buenas razones, y las razones por las cuales debiera irme son que podría ser más libre para hacer el tipo de trabajo que quiero hacer.

T.: Ahora da argumentos en favor del hecho de irte. Simplemente di: "Quiero irme, lo quiero".

LEN: Quiero *vivir*. Quiero hacer el tipo de cosas que me gusta hacer. Estoy molesto e irritado por muchas de las cosas que están ocurriendo dentro de la Orden. Siento un (pausa).

T.: ¿Qué pasó justo ahí?

LEN: Estaba empezando a irme al otro lado y decir: "Sí, pero, por otra parte".

T.: En cuanto dices: "Estoy molesto por ciertas cosas", te tienes que ir al otro lado. ¿Podrías ponerle más énfasis a tu ira?

LEN: Sí. La ira es casi, es la cosa en que me meto, con querer irme más y más, y cada vez que me irrito por algo que pasa, los "poderes que son" como que me refuerzan a... como que me mantienen ahí un tiempo más, en un tipo de forma verdaderamente sutil. Me irrito con ellos y les diré que estoy realmente enojado con...[1].

T.: Irrítate con ellos ahora.

LEN: Ustedes no parecen apreciar o ni siquiera parecen ser capaces de vivir a un nivel interpersonal profundo con otras personas —que es lo que yo quiero hacer y tengo que hacer. Y cada vez que traigo esto a colación, ustedes dicen: "Bueno, todo el mundo no lo puede hacer, y por lo tanto, no corresponde". Y luego yo digo: "Bueno, váyanse al diablo". Y justo cuando digo eso, ustedes se apresuran a decir: "¿Estarías en este comité para ayudarnos a cambiar?", y entonces como que me vuelven a convencer. Y eso ha ocurrido tres o cuatro veces en los últimos dos meses, cuando justo les disparo. Acaban de reunirse en un gran capítulo para los cambios, y estuve sentado ahí y fue una mierda, y les dije eso. Y luego me dijeron: "Bueno, ¿nos podrías ayudar, criticarnos al final de cada reunión para decirnos qué estamos haciendo mal y tratar de conciliarlo en esa forma?". Muy bien. Yo simplemente expresé que me sentía muy mal por lo que estaba pasando y ustedes como que me traen de vuelta diciendo: "¿Nos podrías ayudar?". Yo sólo les digo que cuando no estuve ahí, los últimos tres días fueron una porquería,

[1] Con la perspectiva de diecisiete años, ahora me percato perfectamente cómo el paciente desplaza la responsabilidad de sus acciones a sus autoridades, escogiendo ser obediente y resentido en lugar de no resentido y libre. Se siente tragado por "ellos" en lugar de vivenciar su propia auto-inclinación y su excesivo sentido del deber. Su última frase parece resumir la introvisión que él está ofreciendo con respecto a la parte que acaba de representar: está siendo seducido mediante una oferta de poder, y de esta manera, se mantiene atado, obediente e impotente.

y luego dicen: "¿Estarías en un comité de formación para ayudarnos a cambiarlo?". Y eso, y también siento la presión de algunos de los otros tipos; de que como que soy una gran esperanza o algo así, y que si no me quedo y me voy, como que los estoy abandonando.

T.: Escuchemos el otro lado —el querer quedarse.

LEN: Hay otra cosa importante en el querer irse. Aparte de esto, toda esta porquería con la Orden, también he estado haciendo mucho trabajo en grupos de encuentro, y quiero mucho a una de las chicas con que hago este trabajo, y ella me quiere a mí. Y los dos estamos terminando nuestro doctorado y sería tan fácil para nosotros casarnos y trabajar juntos. Eso es para el abandonar[2].

T.: Ahora convéncenos de que quieres quedarte (risas en el grupo)[3].

LEN: Me cuesta mucho convencerme a mí mismo.

T.: "Soy indispensable..." (risas).

LEN: Claro. Debiera quedarme porque, algunas de las cosas menores son, si me voy ¿qué va a ocurrir? *Posiblemente* haya una oportunidad de cambiar esta cosa y convertirla en algo bueno, hacerla que valga la pena. Hay un cierto grado de libertad que tengo aquí dentro para ir y venir como me plazca, sin familia y niños.

T.: (Imitando su tono de voz) "No es tan malo"[4].

LEN: No es tan malo. Claro. Pero probablemente la cosa más grande —y ésta es la parte que no puedo contactar dentro de mí— es que, ah (un poco dubitativo), hay algo acerca de mientras la cosa que aún es viable o que hay valor en aquello...

T.: Así que estás diciendo: "No es tan malo".

LEN: Ni siquiera sé lo que es (una pequeña risa mientras lo dice).

---

[2] Estoy impresionado por el hecho de que deje para el final la razón que, según yo, es la más importante —incluso casi más allá del final, ya que surgió de él como algo adicional que fácilmente podría haber sido pasado por alto. Actualmente, no lo hubiera dejado escapar con este esconder el principal asunto emocional mediante la pantalla de la ética y la razón.

[3] Quiero enfatizar la importancia de esta risa en el proceso terapéutico en curso. Pienso que en los grupos gestálticos, si no en todos los grupos en general, ocurre que lo *vox populi* es *vox dei*: la mayoría del grupo capta dónde está el próximo paso sano del individuo. Tal percepción grupal es a su vez percibida claramente y no necesita de muchas palabras para ser transmitida con fuerza.

[4] Al imitar su tono de voz cuando dice que no es tan malo, yo pareciera estar enfatizando el contraste entre su indecisión y vaguedad actuales y la vehemencia de su ira mientras corporeiza su otro lado. Obviamente, no está interesado en una libertad que no le permite su matrimonio para la realización de su relación amorosa, y sin embargo, sigue engañándose en creer que es libertad y que el amor sólo es una libertad secundaria.

T.: Pero todo este "no es tan malo", no puede ser lo que te está manteniendo ahí.

LEN: (Apagándose) Hay dos cosas que me están manteniendo ahí. Una son los muy buenos amigos que tengo en la Orden, que pienso que los decepcionaría, y también quiero estar con ellos. Y no podría estar con ellos del modo en que estoy; como sabes, viviendo con lo cotidiano, día a día, codo a codo, si me fuera. Esa es una de las razones por la que me quiero quedar. Y la otra es, ah, es una oportunidad para de alguna manera vivir según mis ideales, cualesquiera sean éstos[5].

T.: Pienso que estás pagando con la prisión por el sentimiento que tienes cuando te dicen que eres útil, eres útil.

LEN: Sí. En gran medida. Sí.

T.: Sigamos con este diálogo. ¿Puedes cambiar y decirle a él (indicando la silla vacía) lo que sientes por él?

LEN: Sí, yo sé que he, sé que he hecho mucho y muchas cosas realmente buenas. Y sé que represento mucho, un montón de cosas para, para muchos de ustedes. Pero tengo que, tengo que vivir *mi* vida. Yo, yo no, ah, me siento más y más fuera de ello todo el tiempo. Yo no, no rezo en la forma en que ustedes lo hacen; yo no, ah, no comparto sus ideales; yo no, ah, ni siquiera comparto el mismo tipo de creencias que ustedes tienen. ¿Y cuán honesto es para mí, ah, quedarme?

Voy a cambiar. Sí, pero eso es justo lo que necesitamos. Necesitamos tus introvisiones y nosotros (se ríe), nosotros necesitamos tu introvisión. Tenemos, tenemos que escuchar esto. Alguien tiene que hacerlo. Tú eres J., tú eres el que (el grupo se ríe con él, a pesar de que él no se está riendo ahora), tú eres el que, que nos puede ayudar a ver estas cosas y realmente convertirlas en algo importante y hacer que valgan la pena y, ah, si tipos como *tú* se van, ¿qué nos ocurrirá al resto? (el grupo se ríe). Tú eres el que —sólo mira todo lo que tienes y lo que podrías, lo que podrías darnos y lo que podrías hacer por nosotros. Mmmm, eres verdaderamente poderoso.

---

[5] Nótese que está creando una división entre sus ideales y sus deseos, de modo que su estilo de vida deseado no le parece parte del ideal y éste continúa manteniéndose a pesar de no incluir una relación amorosa. Hoy tal vez yo hubiera introducido de contrabando más interpretación en mi invitación a dramatizar su débil sí mismo dependiente, que compra amor a través del encarcelamiento, el pequeño niño obediente que por amor paga con la prisión. Obviamente —y para no interrumpir el flujo de su proceso ahora auto-dirigido—, opto por no reflejar la duda en su lenguaje a medida que critica a su "niño bueno" y, junto con él, los valores de las autoridades.

T.: ¿Y cómo te sientes con respecto a eso, que te digan eso?

LEN: Sí, claro, lo soy (risas). Esto es *exactamente* lo que me pasa. Exactamente lo que me pasa. Esto es en tal medida lo que pasa, que estoy a punto de decir a la "mierda" con todo esto. Voy a —y luego voy a recibir una carta de alguien y entonces otra vez de vuelta. Exactamente, esto es lo que está ocurriendo (corte).

T.: De modo que hay dos lados en ti. Uno que dice: "Estoy lleno de introvisiones, quiero ser útil, quiero estar 'dentro' con ustedes"; y otro que dice: "Quiero vivir mi propia vida". ¿Ahora podrías tener un diálogo entre estos dos lados tuyos, siendo el tipo generoso que le gusta escuchar que es bueno y el otro que siente que esto no es honesto y dice: "Quiero vivir mi propia vida"? Bueno. Veamos qué tienen que decirse.

LEN: Voy a tomar primero el que dice: "Quiero vivir mi propia vida". Me siento más y más ajeno a ello. Y casi todos los días me refuerzo en cómo realmente no pertenezco a aquí. Todo el asunto me irrita; no sólo la Orden. Justo hace dos días tuvimos este servicio de adoración y algún maldito sacerdote, sentí, excluyó a algunos judíos que estaban ahí. Eso me irritó. Tenía la hostia en mi mano y me pregunté: "¿Quiero siquiera participar en un tipo de iglesia que excluye a algunas personas de la adoración en conjunto?". Me irrité tanto con eso y todo ese sistema y toda esa estructura, que simplemente no quiero ser parte de ningún tipo de porquería así y sólo quiero ir a hacer mis cosas y estar junto a las demás personas en una forma realmente libre donde yo pueda ser yo. (Cambia de asiento). Pero, ah, no te puedes ir así no más. Tú sabes, tienes una inversión de diez años con estas personas con quienes has vivido, trabajado y compartido tanto. Amistad profunda, profunda. Maldición, simplemente no puedo abandonar a estos tipos. Como que, como que no es correcto.

T.: ¿"Correcto"? (irónicamente). No para ti, realmente. Es cuestión de lo *correcto* y lo *incorrecto*.

LEN: Me haría, me haría pedazos el tener que, que, ah, tendría que vivir con malos sentimientos si me fuera —tendría que vivir sintiéndome mal por dejarlos cuando ustedes realmente me necesitaban[6].

---

[6] Veo la identificación de Len como de un "tipo miedo" (véase Capítulo 20). Yo diría que su deber de no abandonar puede ser considerado como una manifestación de un temor a ser abandonado.

T.: Imagínate que ya lo has hecho[7]. ¿Podrías contarnos más acerca de ese sentirte mal?

LEN: ¿Si me hubiera ido? ¿O me fui? Los poderes que son, que pienso que son una mierda, me dieron mucho —oportunidades para educarme y muchas cosas por estilo. Siento como que los cagué un poco al irme. Mis amigos, especialmente —eso es lo más importante. Ellos, ellos están trabajando tanto y tratando con todas sus fuerzas de cambiar una cosa, y yo soy en gran medida una parte vital o yo, yo *fui* en gran medida una parte vital de eso. Y ahora que me he ido, todos los demás le están diciendo a mis amigos: "¿Ven?, eso es simplemente para mostrarles lo que sucede cuando uno, cuando uno empieza a irse por ese camino".

T.: ¿Te percatas en qué medida siempre operas en términos de *deberes* y no de *inclinaciones*[8]?

LEN: Sería muy mal visto si me fuera. Y la gente diría: "Se veía venir, la forma en que vivía y las ideas que tenía". Y todo lo que dije y representé mientras estuve dentro, simplemente se lo llevaría el río. Y no quiero que suceda eso, porque pienso que lo que dije e hice fue valioso. Y en realidad me haría mucho daño que simplemente desapareciera.

T.: Todos tus méritos serían borrados y todos tus deméritos serían... Mmmm. Claro (pausa). ¿Cómo te sientes por esto? ¿A cuál lado te estás sintiendo más cercano ahora?

LEN: Estoy sintiendo más y más que yo, que yo tengo que hacer mi cosa. No puedo estar sujeto a reglas. Pero, por otra parte, justo después del último par de cosas que dije, veo cuán realmente atado estoy, tú sabes, por... Y no quiero que se borre todo eso. Y ahora incluso veo más todo el asunto —antes estaba listo para simplemente borrarlo, pero mientras más hablo, más veo.

T.: Te sientes arrastrado hacia adentro cuando se te amenaza con los deméritos —todo lo que hiciste terminaría en nada si te fueras ahora[9].

---

[7] Con estas palabras, lo estoy invitando a vivir la situación evitada a pesar de la expectativa catastrófica asociada.

[8] Pienso que lo más importante que he hecho hasta aquí en lo que respecta a la ayuda a la opción en curso, es una sutil ironía que invade mis intervenciones (una ironía que puede no captarse si no se escucha el tono cuando hablo de deberes en lugar de inclinaciones, por ejemplo, o del asunto de lo correcto y lo incorrecto). A pesar de que no se da ningún consejo explícito, pienso que tanto mi sentido del camino de la vida sana como el del grupo, le fue transmitido implícitamente.

[9] Otra vez estoy siendo irónico mediante el uso de ciertas palabras ("deméritos") e implícitamente estoy transmitiendo mis valores: la aprobación no debiera ser tan

LEN: Sí. Claro, todas las ideas y el programa que he formulado simplemente serían, podrían ser borrados. Eso es algo bueno en sí. Incluso independiente de mí, creo que es bueno.

T.: Bueno, tal vez podríamos trasladarnos hacia lo que está detrás de este problema específico. Yo lo veo como esta necesidad de vivir a la altura de tus expectativas, ser bueno, útil, etc., y tú necesitas ser independiente y seguir tus impulsos que *sientes* "malos", y me gustaría que experimentáramos un poco aquí. Con alguna gente sé tan bueno como te sea posible, según todos tus puntos de vista y lo que sea, y con otra gente sé tú mismo, sin ataduras. Muéstranos ambos estilos. (El hace una ronda en el grupo alternando entre una y otra actitud).

T.: ¿Sientes alguna diferencia en la satisfacción que obtienes de ambos estilos?

LEN: La sensación que tuve es, bueno tuve un, eran algo similares —ambas cosas eran en cierta medida semejantes, pero la otra era condescendiente. Tú sabes, el tipo sujeto a las reglas o a la cosa correcta. Era un "Asegúrate de hacer esto. Ahora haz eso. Te lo estoy diciendo, ten cuidado de no hacer esto". Tú sabes. A ti también te hice eso. Y el otro era simplemente muy libre. Tú sabes: "Me siento amenazado por ti, pero" —tú sabes. Este tipo de cosa. Me sentía libre de simplemente decirte lo que quería, en lugar de, ah, el buen tipo que como que te estimula y esa clase de mierda. Estoy irritado conmigo porque no me percaté cuán atado estaba y también cuán, con esta cosa del buen tipo, cuán condescendiente era. Incluso cuando lo estaba diciendo, tú sabes, el estímulo y la ayuda.

T.: ¿Te sientes molesto? Tu expresión es de molestia[10].

LEN: ¡Eso fue una porquería!... Pero sí, no pienso que yo actúe generalmente de esa manera con las reglas. Casi tomo, utilizaré la palabra goce infantil cuando me comporto a veces como un bastardo, en grupos de encuentro o simplemente cuando surge —porque hago eso tan pocas veces que realmente me gusta hacerlo si lo llego a sentir, tú sabes. Realmente me regocijo expresando sentimientos hostiles a veces ante la gente, simplemente porque en general soy el buen tipo....

---

importante como el sentimiento. Mientras que el camino del corazón crea vida, en la persistencia de la obediencia infantil sólo está la perspectiva de esclavitud del sí mismo y una abdicación de la verdadera vida de uno.

[10] Esta fue una intervención exitosa, ya que el hecho de que yo reflejara su expresión, le permitió contactarse más con su ira prohibida hacia el "buen tipo".

T.: ¿Cuál es tu experiencia tras esa afirmación? ¿Qué te induce a decir esto ahora?

LEN: Que me veo más y más como un buen tipo, de ser un buen tipo, y la expresión de hostilidad es una forma de decir que estoy tratando de salirme de eso.

T.: Me imagino que ahora estás queriendo ser más como un bastardo. Claro. Estoy de acuerdo que podrías usar algo de eso (risas). Ahora me gustaría que hicieras esto un poco en el grupo.

LEN: ¿Que sea un bastardo?

T.: Sé un bastardo, con goce infantil[11].

LEN: (Expresa algo de hostilidad al grupo).

T.: Ahora coloca en la otra silla a uno de esos amigos que quiere arrastrarte a que te quedes. Sé un bastardo con él.

LEN: Por qué diablos no te paras en tus propios pies en lugar de estar apoyándote en mí todo el tiempo. Estás tan tragado por las reglas y los reglamentos —maldición, ni siquiera puedes ver más allá, tú sabes, como todo esto que está ocurriendo afuera. Tal vez si salieras de casa de vez en cuando e hicieras algo, verías qué demonios está sucediendo en el mundo.

T.: ¿Aún le estás hablando a estos amigos?

LEN: Sí. Ustedes se pasan toda su maldita vida sentados frente a la televisión, tomando cerveza (risas). Toda esta, todas estas personas que son pobres y se mueren de hambre, y están sucediendo todo tipo de cosas y ustedes ahí sentados todo el tiempo en su gordo trasero. No entienden nada. ¿Pero saben lo que yo estoy haciendo? Estos no son mis amigos. Estos son toda la otra gente[12].

T.: Bueno, trae acá a tus amigos.

LEN: ¿Que traiga a mis amigos? Espera un poco. Primero quiero decir algo del otro asunto (risas). Ustedes se quedan toda la noche trabajando en jugadas para el básquetbol o solucionando diagramas y cosas así, y están tan malditamente agarrados de sus diagramas y estadísticas y cosas por el estilo, que, por amor de Dios, ni siquiera pueden hablarle a los niños. Realmente me dan pena. Fueron criados

---

11 Me percato que muchas veces uso esta estrategia de poner a un paciente en contacto con el estado emocional y luego hacerlo llevar este sentimiento liberado a la situación problemática.

12 A estas alturas, él aparentemente transcendió su falsa amistad (es decir, su idealización de la alianza neurótica) y elige cambiar su grupo interno por un grupo externo.

en otra época y simplemente no entienden qué diablos está pasando hoy. Me dan lástima[13].

Ahora trataré de hacerlo con algunos de mis amigos, porque eso será más difícil... Pero de todas maneras seré un bastardo.

T.: ¿Tal vez seas cruel?

LEN: Ese es el problema. Puedo ser un bastardo con ellos, pero no con mis amigos.

T.: Ellos no lo sabrán (risas). No les contaremos.

LEN: Mike, por qué diablos simplemente no te olvidas de eso. Eres joven; tienes tanto maldito talento. ¿Por qué desperdiciar tu talento en ese tipo de porquería? (corte). Al, tú eres realmente estúpido.

T.: Imagina que tú eres tus amigos convenciéndote de quedarte en la Orden. Y supón que fueran a ser muy sinceros contigo en lo que se refiere a cómo se están sintiendo acerca de sí mismos y de ti. Toma a uno de ellos —un representante— y veamos qué te hubiera dicho si hubiera estado aquí presente viendo lo que piensas[14].

LEN: "Pucha, yo puedo entender eso, Len, que te sientas así. Pero yo simplemente, ah, simplemente tengo que quedarme. Esa es mi cosa. Ahora si tú te quieres ir, realmente me gustaría dejarte en libertad para hacer eso. Y lo digo en serio. Yo quiero que, que tú seas libre, y nosotros podríamos ser, podríamos seguir siendo amigos si te fueras. Pero también considera (risas)[15] qué es lo que podrías hacer si algunos de nosotros nos reuniéramos y pudiéramos vivir juntos. Realmente podemos, ah".

T.: ¿Qué siente él cuando hace esta última afirmación?: "Pero considera qué es lo que podrías hacer si pudiéramos vivir juntos".

LEN: ¿Qué es lo que siente él?

T.: ¿Qué es lo que hay para él en ello?

LEN: Se está aferrando a mí.

---

[13] Ha cambiado considerablemente desde la idealización que hizo al comienzo.

[14] Esta es una técnica que no he tomado prestada de nadie y que, sin embargo, me veo usando de vez en cuando: la de ayudar al encuentro imaginario invitando al paciente a imaginarse a alguien como una tercera persona, etc., como testigo del segmento de la presente sesión *a posteriori*.

[15] El grupo se ríe de la ambivalencia que surge ahora, porque lo invade todo: siempre hay un "por otra parte", otro punto de vista que considerar, una duda insidiosa.

T.: ¿Puedes ser él haciendo una afirmación directa?: "Te necesito" o lo que sea[16].

LEN: Me estoy aferrando a ti. Realmente te necesito. No hay muchas personas con las cuales me pueda relacionar en un tipo de nivel más profundo y tú eres una de ellas. Realmente necesito a alguien como tú. Estaría muy solo si te fueras.

T.: ¿Y tu respuesta a eso?

LEN: Sí, yo sé que estarías muy solo. Y es por eso que —tú, tú me vas a dejar libre, pero es por eso que me siento amarrado. Esa palabra "amarrado". Pucha, me siento amarrado a mis amigos y me siento amarrado a tantas de las cosas en que también me he estado metiendo. Como la falta de tiempo para obtener un doctorado y cosas así. Me siento un poco *amarrado* a eso.

T.: Lo que ahora veo diferente de cuando empezaste a trabajar en esto, es que ahora estás viendo el asunto de la Orden como una cuestión de ideales, como algo separado de aquello de satisfacer las necesidades personales de tus amigos.

LEN: Eso es lo que fundamentalmente me está manteniendo: los amigos.

T.: Ahora podríamos tratar con estas dos cosas en forma separada.

LEN: La primera —la cosa de la Orden— no creo que me moleste tanto. Yo puedo, de hecho, estoy tan fuera de ello que deliberadamente obtuve una beca de modo que no pudieran decir: "Nosotros pagamos tu educación". Así que puedo decir que yo mismo lo hice. Ahora la cosa del amigo, eso sí me molesta.

T.: Dile cuánto te molesta.

LEN: ¿A mi amigo?... Pucha, realmente me siento atrapado. Pero tú tienes que entender eso más y más, especialmente después de este verano, con la libertad que sentí y cómo yo, y cómo yo estuve, y casi lo único que no me permitió tener un goce pleno de ello, fue esta maldita decisión.

T.: ¿Cómo suenas ahora?

LEN: ¿Como alguien que se está disculpando?

T.: Ahora ensaya la misma afirmación, pero como un bastardo. Sin dar ninguna disculpa.

---

[16] Cuando le sugiero una afirmación directa, aquí está trabajando mi mente sicoanalítica. Lo veo proyectando sus propias necesidades de dependencia cuando se siente necesitado. Y al igual que prefiere proyectarlas en vez de reconocerlas en sí mismo, incluso cuando toma el lugar de sus amigos, tiende a estar en contacto con sus consejos protectores en vez de con sus necesidades de contacto.

LEN: Eso es difícil. ¿Ante mis amigos? /Mmmm/. (Suavemente) Pucha, realmente yo no —después de este verano me queda claro que esto ya se acabó para mí. Ahora casi he llegado al punto donde me siento como succionado un poco por tu amistad y eso es lo único que me está manteniendo.

T.: *Casi* he llegado al punto[17] (risas).

LEN: *Sí* me siento succionado, y sin embargo, como que de alguna manera yo quería que fuera así, además, porque me hace sentir bien... Ellos sienten un dolor. Algo de ello ahora es soledad. Tienen que empezar a hacer nuevos amigos. Un poco de ello es un maldito sentimiento de obligación dentro de mí que no debería tener, y eso aún es así a pesar de que dijeron: "Muy bien, no tienes que vivir para nosotros". Todavía están decepcionados dentro de mí. Y ése soy yo y no ellos[18]. Esa es la cosa dentro de mí. Aún me siento amarrado.

T.: Y los detalles del vivir. Ahora me gustaría que hicieras una cosa más que es simplemente repetir "buena persona, buen tipo" o algo por el estilo, y comparte con nosotros lo que sientes, lo que se te viene a la mente[19].

LEN: ¿Te refieres a cómo se siente ahora el buen tipo?

T.: Simplemente repitiendo esta afirmación o estas palabras: "Buen tipo, buen tipo, buen tipo".

LEN: Buen tipo. Tú eres un buen tipo. Y estás bien. Eres un buen tipo. Se me vienen a la mente imágenes de "Buen tipo, pero jamás llegué a conocerte", de gente como en los grupos de encuentro.

T.: Buen tipo.

LEN: Buen tipo. Eres un buen tipo. Tú sabes, eres un buen tipo (risas). Me estaba imaginando que camino frente a personas y cada una me dice: "Buen tipo. Buen tipo". Y más o menos a la tercera vez, yo me estaba diciendo: "No, no lo soy. No, no lo soy" (risas).

T.: Ensáyalo una vez más. Buen tipo.

---

[17] Combinación de apoyo e ironía.

[18] Veo algún progreso en cómo ha cambiado desde la sensación de *ellos* succionándolo a *él* mediante su necesidad, hasta el reconocimiento expresado en "*yo* y no ellos" a través del cual está empezando a tomar su vida en sus propias manos.

[19] Con todo el tiempo que ha pasado, no recuerdo mi motivación aquí, dado que Len ya había explorado al niño bueno dentro de él mediante la dramatización. Sin embargo, la indicación resultó útil en el sentido que sirvió para darle una mayor perspectiva a su necesidad de aprobación y dependencia, y así lo liberó de la identificación con su "enemigo interno".

LEN: Tú eres un buen tipo. Eres un buen tipo. Oh, eres un buen tipo, buen tipo. Buen tipo. Eres un buen tipo. Buen tipo. (En las dos siguientes su tono de voz es como si estuviera adulando a un perro). Buen tipo. Eres un buen tipo.

T.: Tu expresión ha cambiado.

LEN: Es de molestia. Es una cosa tan vacía, tan fútil esto de ser un buen tipo.

T.: Muy bien. Vamos a dejarlo hasta aquí.

Fin de la sesión.

12
Sobre el Trabajo con los Sueños

El término "trabajo de sueños" fue utilizado por Freud para referirse al proceso mediante el cual la mente del soñador entrevera los residuos de su experiencia de vigilia para (supuestamente) tanto esconder como expresar un significado inconsciente en una representación simbólico-críptica. (No discutiré el que sea cierto o no que los símbolos de los sueños esconden activamente el mensaje que revelan a medias, o si acaso es más exacto decir que sólo hemos dejado de entender su significado). En terapia gestáltica, la expresión "trabajo de sueños" generalmente se emplea para hablar, no de la codificación del mensaje del sueño, sino que de su decodificación.

Lo especial de la forma en que la Gestalt trabaja con los sueños es que su enfoque de los recuerdos, las acciones físicas o los síntomas es no-interpretativo. Nosotros consideramos a los sueños como un mensaje existencial que eventualmente puede ser entendido, y sin embargo, no buscamos alcanzar tal comprensión *pensando acerca de* ello. En este contexto, el "comprender" o "entender" se refiere a la experiencia directa de los contenidos del sueño más que a una inferencia intelectual, de la misma manera que el "percatarse" es lo opuesto a una introvisión intelectual. Tanto en el trabajo de sueños como en otros aspectos de la terapia gestáltica, el camino al darse cuenta es permitir que la experiencia hable por sí misma en lugar de pensar acerca de ella: "entrar" al sueño en lugar de "traerlo a la mente". Según esto, es fundamental que el sueño no sólo sea recordado, sino que también "traído de vuelta a la vida". Unicamente vivenciándolo *ahora* podemos ganar conciencia de lo que está transmitiendo. Por lo tanto, es aconsejable comenzar narrando el sueño en tiempo presente, como si estuviera ocurriendo en el momento.

El solo cambio en la elección de palabras que implica el uso del tiempo presente en lugar del tiempo pasado, puede ser suficiente para producir una gran diferencia en el proceso de recordar, el cual ahora, en cierta medida, puede convertirse en un retorno al sueño y a los sentimientos que pertenecen a esa fantasía. Este podrá ser un momento adecuado para sentir su lenguaje metafórico, ya sea pensando o diciendo antes de cada frase: "Esta es mi existencia". Yo estuve presente en una sesión de Perls cuando por primera vez se le ocurrió solicitarle a una persona que hiciera esto. Cuando, poco tiempo después, se me pidió que escribiera una monografía sobre la terapia gestáltica, para el Instituto Esalen, sugerí ésta como una técnica de validez general, y entiendo que desde entonces ha sido adoptada por muchos terapeutas como una práctica estándar. Al repetir luego de cada afirmación en el sueño: "Esta es mi vida", "Esta es mi existencia", "Este soy yo", o algo semejante, el paciente podrá, por lo menos *a veces*, hacer alguna conexión que de otra manera no habría captado. Lo más frecuente es que algunos detalles calcen en la generalización menos que otros, pero la trama total o la imagen central revela su significado más allá de cualquier duda.

El hecho de solicitarle a una paciente que dijera: "Esta es mi existencia: estoy empujando un maní con mi nariz", la hizo tomar conciencia súbitamente de cómo en su vida estaba adoptando un rol excesivamente humilde, "arrodillándose" y ocupada en tareas insignificantes en lugar de "ponerse de pie" y encarar asuntos importantes. Después que el significado de su postura en el sueño fue así más claro para ella, se comprometió en una significativa fantasía de ponerse de pie, primero contra una pared y luego enfrentado a una persona importante en su vida. Esta fantasía fue una inversión espontánea del contenido de su sueño, a la que siguió un grado de inversión en su vida real.

En otra oportunidad, luego de decir: "Esta es mi vida: voy conduciendo por una carretera y me gustaría detenerme un momento y dormir", el paciente se percató que estaba atrapado en un conflicto entre una carrera por el poder compulsiva, llena de tensiones y desvitalizada y el deseo de relajarse, disfrutar y soñar. Tal vez este episodio contribuyó en cierta medida a la acción que la persona finalmente realizó dentro del año, renunciando a su posición de prestigio y poder y cambiando radicalmente su estilo de vida.

Puede que algunas personas no sean capaces de producir más que un recuerdo desdibujado de las imágenes de los sueños, a pesar de sus esfuerzos para revivenciarlos, y esto lo único que indica es la fuerza de la tendencia del individuo para alienar el sueño de su "propia" experiencia. En alguna medida, esta alienación está presente en todos los sueños, así que la tarea de la terapia gestáltica es reasimilar su contenido en el ego y ayudar a la persona a hacerse responsable de sus fuerzas no reconocidas, ahora proyectadas "allá afuera" como "imágenes extrañas". Cuando un intento de actualización y contemplación del sueño no conduce más que a fórmulas verbales, tal reasimilación puede verse transformada mediante la actuación de los distintos elementos del contenido.

La actuación del sueño conlleva necesariamente una experiencia creativa de interpretación o traducción llevada al movimiento, y como tal, involucra una extensión de la actividad creativa expresada en el sueño mismo. Pero ésta no es la única forma en que se puede expandir el trabajo de sueños. Puede ser bastante provechoso llenar los vacíos con fantasía o concluir el sueño partiendo de donde se olvidó al despertar. Al abocarse a esta tarea, el individuo necesariamente se vuelve a convertir en un soñador y se transforma en uno con su sí mismo soñado. O podrá ponerle palabras a personajes que en el sueño sólo sentían emociones no expresadas, de modo que ahora inicien un diálogo. Pero esto sólo es factible si el individuo realmente "escucha" a su sueño al convertirse en parte de él.

La idea de la actuación de sueños no es completamente nueva o exclusiva de la terapia gestáltica. De la misma manera como el principio de atender al *aquí y ahora* constituyó un redescubrimiento hecho por Perls de algo conocido durante siglos en Oriente como una forma de meditación, la actuación de las visiones de los sueños fue un redescubrimiento de una práctica conocida para los indios norteamericanos. Consideren, por ejemplo, las siguientes observaciones de un jesuita del siglo XVII:

> Propiamente hablando, los iroqueses tienen sólo una divinidad —el sueño. Es a él a quien rinden su sumisión y siguen todas sus órdenes con el rigor más exacto. Los tsonnontouens (séneca) están más apegados a esta superstición que cualquiera de los otros: en este sentido, su religión se convierte incluso en un asunto de escrúpulos; sea lo que sea que piensen que han hecho en sus sueños, se sienten absolutamente obligados a ejecutarlos a la primera oportunidad. Las otras naciones se contentan prestando atención a sus sueños más importantes; pero este pueblo, que tiene la reputación de vivir más

> religiosamente que sus vecinos, se sentiría culpable de un gran crimen si dejara de prestarle atención a un solo sueño.... aquel que durante la noche haya soñado que se estaba dando un baño, corre desnudo inmediatamente apenas se levanta, a varias cabinas, donde en cada una hay una olla llena de agua que se lanza al cuerpo, sin importar cuán frío esté el tiempo. Otro que haya soñado que fue hecho prisionero y quemado vivo, se ha encontrado al día siguiente amarrado y quemado como un cautivo, estando convencido que al satisfacer así su sueño, su fidelidad lo alejará del dolor y la infamia del cautiverio y la muerte —que, según lo que ha aprendido de su divinidad, es lo que está condenado a sufrir entre sus enemigos si no satisface su sueño.

La práctica descrita por el Padre Fermín en el párrafo anterior, tiene sus fundamentos en la creencia india de que los *sueños expresan deseos naturales*, distintos de los deseos conscientes voluntarios. Para ellos, el satisfacer estos deseos era un deber religioso y la base del bienestar de su comunidad. Al escribir sobre los hurones en 1649, el Padre Ragenau describe esta teoría en un lenguaje que, como ha comentado un antropólogo moderno, "podría haber sido utilizado por el mismo Freud":

> Los hurones creen que nuestras almas tienen otros deseos, que son, por así decir, innatos y están encubiertos. Estos, dicen ellos, provienen de las profundidades del alma, no mediante algún conocimiento, sino que por medio de una ciega transportación del alma a ciertos objetos; estos transportes podrían llamarse, en el lenguaje de la filosofía, *desideria innata* para distinguirlos de los anteriores, que se denominan *desideria elicita.*
>
> Ahora bien, ellos creen que nuestra alma da a conocer estos deseos naturales a través de los sueños, los cuales son su lenguaje. Por consiguiente, cuando se realizan estos deseos, ella se ve satisfecha; pero, por el contrario, si no se le concede lo que desea, se enfada y no sólo no le brinda a su cuerpo el bien y la felicidad que deseaba para él, sino que también a menudo se rebela contra el cuerpo, ocasionando diversas enfermedades e incluso la muerte...

Cuando una persona estaba enferma como resultado de haber ignorado sus deseos naturales, el remedio para su congoja síquica o sicosomática era, como lo dice Wallace, "satisfacer el deseo frustrado, ya sea directa o simbólicamente". La elección de un modo directo o simbólico de expresión dependía en gran medida de las circunstancias. Así entonces: "Aquellos sueños donde la hostilidad se dirigía a miembros de otras naciones, se satisfacían actuándolos tanto en pantomima como en la vida real; pero los sueños malos acerca de miembros de la misma comunidad sólo se actuaban en alguna forma simbólica que tenía un efecto profiláctico".

Hace unos cuantos años atrás, el profesor Michael Harner y yo intentamos recrear la ceremonia de la actuación de sueños tal como la practicaban los indios séneca. La persona relataba su sueño en un grupo, a lo cual seguía una breve discusión para interpretar los deseos que estaba expresando el sueño, y finalmente, todo el grupo tomaba parte en la actuación del sueño y la satisfacción del deseo de la persona. Con algunos individuos los resultados fueron espectaculares, de la misma forma en que el enfoque terapéutico gestáltico puede serlo. Una mujer que había soñado que era enterrada viva, por ejemplo, fue velada, colocada dentro de una caja y llevada por los miembros del grupo en una procesión, y mientras se hacía esto, ella pudo revivenciar intensamente los sentimientos del sueño, recordar una secuencia olvidada de éste y aprender de él lo que jamás esperó que iba a aprender —sin hacer ningún intento de comprender o interpretar.

Desde un punto de vista, lo que hizo que el procedimiento de actuar los sueños fuera eficaz, es el proceso de *asimilación* involucrado en tal actividad. En el proceso de representar voluntariamente lo que en el sueño sólo "sucedió", el individuo se está colocando a *sí mismo* tras sus acciones irresponsables del sueño y haciéndose responsable de ellas. Está diciendo implícitamente: "Este sueño soy *yo mismo*, no es *sólo* un sueño"; y así es como integra a la conciencia su actividad hasta ahora inconsciente.

El trabajar con sueños no involucra nada que ya no hayamos discutido en el capítulo sobre técnicas gestálticas: atención a la experiencia en curso, explicitación, desarrollo, repetición, identificación, asimilación de proyecciones, deshacer retroflexiones, integración de funciones de la personalidad llevándolas a una relación mediante un encuentro interpersonal. Lo que hace que los sueños sean especiales para el terapeuta gestáltico es el grado en que constituyen, al mismo tiempo, una instancia de espontaneidad y articulación inusuales.

Con respecto a la espontaneidad, posiblemente no haya ninguna otra actividad comparable a la del soñador. Nuestra voz, postura, modo de caminar y expresión facial son mucho más espontáneos que nuestra conducta verbal, pero podemos controlarlos fácilmente cuando queramos. Sin embargo, el sueño es algo que —por así decir— ocurre cuando no estamos ahí. No obstante, a diferencia de otros tipos de expresión espontánea (por ejemplo, la voz y el movimiento), el sueño es más articulado, siendo las imágenes visuales casi tan explícitas como los conceptos, aunque más expresivas.

A pesar de que las técnicas discretas empleadas en el trabajo gestáltico de sueños son aquellas que ya hemos analizado como de una aplicación más amplia, hay un punto que requiere ilustración: la forma en que el trabajo de sueños se integra a la totalidad de la sesión gestáltica —la situación en curso, la interacción grupal, las dificultades del paciente en el momento de la sesión. Esta es una materia que sólo se puede tratar adecuadamente en referencia a transcripciones de sesiones completas. En el siguiente capítulo voy a presentar una transcripción "no docta" de una sesión gestáltica de trabajo de sueños, junto con comentarios sobre mis intervenciones.

13
El Sueño de Richard y el Relato de Richard

RICHARD: Nos estamos enfrentando, ah, a un número igual de malandrines (*Gooks*), pero están aproximadamente a cuarenta metros en un terreno más bien escarpado. Y, ah, McFarlane está, bueno, todos estamos de pie y todos ellos también están de pie, y todos ellos están en filas muy derechas, y nosotros también estamos así en fila. Y como que nos estamos enfrentando unos con otros como David y Goliat, una sensación así. Y McFarlane dice algo como —No, él empieza a disparar sobre los, sobre los, ah, sobre los malandrines; comienza a dispararles con su rifle. Y se da vuelta cuando lo está haciendo y nos dice a todos que nos tiremos al suelo, que nos cubramos. Así que dice: "Cúbranse" y él se queda parado. Y por un período de más o menos cuatro minutos empieza a recibir balas en el cuerpo y uno no puede ver esto, ver ni escuchar ningún sonido o ningún tipo de cosa, pero le están entrando balas en el cuerpo. Se queda ahí parado más o menos cuatro minutos dejando que le disparen, mientras el resto de nosotros recibimos el fuego, y me doy vuelta y le digo al resto de ellos que abra fuego. Y así que empezamos a dispararle a los malandrines y todos *ellos* se quedan ahí parados durante este —que pareció como cuatro minutos— período de tiempo. Y, luego, al final de ese tiempo, por alguna razón, ambos bandos dejan de dispararse. McFarlane cae al suelo y —él ha estado muerto desde la primera balacera, pero ha estado de pie ahí todo el tiempo recibiendo balas de es... de estos malandrines y como que de alguna manera engañándolos. Y así entonces, tan pronto como cae, luego los... algunos de los malandrines empiezan a caer en las, en las filas secundarias y algunos en la fila delantera, y sólo entonces algunos se desploman. Y, ah, la, luego hay una voz, y no sé de dónde diablos viene. En todo caso, donde estamos peleando, la escena de esta batalla es la Roca de Plymouth. Y hay una voz que dice: "Esta es la quinta vez que la Roca de Plymouth ha sostenido bien a este país". Porque presumiblemente habíamos ganado la batalla o algo así. Quinta vez en la historia de los Estados Unidos. Y luego en la escena siguiente —hay un quiebre— y en la escena siguiente hay un, voy retrocediendo con mis tropas —un grupo más pequeño de quizás seis o siete hombres ahora— y estamos en el área del cuartel general, y aquí están todos estos otros malandrines, los que quedan vivos —y parece que hay tres mil, cuatro mil de ellos— están parados en el campo. Y a medida que empezamos a marchar en fila lentamente ante ellos —todos estamos desgarbados en nuestros uniformes de combate y cansados por la tremenda batalla que fue sólo, duró solamente cuatro minutos—, uno de los tipos —y parece que el nombre del tipo es Kirby, que era un Kirby de una serie de televisión llamada "Combate", que me gustaba mucho— se acerca a los malandrines y dice: "Oigan, son mujeres. Algunos de ellos fueron mujeres, hombres y mujeres". Y dice: "Ah, riámonos de ellos y asustémoslos". Y luego dice: "Algunas de ustedes, mujeres, no van a tener bebés. Algunas de ustedes, mujeres, morirán". Y los está amenazando con su rifle. Pero sólo están de pie ahí y simplemente responden con risas —todos los hombres y mujeres—, porque ellos saben que él no puede hacerlo. De alguna manera son prisioneros de guerra. Y subiendo por una escalinata hasta un descanso donde hay un sistema telefónico, ahí hay una recepcionista de treinta y cinco años o algo así —ah... Veamos. Antes de que entremos, perdón, antes de que yo entre a eso, atravesamos una oficina —una oficina muy grande— y hay un hombre sentado en el escritorio. Es el jefe. Pero no lo miramos; simplemente como que pasamos a su lado dándole la espalda y no lo miramos. Pero de alguna manera sé que está muy, muy orgulloso de nosotros y de lo que hemos hecho allá afuera. Y luego llego a este descanso —afuera de su oficina— y llego a este descanso, ah, donde está la centralita telefónica, y la, la secretaria-operadora allí, ah, dice algo así como: "El jefe está muy orgulloso de ustedes". Y yo hago un comentario acerca de, ah, ah: "McFarlane hizo algo fantástico allá afuera hoy". Y estoy parado ahí y estoy en este descanso con mis pies, mis pies muy separados y la culata de mi rifle en el suelo y lo sujeto por el cañón con mi casco encima del orificio del cañón. Tú sabes, una pose muy dramática, tú sabes, con el pelo desordenado y todo eso, y, ah, diciendo que McFarlane lo había hecho y no lo había hecho hoy. Consiguió que lo mataran e hizo algo fantástico allá afuera. Y ella dice: "Sí, él... él y Andrews dijeron que no volverían", quienquiera que fuera Andrews. Y no sé quién era Andrews. Ah, y luego hago un comentario acerca de: "Ellos no podrían haberlo hecho sin mí". Y, ah, luego surge la voz del jefe por el intercomunicador diciéndole a la secretaria: "Hágalo entrar apenas llegue aquí", lo que parece un tanto incongruente porque acabo de pasar por su oficina. Ah, y así que empiezo a dirigirme al descanso y hacia unas escalas y bajo por una larga escala que da a una puerta de salida al fondo, que es de vidrio y da a una vereda. Y consigo bajar más o menos un tercio del camino de las escalas y ahí es cuando despierto.

T.: Entonces, ¿qué es lo inconcluso?[1] (risas).

RICHARD: Bueno, yo creo que una de las cosas que está inconclusa es algo acerca del hecho, cualquiera fuera la razón por la cual no miré al, al jefe cuando pasé por su oficina, o por cualquier razón, no regresé para que me alabara o me dijera algo, y que la secretaria, tú sabes, de alguna manera me adula indirectamente.

T.: ¿Por qué no cierras los ojos y continúas el sueño? Conclúyelo.

RICHARD: ¿Seguir bajando por la escala? Estoy solo y estoy bajando por la escala y en este momento llevo más o menos un tercio del camino. Estoy bajando y estoy mmmm. Como que estoy arrastrando mi rifle y golpeándolo en cada escalón al ir bajando, sencillamente permitiendo que la culata cuelgue... Me estoy devolviendo y subiendo por las escalas. (Suena un poco sorprendido) Y estoy sorprendido porque no sé para qué diablos estoy haciendo eso[2].

T.: Descubrámoslo...

---

[1] Este fue un momento de elecciones. En este instante yo tenía que decidir si pedirle que actuara el sueño o tomara un episodio específico de él sobre el cual concentrarse, o bien, hacer lo que yo hice. Hay algunos sueños donde es obvio que existe una situación inconclusa. Lo que encontré incongruente en este sueño era tanta preocupación por el triunfo y la fama: la Roca de Plymouth, el término "malandrines" (*Gooks*) —con su patriotismo simplificado o su distinción etnocéntrica de "dentro" y "fuera"—, y sin embargo, no hay triunfo. El tema del sueño parece ser su gloria personal —todo el sueño surge a partir de esto, y sin embargo, él no consigue esta gloria.

[2] Es interesante constatar que en realidad está soñando de nuevo y que no está concluyendo intencionalmente su sueño diciendo algo así como: "Muy bien. Lo que aquí falta es mi satisfacción, de modo que la voy a obtener deliberadamente fantaseando con que entro a la oficina del jefe". En realidad tiene una muy buena capacidad para permitir que la imaginería se forme por sí misma. De modo que incluso se sorprende al descubrirse volviendo al edificio. Su fantasía es realmente espontánea.

RICHARD: (En silencio, como pensando) Claro. Estoy subiendo por las escalas. (Tono normal) Y ahora no puedo decidir si ir donde la secretaria o a la oficina del jefe. Así que ahora estoy en conflicto en un momento crítico donde podría tomar cualquier dirección en el hall. De modo que decido ir donde la secretaria —otra vez a la centralita telefónica. Me dirijo a la entrada que da a el, a el descanso donde está ella, y la miro... Y ella no me mira a mí. No se percata que estoy aquí. Y luego sí mira a su alrededor y dice: "El jefe quiere verte". Y yo digo: "Muy bien". ¿A dónde voy a ir? No quiero ver al jefe... Mmmm. Estoy como paralogizado, justo ahora en ese descanso. Y la secretaria me está mirando como con una expresión de pregunta, como si estuviera diciendo: "Sería mejor que entraras. Está esperando". Y lo único que puedo ver es una imagen del jefe en su escritorio, pero yo no estoy ahí. Aún estoy en el descanso. Pero lo puedo ver, una imagen de él en su escritorio y como que está trabajando, haciendo algo. Y ahora está dándole golpecitos con el dedo al... al lápiz que está en el escritorio. Y ahora está llamando nuevamente por el intercomunicador y diciendo: "¡Hazlo entrar!". Y yo escucho eso y no voy. Y ahora el jefe sale para descubrir qué demonios está ocurriendo. Y está impaciente —en realidad no está enojado, sino que impaciente. Luego me ve ahí parado y se dirige a donde está la centralita y dice: "Oye, entra a aquí". Y yo como que lo miro, pero no me muevo. ¡Sencillamente no me muevo! Giro la cabeza un poco a la derecha y lo observo, pero no me muevo. Estoy ahí parado con mi rifle contra el pecho, sujetándolo firmemente con una mano. Y el cañón está justo bajo mi mentón y siento como que quiero tirar del gatillo y evitarme así tanto sufrimiento. Pero en realidad no quiero hacer eso. Siento que sería una salida fácil para mí... Mmmm. No pasa nada.

T.: Te quedas atascado cuando llega el momento de esta confrontación con el jefe...

RICHARD: Sí.

T.: ...quien parece estar orgulloso de ti[3].

---

[3] Primero, en el sueño espontáneo, él pasa *por* la oficina. Yo considero el sueño como un proceso espontáneo donde él se dirige a la oficina de su jefe; y sin embargo, no es capaz de concluir la situación y obtener lo que desea, y pasa por la oficina. Luego la secretaria dice: "Tu jefe quiere verte". Y él indica, en el primer relato del sueño: "Hay una contradicción aquí. Ya pasé por aquí". Y cuando la secretaria dice: "El quiere verte", él avanza hacia las escalas y baja hasta la calle, lo cual es otra contradicción. La contradicción comienza a manifestarse en el sueño desde el momento en que él evita la conclusión natural. Y ni siquiera se percata de esta

RICHARD: Sí, claro. Pero nunca me lo dice directamente. En este momento lo veo como un símbolo de mi padre. Por lo menos ésa era la relación que yo tenía. Y mi madre siempre me proporcionaba la retroalimentación indirecta si mi padre aprobaba lo que yo estaba haciendo. El jamás me lo decía.

T.: Ahora háblale a tu jefe e imagina al jefe que está ahí en el sueño: él sabe que has estado renuente a entrar, y cuéntale acerca de tu renuencia a hablarle; lo que sientes en relación a él[4].

RICHARD: ...Muy bien. Lo sentaré en su escritorio y yo estaré en su oficina. Ah, no sé. Simplemente no quería entrar. Por alguna razón, me da miedo entrar. Y no es que no quisiera hacerlo. Tengo miedo de entrar y verte. Creo que tengo miedo de hablar bien de mí mismo; que se supone que no debo hacer eso... y en realidad sólo puedo adivinar por qué estoy... Porque yo no, tú sabes, porque realmente no creo que *quieras decir* eso. No confío en que realmente lo sientas. Y siento que tú *me* temes... Pero yo *sí* di una buena pelea hoy.

Claro. Hiciste un buen trabajo. Simplemente quería decirte eso y,

---

contradicción cuando le digo: "Sigue soñando y hablaremos acerca de ello". Y él *baja* hacia la calle, y luego, como si no supiera lo que está haciendo, retorna al edificio. La primera vez que habla de conflicto dice: "No sé si ir donde la secretaria o el jefe". Y finalmente escoge a la secretaria, evitando así una confrontación directa con el jefe. Luego la secretaria dice: "El jefe quiere verte" y él dice: "Yo me quedo ahí paralogizado, sin moverme". Finalmente dice: "Puedo ver al jefe en su escritorio, pero yo no estoy ahí". El entra sin entrar; sin llevar su cuerpo, entra su mente: otro modo de intentar dar el paso siguiente sin darlo. Si esto hubiera sido un sueño natural, habría despertado o habría terminado de soñar, se hubiera distraído o habría ido en alguna otra dirección. Pero ahora, por mi propia presencia, lo estoy presionando en forma implícita con: "Bueno, ¿y ahora qué?". Todo el grupo está esperando que él haga algo y es obvio que no está dando el paso para encontrarse con el jefe. Ya no puede seguir evitando la situación; hay demasiada toma de conciencia acerca de este asunto. De modo que ¿cómo va a resolver esto en su fantasía? El jefe viene hasta él. "¿Que está ocurriendo allá afuera?". Pero él no puede hacerlo. A estas alturas ya no puede seguir evitando el contacto. Porque, recuerden, no se puede mover. Esta ahí con su rifle en la mano y mudo.

4 Aquí vi la necesidad de encontrar una salida para la parálisis; él puede imaginar bien la situación, pero es un impasse. No fluye otra acción. Está atascado, deseando y no deseando, o es incapaz de hacer algo. Así que sólo puede continuar con un impulso adicional: "*Enfréntate* al jefe". De modo que ahora el paso siguiente es que comunique su predicamento. No que comunique sus deseos de ganarse una medalla ni la confrontación natural que se produciría en una situación de la vida real —la cual está evitando—, sino que reconozca: "Estoy paralizado". De esta forma, él al menos reconoce que está evitando y se comunica a nivel de lo obvio, que generalmente es el nivel donde la persona ni siquiera piensa en comunicarse. Si una persona siente "no tengo nada que decir", generalmente no lo dice y se marcha. De modo que en tal caso lo más adecuado es decir: "Dile 'no tengo nada que decir'".

ah, ah, que supieras que, ah, que supieras que, ah, que te he estado observando y que me gusta lo que estás haciendo. Y, ah, estás próximo a recibir un ascenso. Ah, además, ah, los superiores me han dicho que, ah, que te quieren dar una recomendación especial. Y estoy como agradecido de que hayas, ah, tú sabes, hecho algo tan bueno por esta organización. Sí, claro. Por la organización. (Esto fue entre paréntesis) Nos conseguiste un buen nombre. Bueno para nuestra reputación. Sí. Bueno para nuestra reputación. Y, ah, estamos orgullosos de ti[5].

Eso suena como mi padre. Siempre preocupado por la reputación de la familia.

T.: ¿Cómo te sientes en relación a eso?

RICHARD: No me *gusta*. No me agrada él porque, porque no me ve a *mí* como a una persona. Aquello que yo hago se refleja en su reputación; no se refleja en nada que sea *yo* o algo por el estilo. Sólo está en la reputación de la familia. Lo veo muchísimo como mi padre.

T.: Háblale acerca de tus sentimientos.

RICHARD: ¿Qué diablos es una reputación? Si tuvieras algo de confianza en ti, no te preocuparía tu maldita reputación. ¿Y qué hay de mí? Yo soy el que hice el trabajo allá afuera junto con muchos otros tipos, pero yo también hice mi parte. Y la hice porque quería hacerla; porque *quería* hacer un buen trabajo. De modo que ¿dónde diablos estoy yo en todo esto? No soy una reputación...

T.: En el sueño hay mucho de reputación. La Roca de Plymouth...

RICHARD: Sí, claro.

T.: ...y así sucesivamente; y un deseo de adular, y una cierta renuencia a aceptar las alabanzas. Así que me gustaría experimentar un poco más con el lado adulador. De modo que adúlate un poco aquí.

RICHARD: Me agrada que les guste como toco la armónica, porque creo que también lo hago muy bien. Trabajé en ello y soy muy bueno. Sí, muy bueno. Mejor que el resto. Tú no sabes esto, Joe, pero soy un excelente jugador de ping-pong. (Risas). Le gano a la

[5] Lo cual puede ser visto como un desheredar la responsabilidad del honor. "Has hecho un buen trabajo para nosotros". Ni siquiera su jefe lo toma como una cosa personal; como un honor personal de haber ganado esa batalla. Es la gloria *del país*. Recuerden, la primera afirmación acerca de la Roca de Plymouth: "La quinta vez en la historia de los Estados Unidos". Todo esto transmite una tremenda preocupación por el triunfo, pero toda esta preocupación por el triunfo no se reconoce como un sentimiento personal o una necesidad personal; es el país el que se enorgullece.

mayoría de las personas con quienes juego. Y debieran escucharme dar un discurso. En realidad puedo dar discursos muy buenos; realmente entusiasmar a la gente. Ohhh... El otro día fui bastante valiente cuando les hablé acerca de su estómago. Eso requirió algo de valor y es bastante osado. Creo que soy... no diré que fuerte; en realidad no creo que ésa sea la palabra —bastante, ah, *flexible* y, ah, y no rígido acerca de ser capaz de relacionarme con ustedes desde que empezamos este taller. Quiero decir bastante perfeccionista. Y probablemente soy el perfeccionista más confuso que existe.

T.: ¿Qué tipo de adulación es ésa?

RICHARD: Estoy alardeando acerca de mi...

T.: En lugar de decir que eres un perfeccionista, ¿podrías decir que eres *perfecto*? (risas).

RICHARD: ¡Guau! (risas). Claro, soy perfecto. ¡Guau! (más risas). Simplemente no hay nada como yo. ¿De verdad que soy encantador?

T.: ¿Podrías tomar eso en serio por un momento? Finge que eres perfecto o hazle creer a la gente que eres perfecto. Ahora lo estás haciendo en broma.

RICHARD: Mmmm. Claro. No se rían de mí, ¿ah?... Mmmm. Muy bien. Sí, soy perfecto. Ni siquiera necesito estar aquí. (Risas) Demonios, no los necesito aquí para este juego. Si me gustara estar aquí, yo sería bastante estúpido y eso no sería perfecto, ¿verdad? Claro.

T.: Tal vez nosotros te necesitamos.

RICHARD: Sí, claro. Todo lo que hago lo trato de hacer lo mejor posible y, para mí, eso es ser perfecto. Claro. A otras personas no siempre les gusta lo que hago, pero, para mí, soy perfecto. Y no pueden esperar nada más que eso de mí. En todo caso, no será beneficioso para ustedes. No sería beneficioso para mí; de modo que tan sólo no me estoy pidiendo nada más de mí mismo. Claro, claro. Claro, estoy en muy buen estado físico (risas)[6].

---

[6] En esta vuelta comenzó de una manera muy tentativa, pero se puso más serio al final, y tuve la sensación de que realmente estaba creyendo lo que decía. Las últimas tres o cuatro afirmaciones tenían la calidad de introvisiones; no sólo jugando a adularse, sino que descubriendo: "Sí, *estoy* bastante satisfecho conmigo mismo". Como si su capacidad de reconocer "Sí, claro, estoy contento conmigo mismo" hubiera estado reprimida; él iguala el hecho de estar contento consigo mismo con el adularse, cosa que para él es algo prohibido. Ahora, cuando se le invita a decirlo como si fuera un juego, descubre: "Sí, lo estoy". De modo que ya no necesita que el general se lo diga. Yo diría que dentro de él hay un conocimiento de lo que está haciendo y un conocimiento de que lo está haciendo lo mejor posible en algún nivel. Y esto se personifica en el oficial, quien quiere que entre y que le dice: "Estoy

T.: ¿Podrías actuar esa parte del sueño donde estás con el rifle?

RICHARD: Sí, claro. Dame tu muleta. (Risas). Estoy en el descanso conversando con la secretaria y ella está diciendo que McFarlane hizo un trabajo fantástico allá afuera hoy. Y ella dice: "Claro, él y Andrews dijeron que no iban a volver". Y yo digo: "No lo podrían haber hecho sin mí". (Con voz de farsante). Y estoy muy orgulloso de mí mismo y estoy interviniendo de modo que ella no tenga que decírmelo. No necesito que me diga que ella está orgullosa, así es que yo lo digo primero —lo cual hago frecuentemente. Estoy diciendo: "Mírame a *mí*". Yo estoy bastante bien. Soy *fantástico*".

T.: Dinos: "Mírame a mí. Soy fantástico". Agrégale... elabora un poco sobre esto.

RICHARD: Mmmm. Muy bien. Bueno, aún soy perfecto así es que... (En voz alta) Mírame a mí. Soy muy fantástico. Hoy salí e hice mi trabajo... (risas).

T.: Esta vez nuevamente dijiste: "*Muy* fantástico". ¿Cómo te sientes cuando dices esa palabra?

RICHARD: "¿*Muy* fantástico?". Creo que me estoy dejando una salida, de modo que no tengo que ser perfecto. Sí. Mírame a mí. Soy fantástico. Hice un buen trabajo y volví, y estoy listo para salir apenas me necesiten. Mírame a mí. Este es el tipo más fantástico que hay por aquí. Hace todo justo a la medida. Es el que mejor hace su trabajo.

T.: ¿Podrías continuar con esto e ilustrar un poco con tu vida?

RICHARD: ¿Con mi vida?

T.: Mmmm. Sí. Tráelo del sueño a la vida real.

RICHARD: ¿Quieres decir cosas que yo hago?

T.: Mmmm. Frases tales como "Mírame a mí. Soy fantástico".

RICHARD: Ya hice mucho eso. Pero probablemente pueda encontrar algo más (risas).

T.: Pienso que aún no has llegado a las importantes.

RICHARD: ¿Las importantes? Yo creo que sí. Ah, sí. Mírame a

---

observando. Te he estado observando y has sido ascendido". Eso es *él*. Pero entre él y él está la necesidad de reprimir, la necesidad de no encarar esta parte de sí mismo, diciéndose: "Tú estás bien". El lo sabe y arruina este saber o es su antagonista. El dice "Muy bien", pero evita suscitar el elogio, incluso de parte de él mismo. De modo que en el transcurso del juego yo tuve esta sensación de que él realmente estaba descubriendo: "Sí, claro. *Estoy* haciendo las cosas lo mejor que puedo". Y esto sería el equivalente de lo que le dice el oficial: "Has sido ascendido" y su capacidad de asumir y aceptar realmente esa observación diciendo "sí" sin tener que evitar la situación; de modo que estoy comprobando esto retornando al sueño.

mí. Soy fantástico. Soy el mejor padre que existe. Hago un trabajo realmente bueno como padre. Sé lo que mis hijos quieren y necesitan; sé cómo responderles, estimularlos, ayudarlos a ser felices, crecer y desarrollarse y ser gente vital, abierta. Y sí que lo son. Y eso, en gran medida, se debe a mí y debido a lo que yo soy. Mírame a mí. Soy fantástico. Yo, ah, soy inteligente y hablo en forma clara... y no me equivoco mucho. Mírame a mí. Soy fantástico, Bob. Hago bien mi trabajo; la gente me responde bien; yo les gusto e incluso cuando no les gusto en un comienzo, pronto descubren que hay alguna sustancia real ahí a la cual pueden responder y descubren que están respondiendo a una persona real y no a un impostor.

T.: ¿Cómo te sientes mientras haces esto?

RICHARD: Bastante bien, esta cosa está...

HOMBRE: Tengo una fuerte sensación de que...

OTRO HOMBRE: Queremos que intentes el otro lado, Richard, que uses la muleta como una muleta. ¿Crees que esto podría ser relevante?

T.: ¿A qué te refieres con usar la muleta como una muleta?

HOMBRE: Que ponga la muleta al revés y diga: "Necesito una muleta con la cual caminar".

RICHARD: No, no quiero hacer eso.

T.: Eres renuente a aceptar elogios y dejar que los otros estén orgullosos, así es que...

RICHARD: Yo siempre lo digo primero, desde luego.

T.: De modo que estoy interesado en el otro lado de esto: en lo que te hizo bromear acerca de esto, decir "bastante bien" y permitirte una salida. ¿Podrías representar a "uno de los muchachos"? o "No soy mejor que tú: soy como todo el mundo".

RICHARD: Sí, claro. Muy bien. Desde luego que también puedo hacer eso.

T.: Así que eres tan perfecto que incluso puedes hacer eso (risas).

RICHARD: Correcto. Claro, haré cualquier cosa que estemos haciendo ahora y me pondré al día: bailar, y da exactamente lo mismo[7]. Tú sabes. Puedo meterme directamente y entenderme contigo

[7] Generalmente intento hacer estas dos cosas en una sesión. Veo una línea de actividad como un hacer figura de tipo socrático; en este caso, gradualmente empujándolo a que se convierta en una persona orgullosa. Primero, invitándolo a concluir el sueño, y luego, cambiando desde un alarde hasta decir claramente "Soy fantástico" o incluso "Soy perfecto", pero entonces, dado que obviamente esto le resulta difícil, no es simplemente asunto de entrenarlo a que libere el impulso reprimido, sino que darle una voz al obstáculo. Me cuesta sentirme satisfecho con

a cualquier nivel, sea donde sea que estés, yo también puedo estar ahí. Puedo, ah, hablar de política, ah, simplemente estar por ahí tendido. Cantar. Cualquier cosa, cualquier cosa que tú quieras hacer. Puedo, ah, ser sencillo, puedo ser muy formal. Cualquier cosa que tú quieras hacer. Como cualquier persona. Relajarme, jugar pool, lo que sea. También soy bastante bueno para jugar pool. Bastante bueno. Bastante bueno para ser un campesino.

T.: Enfatiza que no eres mejor que otros.

RICHARD: ¿No soy mejor?

T.: No.

RICHARD: Me resulta difícil hacer eso.

T.: "McFarlane lo hizo. Yo no"[8].

RICHARD: Ah, sí. Claro, McFarlane lo hizo. Soy bastante bueno como segundo al mando. No soy, en realidad no me gusta mucho ser número uno. Soy bastante bueno como segundo al mando, tú sabes, cumplir órdenes. De hecho, soy el mejor segundo comandante que hay. (Risas). Ah, sí, no soy ningún —no mucho más distinto que tú o algo. Simplemente hago lo que haya que hacer. Tú haces tus cosas y yo hago las mías. Nos entendemos muy bien así.

T.: ¿Qué te parece este rol?

RICHARD: Me gusta bastante. Sí, de verdad. Es mucho más cómodo; simplemente estar más relajado.

T.: De alguna manera, el que recibe las balas es el primero al mando.

RICHARD: (Sonriendo) Ah, sí. Correcto. (Risas) ¡Guau! Claro. Lo hizo, ¿verdad? Así es. Es mucho más seguro —estoy mucho más seguro siendo segundo. Recibo un poco más de mierda, pero no me matan[9].

T.: Pero se disfruta más siendo el primero.

RICHARD: Sí, claro.

---

una sesión, aun cuando haya bastante de esto de poner en primer plano algo, o una explosión cuando no he escuchado lo que está en juego en el opuesto; pues ese opuesto está vivo en la siquis de la persona. De modo que ahora el asunto es ponerse en contacto con *lo que está en juego* al ser simplemente como todos los demás, lo que está en juego al *no* recibir alabanzas. Porque también hay orgullo en esto de ser simplemente como todos los demás.

[8] Estoy ayudándolo a establecer la conexión entre el sueño y la vida real. Normalmente, esta conexión es vista por el paciente en el proceso mismo de actuación, pero una de las alternativas es la que utilizamos aquí: usar las imágenes del sueño para hablar acerca del ahora. En el caso anterior, la conexión es del sueño a la vida. En este último, de la vida al sueño.

[9] Esa es su solución.

T.: Me gustaría que ahora hicieras la parte del sueño y actuaras el rol de McFarlane. Sé McFarlane ahí parado[10]. Sencillamente métete en cómo se siente ser él y déjalo hablar de sí mismo. Qué se siente ser comandante y...

RICHARD: Muy bien. Muy bien. Ahora soy McFarlane y estoy a cargo de todas estas cuatro mil tropas, y estamos, y las he organizado y entrenado a todas muy bien, y he trabajado con mis comandantes de sub-unidades y he hecho todo lo necesario para lograr un equipo organizado, disciplinado. Y así es que, ah, ahora los llevo al campo de batalla y sabemos que vamos a pelear. Entonces, como que tenemos una cita con estos malditos malandrines o algo por el estilo. Ah, y vamos a luchar contra ellos, así que estamos aquí parados en el campo de batalla y yo estoy al frente y estoy, ah, estoy justo al frente en la primera línea de la gente y yo *sé* lo que significará tácticamente; para mí, ganar esta batalla es de alguna manera sacrificarme. Y estoy bastante dispuesto a hacerlo porque soy —ése es mi deber. Claro que sí. Como McFarlane que soy. No estoy trabajando para mí mismo. Y entonces están todos ahí y ha llegado el momento y estoy parado con mi rifle y —esto no estaba en el sueño, pero lo siento ahora— doy un paso hacia adelante alejándome de las filas, y bajo mi rifle y le disparo a los malandrines —sencillamente les disparo. Da lo mismo donde dispare porque son tantos. Y, en todo caso, no voy a disparar más de una o dos vueltas. Ah, muy bien, de modo que estoy —estoy a punto de hacer este sacrificio[11]. La maniobra táctica de conseguir que ellos disparen. Súbitamente me he puesto un chaleco antibalas, pero no detendrá todo. Pero no creo que ése sea McFarlane. Creo que quien se puso el chaleco antibalas soy yo de nuevo.

T.: Ve si te puedes vivenciar como McFarlane recibiendo las balas.

RICHARD: Eso es lo que me da miedo. Muy bien, entonces bajo mi rifle y disparo dos vueltas (está muy callado y dubitativo) y siento que empiezan a devolverme los disparos y recibo uno justo aquí —el primero me da justo aquí sobre el corazón. Luego recibo uno en

---

[10] Lo que estoy sugiriendo es una inversión de su solución —que también es su evitación. El que le disparen es probablemente lo mismo que enfrentar al oficial; aceptar ser el primero o el ascenso. El deseo de querer ser el primero, a pesar de alguna expectativa catastrófica. Sin el temor de ser el primero, probablemente ni siquiera se quedaría atascado en ser el primero.

[11] Su noción de ser primero o ganar es "un sacrificio".

el cuello. Y ahora de pronto empiezan a llegar muy rápidamente y siento como si me estuvieran golpeando en las piernas, los testículos, los pies, la cabeza. Pero simplemente estoy ahí parado. Y lo que voy a hacer es morir, de modo que no me dolerá más, pero simplemente voy a estar ahí parado, rígido, y recibiré los disparos. Y me estoy inclinando hacia adelante para que no me tumben los impactos. Y entonces estoy simplemente ahí parado. Y ahora están entrando y ya no lo siento. Sencillamente son unos ruidos secos por aquí y por allá, la ropa y la carne se están haciendo jirones y todo eso, pero no significa nada. Excepto que de alguna manera parece que tengo, aún tengo una mente o algo, y siento como que estoy, el hueso de mi pierna podría hacerse añicos y deshacerse ante mí antes que se complete la táctica. Y eso sería desastroso para nuestras tropas. Eso no lo sentí tan malo como pensé que sería.

T.: Un pequeño ejercicio en ser vulnerable.

RICHARD: Claro. Estaba seguro de que me iba a resultar difícil.

T.: ¿Podrías continuar relatando esto en tiempo presente y probándolo, ver cómo te calza decir: "Este soy yo. Esta es mi vida"? Ve si tiene algún sentido insertar la afirmación "Esta es mi vida" luego de las afirmaciones de la descripción.

RICHARD: ¿De la secuencia de la vulnerabilidad?

T.: Sí.

RICHARD: Mmmm.

T.: ¿Puedo introducir algo? Producir el fuego; ¿eso significa traer el fuego, traer el fuego hacia ti mismo?

RICHARD: Sí, probablemente. ¿Como si lo hubiera pedido o algo así?

T.: A propósito.

RICHARD: Sí.

T.: Concentrándolo en ti.

RICHARD: Sí, lo hice como un, ah, lo estoy *haciendo*, en parte, como un acto de heroísmo, pero también porque realmente creo que esa es mi misión y este es el modo importante de hacerlo. Muy bien, ¿así es que estoy a punto de empezar a disparar?

T.: Todo lo que has dicho, por ejemplo: "Esta es mi misión. Esta es mi vida".

RICHARD: Muy bien. Claro, muy bien. Voy a dispararle a estos, dispararle a estos malandrines; no porque realmente me guste matar gente, pero esta es mi responsabilidad ahora. Y sé que en realidad no voy a matar a muchos de ellos de todas maneras, ya que muy pronto estaré muerto. Sacrificarme; y esta es mi existencia. (Algunas risas)

Muy bien. Me voy a sacrificar con el objeto de ganar esta batalla. Esta es una batalla muy importante y tiene que ser ganada para la humanidad o algo así, y esta es mi existencia; esta es mi vida. Sí, eso es lo que quiero hacer, pero tengo miedo. Eso es lo que quiero hacer en la vida —hacer un gran sacrificio.

T.: ¿Como un orgullo para la institución?

RICHARD: No. Para gloria de Richard. Por algunos valores idealizados del perfeccionamiento de la humanidad o algo así. De modo que estoy —muy bien. Así que ahora voy a disparar un par de vueltas y tomaré todas estas balas y voy a estar de pie y recibirlas, porque ese es mi trabajo y esa es mi existencia —hacer eso. Ni siquiera voy a sentir el dolor. Porque esta también es mi existencia y tengo que protegerme de ese sentimiento, de manera de no sentir el dolor. Simplemente voy a hacer lo que sé que tengo que hacer, y esta es mi existencia. Cualesquiera sean los obstáculos, y esta es mi existencia. Y así entonces ennoblecer mi propósito al vivir o algo así. Y esta es mi existencia.

T.: Cuéntale al jefe acerca de esta existencia tuya. Acerca de que tú eres un héroe.

RICHARD: ¿McFarlane, yo mismo o qué?

T.: Ve si le calza a Richard. Richard lo ha estado evitando y no quiere recibir los elogios. Ve si lo puedes lograr como Richard —en lugar de evitar los elogios— contándole. No sólo que te fue *bastante* bien, sino que eres un héroe.

RICHARD: Ah, bueno, yo pienso que "bastante bien" significa que estoy esperando que me digan: "Sí, claro, estuvo fantástico". Sí. O estuve fantástico. Hice un buen trabajo y soy un héroe. O yo conduje a todos esos hombres —después que McFarlane murió, yo me hice cargo y conduje a todos esos hombres e hice un buen trabajo, y soy un héroe. Y merezco la recomendación.

T.: ¿Sientes que la deseas?

RICHARD: Me siento ambivalente al respecto... Sí. Quiero la recomendación como un símbolo de lo que he hecho y lo que soy. Pero sería muy humilde acerca de ello y la guardaría —tú sabes— guardaría el papel en un cajón por ahí y no se la mostraría a nadie, y como que... Después que la *obtenga*. Y sí la quiero.

T.: Bueno, tal vez podrías hacer un diálogo entre el Richard orgulloso y que alardea y el Richard humilde. Toma estos dos lados.

RICHARD: Muy bien, seré el Richard orgulloso y que alardea, y por el momento. No, ya alardeé lo suficientemente. Yo lo escucho, de modo que responderé toda esta basura.

Sí, claro, tú piensas que eres muy fantástico. Quieres que todo el mundo te diga cuán fantástico eres. Y entonces te dicen cuán fantástico eres y luego se dan vuelta y le dicen a sus amigos: "Es un asno", tú sabes. ¿Eso es lo que quieres; que te digan asno todo el tiempo?

No es eso lo que quiero. Quiero gustarle a la gente por mí y que estén realmente conmigo por ser una *persona*; no por ser un maldito símbolo de grandeza o alguien noble que se sacrifica, no por ser un farsante. Quiero que vengan a *mí*.

Tú siempre alcanzas a las personas y tratas de engatuzarlas, en lugar de que —en lugar de permitir que ellas lleguen a ti; estás tan terriblemente desesperado. Y, ah, tú realmente *me* confundes de esa manera[12].

Así que ese es mi asunto, tú sabes. Tú simplemente te dejas arrastrar y obtienes cualquier maldita cosa que sea dejada atrás. Ah, yo soy muy fantástico, tú sabes, y más vale que la gente lo sepa. Me gusta hacer eso. No hay nada que puedas hacer en relación a eso. No hay nada que puedas hacer en relación a mí. Tú sabes.

(Casi susurrando) ¡Guau! (En un tono más bien triste) ¡Es muy cierto!... Así es como ha sido, de acuerdo.

Como de costumbre, eres muy preciso en tu análisis. Y al mismo tiempo, estás lleno de mierda. Porque sé que estás dolido por el mismo tipo de cosa que *yo* soy: abierto, libre al afecto y realmente le gusto a la gente y soy capaz de que me guste la gente. Y tú no lo puedes hacer así. A ti no te puede gustar nadie cuando tomas la iniciativa y les dices cuán bueno eres. Y a ellos tampoco les puedes gustar de esa manera, porque no tienen la oportunidad de ser ellos mismos contigo[13]. Presionas demasiado. Presionas demasiado por *tu* propio bien como por el mío. De hecho, casi no hay ningún lugar para presionar en la forma en que lo haces. No te servirá para conseguir lo que quieres. Y sé que quieres algo. Tal vez no desees admitir eso, pero quieres algo[14]. Eres bastante débil actuando del

---

[12] Un paso lógico, en este momento. El ha explorado ambos, de modo que ahora podemos pensar en integrar.

[13] Pienso que este es un descubrimiento terapéuticamente efectivo: que el quiera alardear de modo que los demás *lo* vean, pero aquel alardear no hará eso por él.

[14] Aquí hay una síntesis de los dos. Richard II ya no es antagónico a Richard I, sino que lo ama.

Obtiene elogios y son como los elogios de su padre. Sabe que no es un reconocimiento de *él*. Al quedarse con su orgullo en lugar de suprimirlo, se ha contactado con la fuente de su necesidad de elogio y ha descubierto que no es en absoluto una

modo como lo haces. Eres débil y estás descontrolado. Eres neurótico, compulsivo y estás desesperado. Y tu manera de ser es un montón de basura. Eres un montón de mierda.

¿Y qué quieres que haga? ¿Que luzca avergonzado? No es mi estilo. Pero me atrapaste. Nunca me habías sorprendido de esta manera. Y tengo que admitir que tienes razón en tu interpretación. ¿Así que a dónde nos vamos desde aquí? Te diré una cosa. Ahora tengo deseos de hacer algo en relación a lo que está pasando. No estoy seguro de lo que pueda hacer, pero lo que voy a hacer justo ahora es tal vez tomar más conciencia cuando esté haciendo esto. Quizás tú me podrías ayudar en eso. Me esforzaré por escuchar, y cuando no esté escuchando, simplemente recuérdame con suavidad que no estoy escuchando. ¿Puedes hacer eso? Porque yo *sí* quiero eso. (Llorando) Eso es lo que quiero. Yo espero, yo... no quiero ser una cabeza llena de mierda. No quiero ser perfecto. (Aún llorando) ¡Mierda! No conozco a nadie así. ¡Nadie me conoce! (Sollozando de verdad) ¡Cómo me duele! (Durante la próxima frase hay un llanto convulsivo) ¡Mierda, tengo que hacer algo distinto! (Pausa, la voz vuelve a ser normal y nuevamente está controlado).

Eso es lo que he estado esperando. Tú realmente sí que pones a prueba mi paciencia. De modo que hagamos algo en relación a eso. ¿Sabes una cosa? No te preocupes de que te voy a recordar. (En un tono reconfortante) Eso de ninguna manera va a funcionar. Simplemente *relájate*. Suéltate. Si tienes ganas de sentirte triste, como acabas de estarlo, permítetelo y siéntete triste. No pidas perdón —ni a mí ni a nadie por ello. Yo escucharé... Mmmm. Me gusta estrecharte la mano. Y él también se siente así (suspiros).

T.: ¿Habrá alguna cosa que *tú* quieras decirle a los demás aquí? No a él sino...

RICHARD: Supongo que quiero decir que aquí estoy. Sí, claro. Aquí estoy. Este soy yo.

---

necesidad de elogio. La experiencia de querer ser el primero, se ha transformado en la *experiencia* —no una mera interpretación de querer ser visto y amado.

(Comentario del Co-Terapeuta: para mí, escuchar esto fue especialmente interesante, porque yo no me percataba de cuántos prejuicios tenía en contra de Richard cuando realizamos el taller. Recordaba el comienzo como algo completamente poco interesante, y más bien intelectual cuando trabajó su sueño, y no recordaba ningún afecto, a pesar de que yo estaba sentado ahí).

14
Un Intercambio con Anna Appelbaum

Habiendo sido parte del equipo de Frieda Fromm-Reichman, Anna Appelbaum aún es sicoanalista activa en la Ciudad de Nueva York. A pesar de que su formación ha sido fundamentalmente ortodoxa, ella es una persona que, con la edad y la experiencia, ha llegado a trascender la identificación con los métodos de una escuela en particular.

Le pregunté a Ana por teléfono si haría este comentario, y le sugerí, por conveniencia, que grabara sus observaciones. También le dije que, aparte de observaciones globales o generales, me interesaban sus reacciones ante los detalles de la sesión y le propuse un comentario paso a paso que se podría publicar en forma paralela al mío. Esto podría servir para mostrar concordancia o contraste en nuestra percepción de los eventos de las sesiones; especialmente, en nuestra percepción de qué cosa en mi manejo de la sesión explicaba el aparente éxito terapéutico.

El texto que viene a continuación es una transcripción de lo que grabó Anna en presencia de otra colega, Virginia Veach[1].

---

[1] Me parece adecuado que Ginny aparezca en este libro, pues ella fue de gran importancia en la vida de Fritz y, además, una de las mujeres hacia la cual él expresó su connotado rasgo de venganza negando el crédito. Fue en la relación con Ginny, y fundamentalmente a través de su influencia, que surgió la idea del kibbutz gestáltico y el proyecto de trasladarse a Canadá —con sus hijos y animales. Cuando Fritz estuvo de acuerdo en comprar una pequeña propiedad inadecuada para el sueño original y las necesidades de la familia de Ginny, ella se negó a ir, Fritz la borró de su vida e hizo pedazos los capítulos dedicados a ella en su autobiográfico *Dentro y Fuera del Tarro de la Basura*. Ginny me hizo el favor de servir como estímulo para Anna, extrayendo el comentario de abajo en presencia de una grabadora.

Sin embargo, precisamente antes de comenzar, Anna me telefoneó para que le aclarara el objetivo de mi petición. ¿Por qué estaba interesado en sus comentarios? Para qué quería esto. Mi respuesta —al hecho de estar interesado en por qué algunas intervenciones funcionaron y qué pensé que podría haber hecho mejor— no fue veraz. Fundamentalmente, quería los comentarios de una distinguida sicoanalista como un embellecimiento al libro, y sabiendo que ella había apreciado mucho mi trabajo participando en talleres anteriores; esperé que su respuesta fuera favorable. Su exasperación con "cómo una persona como tú puede intentar descubrir qué da resultado en una entrevista mediante la investigación de los métodos...", fue un ataque sobre una pregunta falsa que ella confiaba que era genuina.

Sin embargo, el error resultante fue afortunado, en el sentido que sirvió para poner de manifiesto la primacía del factor humano sobre el factor técnico —tema con el cual he elegido iniciar este libro.

Transcripción del Comentario

Claudio, estoy completamente exasperada contigo y me pregunto cómo una persona como tú puede intentar descubrir qué da resultado en una entrevista mediante la investigación de los métodos al tratar con una persona. Me parece que es como investigar el método de cómo vivir. Al hacerlo, estás muy cerca de llegar al punto de vista del paciente que estás tratando, quien también está investigando un método sobre el cual sobrevivir y ha llegado a la conclusión de que no hay ninguna posibilidad: que la gente ya está muerta o que de todas maneras está condenada a ser asesinada; y así es.

Intenté enfocar el material como sugeriste, sin embargo, en el preciso momento en que comencé, me percaté que si seguía tu petición, el formato sería algo semejante a que me enviaras una composición y me sugirieras que pusiera algunas frases mías que considerara más adecuadas. Al hacer esto, yo no estaría reemplazando nada, sino que más bien destruyendo totalmente la composición.

Más aún, si aceptara tu sugerencia del formato, no sólo cumpliría tus deseos, sino que al hacerlo, estaría aceptando tácitamente tu premisa básica de que el método como tal es válido o no; que un cierto método promete mejores resultados terapéuticos que otros.

Sin embargo, tu manuscrito simplemente tiende a confirmar mi punto de vista básico[2].

(A V.V.) Lo que podría decir es que Claudio preguntó por teléfono por qué a veces él tiene resultados terapéuticos y a veces no. Y lo que trata de investigar es mediante qué método tendrá éxito terapéutico. Y a partir de esta entrevista, queda bastante claro que no es el método sino que el paciente. Si no entiende la esencia de la comunicación, sea cual sea el método que use, no obtendrá resultados.

V.V.: No entiendo por qué dices que "queda bastante claro".

A.A.: En cualquier momento en que no escuchó al paciente, no ha descubierto dónde está el paciente en sus sentimientos. La pregunta es por qué súbitamente dice: "¿Por qué no aceptas los elogios de tu padre?". Evidentemente, fue muy doloroso para él que esta figura en el sueño ignorara totalmente al paciente. Que el problema básico entre estas dos personas era que no había absolutamente ningún contacto entre ellas. Y en este momento, Claudio se bloqueó. Pues eso toca un problema en él.

El sueño completo hace una afirmación esencial: que no hay gente que se comunique algo entre sí; que hay fuerzas de destrucción; que no hay ninguna posibilidad de que la gente viva en un mundo en común, sea lo que sea que intenten hacer; que tarde o temprano —más bien temprano— no se afectan los unos a los otros. Quienquiera que gane la batalla no tiene ninguna importancia. No tienen ningún objetivo porque no hay ninguna conexión, porque todo el mundo del paciente no ha permitido que alguien entre a su mundo y nunca nadie ha entrado a él. Está viviendo en un mundo de sistemas, de distancia, soledad y desesperación. Eso es lo que básicamente estipula el sueño y ahí es donde él está.

Luego, a medida que él se desarrolla más en el sueño, nuevamente se sorprende cuando el padre lo llama —el paciente se sorprende—, y ni siquiera se percató que ya había estado en la sala. Además, el paciente no sabe que mientras piense que estuvo en la sala, él también ha omitido al padre. Que en ningún momento el paciente o la persona es capaz de ninguna comunicación —que, de hecho, toda comunicación es ya sea reglas que se confrontan mutuamente o sistemas mecánicos; que no hay gente en todo el mundo. Las únicas figuras dominantes son las mujeres y ellas no pueden ser afectadas en lo más mínimo. Con el hombre pudiera ser que se

---

[2] Es decir, que lo que importa no son las técnicas sino la relación.

afecta por el sacrificio. Pero el sacrificio nuevamente se convierte en algo sin sentido, en términos de que ni siquiera tiene sentido para la persona que lo está haciendo. El se sacrificó en la batalla. El padre, a su vez, también se sacrificó, fundamentalmente ante todas estas mujeres a quienes él trata de quitarles todo, al igual que siente que las mujeres le roban cualquier capacidad para su propia vida. Y lo único que hacen en respuesta a eso: reirse. De manera que se ve enfrentado a una persona ausente o una persona destructiva. Claudio no descubrió nada acerca de los defectos de las mujeres. Jamás le pidió: "Sé esa mujer". De modo que yo preguntaría por qué no llegó a esto.

V.V.: ¿Podrías decir algo más acerca del efecto de la secretaria?

A.A.: La secretaria, presumiblemente a través del contacto con el padre —de hecho, él la ve como la única línea de comunicación. Pero para lo que realmente está ella, es para cortar todas las posibilidades de comunicación. Ella está interviniendo y no desea que esos dos tengan ningún contacto directo. De modo que él los ve como fuerzas abrumadoras contra las cuales no puede combatir.

V.V.: Y esto la convierte en una asesina.

A.A.: Eso la convierte en la asesina en el sueño. Y de hecho, McFarlane también es asesinado por esa asesina. El se acapara toda la hostilidad. La única posibilidad es que una persona acapare la hostilidad y muera por ello. El no puede traspasar, no puede surgir —o se mete en un cascarón y no existe.

V.V.: ¿Cómo fue eso?

A.A.: Hay dos figuras. En terapia gestáltica es cierto que él es ambas figuras, pero en el sueño no hay alternativas. Si uno tiene un conflicto, deben haber alternativas. Si uno se concentra en el conflicto, uno presume que hay alternativas. En este sueño no hay alternativas, porque acaparar todo el veneno o retraerse son hechos mortales. De modo que no es un conflicto de qué escoger, pues no hay ninguna opción en el sueño. De hecho, no hay absolutamente ningún conflicto.

A mí me parece muy obvio que cuando Claudio dice: "Ahora tú sé McFarlane" quiere mostrarle al paciente —el le *da a entender* al paciente— que él no desea ser el primero al mando; e ignora, con esa observación, que el primero que está al mando y recibe todas las balas, consigue que lo maten (y ha sido asesinado por la secretaria). El que uno no pueda recibir los disparos de otro, sino sólo estar ahí, parado y vivo, es la forma en que de alguna manera uno puede contactarse con las personas en torno a uno. El hijo ve al padre, correcto, como también la víctima del asesino: la mujer; y, a su vez, incluso intenta proteger al padre —salvar al padre protegiéndolo del asesino, peleando su batalla y sacrificando su vida para tener un padre. Porque a su vez también trata de sacrificar su vida, tomando parte en una batalla que tampoco es su verdadera batalla. De modo que el hijo se involucra en una batalla sin sentido porque descubre que tampoco podría salvar al padre involucrándose en ella. Así que todo el sistema se derrumba.

Ahora el punto es que Claudio preguntó: "¿Qué es lo que ha ayudado al paciente?". ¿Por qué finalmente fue capaz de traspasar una barrera? No fue nada que él de hecho le dijera en palabras a este paciente lo que le permitió a éste finalmente llegar a "Quiero ser una persona". Excepto en el momento cuando Claudio no se sentó en las escalas, no tuvo una secretaria, sino que hizo un contacto *directo* con esta persona y dijo: "Ensaya esto para Richard. Sé Richard". Y dándole a entender que le importa donde está Richard; que realmente le importa. Que no tiene que morir por él. El quiere que esté ahí. Ahora *cómo* comunicó Claudio esto, es un asunto irrelevante, porque simplemente lo hace. En cualquier momento en que él está ahí, el paciente está ahí. En cualquier instante en que no está ahí, el paciente dice: "Puedo hacer esto por ti; puedo hacer aquello por ti; si quieres que alardee...". El paciente comienza y se pone muy cínico cada vez que intenta alardear. De modo que el paciente dice: "Puedo intentar cualquier cosa por ti" y "Me gustaría cualquier cosa por ti, pero ése realmente no soy yo". Así que toma parte en el juego de decir: "Muy bien, haré lo que siempre hago. Puedo ser cualquier cosa. Si tú me dices que soy el mejor guitarrista...". No siente nada. Simplemente empieza a jugar un juego con el sicoterapeuta —el juego que ha jugado toda su vida. Llega un momento en que súbitamente concluye que todo ese jugar juegos (de la técnica gestáltica) realmente no interesa. Ve a una persona que lo mira amorosamente y *eso* es lo que funciona.

De modo que si pregunta por el método, sólo hay un método: estar ahí. Tampoco recibir las balas, pero podría decir: "No quiero tus balas, no quiero recibir disparos". Simplemente estar ahí. Pues nadie que esté vivo trata de recibir disparos. De modo que pueden haber dos personas al mando. El está al mando de su vida y el paciente está al mando de la suya. El no tiene que preocuparse —el padre no tiene que decir "trata de evitar las balas", y el paciente no tiene que ver al padre morir al recibir todos los disparos, y súbitamente están existiendo como dos personas. Cómo lo hizo

—sé que no lo hace con sus palabras. Yo sé eso. Y de pronto sintió la soledad absoluta de este hombre. Estoy convencida de eso. Y dijo: "Tengo que hacerle sentir que estoy ahí".

Ahora la pregunta realmente cómica de Claudio es: "¿Qué ocurre?". Si dos personas no están ahí, nada puede ocurrir. Y, a propósito, hay un punto donde se aparta totalmente. Lo que es muy significativo: él cambia —cada vez que hay un sistema en esa mujer, él jamás le da la más mínima respuesta al paciente. El paciente vuelve al sistema y súbitamente dice: "No quiero el sistema, quiero hablarle a él", pero él ignora esa *muy* importante verbalización. Pero eso no importa, pues de pronto se comunica con el paciente: "Yo estoy ahí". En este momento, el paciente puede abandonar el sistema. Lo libera para que pueda ir a aferrarse a esa madre. En la medida en que haya un padre, él puede abandonar el sistema y puede abandonar al asesino. Pero necesita que él esté ahí para hacerlo. Y de eso se trata todo realmente. Si no tiene a alguien ahí, no puede abandonar el sistema.

Ahora ¿cómo lo hizo? Todo lo que sé es cómo lo hizo Claudio. Porque lo hace conmigo. Eso es todo.

Al comienzo estaba sorprendida, Claudio, de que si bien no estaba de acuerdo con ninguno de tus comentarios, una comunicación verbal pareció conectarse realmente con las afirmaciones que hacía el paciente acerca de sus sentimientos. Y sin embargo, estoy convencida que tú estás conectado muy profundamente con la desesperación absoluta del paciente. Que conectándote con la desesperación del paciente, entraste de verdad en este mundo de su desesperación; y al hacerlo, eso realmente abrió un nuevo mundo —que había alguien que lo escuchaba; alguien que entendía; alguien que compartía esta desesperación.

Respuesta —en ocasión de entrar a prensa

El comentario principal de Anna Appelbaum (en el sentido de que la relación es más curativa que la destreza técnica) es algo que yo comparto y le doy la bienvenida como un adecuado recordatorio después de muchos capítulos sobre metodología. Sin embargo, yo cuestiono el que esa relación "es el único método", y por lo tanto, esta respuesta.

Anna, una judía que creció en la atmósfera de la persecución nazi antes que su familia inmigrara a los Estados Unidos, detesta la mala autoridad y tiende a sospechar que toda autoridad es mala. Más aún, su anti-autoritarismo se dirige no sólo a las figuras de autoridad, sino que a toda forma de codificación de la "verdad", cualquier cosa que se asemeje en lo más mínimo al dogma —y por extensión, no sólo la codificación de métodos sino que de una técnica. Mientras yo encuentro que el individualismo acérrimo de Anna y su humanismo constituyen una ráfaga de aire fresco y un antídoto a un diseminado e implícito modo de ver las cosas, veo lo que yo podría llamar su personalismo romántico como una subestimación emocionalmente sesgada de la importancia curativa de la mera destreza. Anna dice: "Si él no entiende la esencia de una comunicación, sea cual sea el método que use, no obtendrá resultados". Yo no podría estar más de acuerdo: entender la esencia de la comunicación ya es terapéutico —más allá de las técnicas e incluso más allá de las palabras (como lo demostró un bien conocido estudio de Fiedler hace unas décadas)[3]. Sin embargo, más allá de la fuerza del entendimiento, pienso que la técnica constituye un factor adicional —y no estoy seguro si acaso mi éxito como gestaltista en la década del 60 derivó (como podría decir de mi actividad terapéutica hoy) más del tipo de relación que yo brindaba que de mi destreza. Aparentemente, Anna interpreta la exploración que hago de la evitación del paciente a recibir los elogios que espera y desea como una señal de no haber descubierto dónde está en sus sentimientos, y atribuye mi "bloqueo" a la noción de que "*evidentemente*, fue muy doloroso para él que esta figura en el sueño ignorara totalmente al paciente". Debo decir que todo esto me suena como el tipo de interpretación excesiva por el cual los analistas son comúnmente criticados. No creo que yo estuviera motivado por una emoción personal cuando invité al paciente a deshacer la situación evitada, pero sí por un principio gestáltico: era un "vacío" obvio en el sueño —y más aún, un vacío que el paciente sentía como tal, quien, en este sentido, considera que el sueño está inconcluso.

Con respecto a lo que ella dice acerca de las mujeres en el sueño y en la siquis del paciente, Anna satisface plenamente mi invitación a compartir lo que yo podría no haber visto. Debo confesar, sin embargo, que aún no puedo ver lo que a ella le parece tan evidente: que la mujer es el verdadero asesino en el mundo interno de nuestro paciente. Tal vez yo podría haberlo descubierto si le hubiera pedido a Richard que se convirtiera en una de las mujeres del sueño, como sugiere Anna. El que no lo hiciera así fue una consecuencia, primero,

[3] El atributo más importante de los terapeutas experimentados es que sus clientes se sienten entendidos por ellos.

del hecho de haber vivenciado la situación de autoridad masculina relacionada con el padre como un trasfondo en el sueño, y segundo, del hecho de que cuando yo trabajo, me detengo cuando parece apropiado en términos del proceso terapéutico en curso —en lugar de hacerlo cuando todos los aspectos del sueño han sido entendidos intelectualmente.

Cuando Anna sostiene que al decir: "Ahora *tú* sé McFarlane", yo le doy a entender al paciente que él no quiere ser el primero al mando —nuevamente me declaro inocente y pienso que está interpretando en forma excesiva: hoy en día, todos los terapeutas saben que la técnica de convertirse en los personajes principales de un sueño es una rutina en terapia gestáltica. De la misma manera, cuando digo: "Ensaya esto para Richard", no estoy intentando que entienda que a mí me importa él, sino que, una vez más, estoy utilizando una técnica. Me siento complacido por la observación de Anna en el sentido de que yo sea una influencia terapéutica más allá de mis palabras, y sin embargo, nuevamente, cuando ella dice: "De pronto sintió la soledad absoluta de este hombre. Estoy convencida de eso", y con igual convicción sostiene que pensé: "Tengo que hacerle sentir que estoy ahí" —nuevamente me declaro inocente: no creo que haya intentado en forma deliberada hacerle sentir que yo estaba ahí.

Parte IV
REVISION DE LA TERAPIA GESTALTICA

15
El Aspecto Transpersonal de la Gestalt

Sin la toma de conciencia no hay nada.
Ni siquiera conocimiento de la nada.
Fritz Perls

La Terapia Gestáltica, al igual que las terapias existenciales en general, es comúnmente considerada un enfoque humanista. Sin embargo, esto no es todo: de la misma forma en que el proceso gestáltico difiere del sicoanálisis, conlleva un componente freudiano considerable —y así fue, especialmente en el trabajo de Fritz Perls, otrora sicoanalista. Menos aparente, y sin embargo, más significativo, es que las características más distintivas de la terapia gestáltica son, en estricto rigor, transpersonales.

Cuando digo "transpersonal" me estoy refiriendo a aquello que yace más allá de la "persona", en el sentido de una personalidad condicionada e individual. Esto estaba implícito en la visión de Jung cuando aplicó el término a los contenidos del inconsciente colectivo, en contraste al inconsciente "personal" y la conciencia ordinaria. Sin embargo, el hecho de que actualmente la Terapia Gestáltica por lo general sea considerada un enfoque "humanista" en lugar de "transpersonal" cuando ambos términos son dominantes en nuestro sistema de encuadrar a la sicología (cada uno relacionado con una determinada Revista Especializada y una Asociación), refleja una tendencia a asociar más lo transpersonal con el ámbito visionario, estados alterados de la conciencia y lo paranormal que con la base de todos éstos: la capacidad de percatarse en sí misma.

Sin embargo, el hecho es que la toma de conciencia es transpersonal. O, para utilizar el término más antiguo, espiritual.

Las tradiciones espirituales más articuladas dejan esto muy en claro. El buddhahood (de la raíz *bodh*, despierto) no es un estado particular de conciencia, sino que la conciencia en sí misma; la iluminación no es un estado o un contenido de la mente, sino que la mente como tal, el contenedor. Tal vez incluso en forma más explícita, el sufismo deja en claro que el objetivo de despertar del estado de un darse cuenta restringido que es la conciencia ordinaria, yace más allá de los "estados espirituales". Estas son manifestaciones derivadas de la conciencia misma y el resultado de una entronización de lo transpersonal en lo personal (o, en términos tradicionales, de lo espiritual en el ego) —que es la explicación que generalmente se le da al hecho de que "el novicio se emborracha con un poco de vino" (es decir, manifiesta una abundancia de fenómenos extáticos y visionarios con un poco de *baraka*, o "fuerza espiritual").

La tendencia habitual del principiante es excitarse más con los fenómenos productivos de la "borrachera espiritual" que con la conciencia básica que los hace posible, lo cual se sugiere en una historia sufi acerca de un joven que fue guiado por un derviche a un lugar donde mediante un conjuro hizo que la tierra se abriera y lo mandó a descender y buscar una palmatoria de hierro. Tan pronto como descendió en la bóveda así expuesta, descubrió unos tesoros tan deslumbrantes que se cubrió los brazos con joyas y oro. Luego vio la palmatoria y decidió que también podría llevársela. Sin embargo, cuando salió, el derviche se había marchado y su tesoro había desaparecido. Solamente le quedó la palmatoria. Esto es sólo el comienzo de la historia, que prosigue con el relato de que esta palmatoria era mágica y podía utilizarse de cierta forma para producir tesoros, y cómo el joven, debido a su codicia e ignorancia, los perdió. Sin embargo, este solo bosquejo puede servir para ilustrar las relaciones entre el percatarse y los "titilantes" estados de la conciencia. El percatarse, como la bien conocida gallina de los huevos de oro, es el último tesoro transpersonal, pero lo más probable es que no lo valoremos por sí mismo.

Pienso que un cambio en énfasis desde los contenidos mentales al percatarse mismo, bien puede ser la característica más significativa de las terapias humanistas y transpersonales de hoy en día, sin embargo, este salto en la práctica sicoterapéutica, como es habitual, se ha anticipado al correspondiente salto en la teoría, y por lo tanto (a pesar del creciente interés en la meditación), la naturaleza transpersonal de la toma de conciencia no ha sido suficientemente subrayada.

El que la Terapia Gestáltica por lo general sea considerada un enfoque humanista en lugar de transpersonal, es un reflejo de esta falta de precisión conceptual, a pesar de que es más comprensible si consideramos que la espiritualidad de la terapia gestáltica está, en cierto sentido, muy disimulada. Con este "en cierto sentido", me refiero al rechazo de Perls a la religiosidad ordinaria y su habitual falta de disposición para usar el lenguaje teísta más que metafóricamente. (En una ocasión, después de un taller, le agradecí su trabajo inspirado en mí y otros, y él comentó: "Esta es una instancia donde podría decir 'gracias a Dios'"). Sin embargo, su habitual práctica de responder a la charla "espiritual" (y, por lo demás, a la mayoría de las charlas) como a un síntoma neurótico, por lo general era adecuada, e incluso altamente espiritual, en el sentido que era un desafío a relacionarse con él más allá de las muletas simbólicas e ideológicas. Recuerdo bien la perplejidad de un ministro, por ejemplo, a cuyas afirmaciones religiosas Fritz respondía diciendo: "Me siento separado de ti por tu Dios". El aclaraba: "Estás colocando a Dios entre tú y yo". Desde luego que se estaba dirigiendo a la casi universal tendencia a confundir la acción directa de iluminación en el momento con pautas de relación que colindan con los constructos y suposiciones acerca de la realidad. Hubo muchos, con certeza, que dejaron de darle crédito como autoridad espiritual tan pronto como fueron heridos en sus sacrosantas creencias, y esto contribuyó a la visión del hombre y su trabajo como "anti-espiritual".

Sin embargo, la espiritualidad no es asunto de ideología, y la naturaleza transpersonal de un enfoque es un hecho que supera las afirmaciones acerca de ello. La experiencia personal de Perls del satori (descrita en su autobiografía) y su experiencia con la meditación (en una ocasión me contó, cuando vivía en Esalen, que practicaba por lo menos una hora diaria) indudablemente sirvieron de base a su moldeamiento de la terapia gestáltica —tal vez sin saberlo— y a un equivalente moderno de la práctica budista.

La práctica budista es esencialmente entrenamiento de la toma de conciencia más virtud, y también lo es la Terapia Gestáltica, a pesar de que el trabajo sobre "virtud" parece estar tan alejado de ella como la espiritualidad. En la medida que el proceso terapéutico en el enfoque gestáltico involucre un intento de debilitar lo que Karen Horney (la analista de Perls) llamaba la "tiranía de los debiera", con la cual la virtud ordinaria va de la mano, el enfoque puede parecer en principio no sólo anti-espiritual sino que anti-moral. Sin embargo, si se le considera más profundamente, crea un contexto (particularmente en su forma grupal) para la práctica de virtudes tales como la valentía y la autenticidad que son la esencia del desarrollo moral —más allá de reglas específicas de conducta. De hecho, como lo he expresado en otra parte, las acciones del terapeuta pueden ser entendidas, desde un punto de vista, como un refuerzo negativo sistemático a la falsedad y un apoyo a la auto-expresión genuina.

La virtud puede ser entendida como el trabajo interpersonal de la espiritualidad tradicional. Los maestros más antiguos de diferentes culturas tienen que haberse dado cuenta claramente cómo el desarrollo mental puede ser auto-engañador si las prácticas contemplativas se persiguen sin un fundamento de una práctica dirigida a la trascendencia de tales apetitos compulsivos y conductas desagradables generalmente denominados "pasiones": no mentir, no robar, no matar o hacer daño están en las formas orientales de crecimiento no como mera virtud, como han llegado a ser en nuestra aguada tradición mosaica, sino que, como en el Pantajali, preliminares al samadhi y, como en el "Noble Camino de Ocho Partes" de Buda, aspectos de la vida correcta y el esfuerzo correcto, que surgen de la visión correcta y preparan el terreno para la mente y la concentración correctas. Es difícil imaginar un intento exitoso de llevar una vida pura, en este sentido tradicional, sin un proceso de cambio de la personalidad que involucre una disminución de necesidades por deficiencia y una confianza menor en el engaño. En ausencia de un contexto mental adecuado y en un clima de autoritarismo (ambos, condiciones de nuestro trasfondo cultural), la virtud se convierte en moralismo, sin embargo, conducente no a un aumento de trascendencia de la deficiencia (es decir, a un no-apego), sino que a una represión.

El enverdecimiento de nuestra otrora puritana América se ha caracterizado por un quiebre de la represión, y las diversas terapias conducentes a esto —preconizadas por el sicoanálisis— se caracterizan no por el control de la conducta, sino por la rendición del control; no por la inhibición, sino por la expresión.

La terapia gestáltica es, en gran medida (como otras terapias contemporáneas), una vía hacia la toma de conciencia mediante la expresión —no sólo verbal sino motor-gestual, imaginativa y, en un sentido más amplio, artística. Sin embargo, lo que muchas veces se olvida es que el enfoque gestáltico involucra un elemento de inhibición voluntaria no menos importante, pero más sutil y menos explicado: inhibición de la conceptualización obsesiva, de la manipulación y de la conducta no auténtica (los "juegos"). Es cierto, "todo puede ocurrir" en el marco conceptual de la terapia gestáltica en lo que a la experiencia se refiere, y su expresión, excepto el "acting out", por muy dramática que pueda ser en el contexto de una experiencia guiada, no es algo que pudiéramos denominar una regla gestáltica. Precisamente porque la conducta manipuladora y no auténtica de los modos neuróticos de estar-en-el-mundo involucra un intento de evitar ciertas experiencias, la actitud de los terapeutas es invitar a un deshacer tal evitación, un "quedarse con ello", no importando cuán doloroso o confuso sea. Según Perls, nuestro percatarnos está constreñido porque no hemos aceptado nuestro sufrimiento, y por lo tanto, el proceso terapéutico necesariamente involucra (como en las tradiciones espirituales, podríamos agregar) un elemento de austeridad. La austeridad básica, podemos decir, es la no-indulgencia de aquello que las tradiciones espirituales llaman el ego y que Perls llamaba "carácter" e igualaba con un sistema de respuestas fijas obsoletas que interfieren con la función organísmica. Para él (y esta era una visión impopular en esa época), el ser humano ideal sería aquel que está más allá del carácter —una afirmación que podríamos traducir como: "funciona a un nivel transpersonal".

Dado que Perls era un ferviente no-dualista —en el sentido de negar "la superstición de que hay una separación, sin embargo, una interdependencia de dos tipos de sustancia, lo mental y lo físico"—, él prefería la palabra *organismo* para términos tales como *alma* o *Sí Mismo Superior*. Para él, la "materia-mente como unidad es verdaderamente organísmica". Su elección de terminología (tomada de Smuts y Goldstein) ha contribuido, sin lugar a dudas, a la impresión generalizada de que su visión era materialista en lugar de espiritual (es decir, transpersonal). Esta suposición puede descartarse fácilmente si consideramos su punto de vista de la toma de conciencia (junto con el espacio y el tiempo) como intrínseco a un universo tri-uno a través de sus diferentes niveles de organización. Más aún,

> Así la materia ve a través de mis ojos
> Consigue una connotación parecida a Dios
> y
> El triple Dios es último
> El es la fuerza creativa
> De todas las cosas universales.

Si la virtud de la Terapia Gestáltica es auténtica y no-manipuladora (del sí mismo u otros), su entrenamiento en la toma de conciencia puede resumirse en el enunciado que propusiera J.S. Simkin como una definición encapsulada del enfoque: "Yo y tú, aquí y ahora". En otras palabras, es una práctica del percatarse en una relación (a pesar de que a veces ésta pueda ser una relación internalizada). Con respecto a esto difiere de la práctica budista de meditación introspectiva o vipasana que, en su forma básica, es una práctica del percatarse en aislamiento. Tal como este entrenamiento de la toma de conciencia (el séptimo item del Camino de Ocho Partes del budismo) es un proceso transpersonal, la práctica del percatarse en relaciones puede caracterizarse, al igual que la terapia gestáltica en general, como el introducir lo transpersonal en lo interpersonal.

En terapia gestáltica, el cultivo de la toma de conciencia del aquí y ahora va de la mano con otro asunto subrayado por las sicologías tradicionales, el budismo en particular. Llamémoslo apertura: estar consciente de que aquello que se da aquí y ahora en nuestros campos vivenciales, involucra un gesto básico de permitir —una aceptación indiscriminada de la experiencia, que se puede decir que involucra a su vez una renuncia a los estándares y expectativas. En la medida que esta apertura toma una ruta más corta a través del contenido mental, yace otra vez en el ámbito transpersonal. Se expresa en la terapia gestáltica en una serie de formas distintas al mandato de estar consciente sin auto-manipulación. Una de éstas es lo que Fritz Perls llamaba (siguiendo a S. Friedlander) la "indiferencia creativa". Con esto quería decir la capacidad de mantenerse en un punto neutro, libre de los opuestos conceptuales o emocionales en juego en cada momento del percatarse. Perls mostraba un grado asombroso de indiferencia creativa como sicoterapeuta por su capacidad de quedarse en el punto cero sin verse atrapado en los juegos de sus pacientes. Pienso en el punto cero como un refugio del terapeuta gestáltico en medio de una participación intensa; no sólo como una fuente de fortaleza, sino como su último apoyo.

Otro aspecto de la apertura en terapia gestáltica, más allá de la aceptación de la experiencia y la renuncia a los intentos de controlar su contenido, es la aceptación de la no-experiencia: la aceptación de la nada. Perls le daba tanta importancia a esto que describió el proceso terapéutico exitoso como uno que conduce "desde el vacío estéril al vacío fértil". Cuando hablaba de la nada, se refería a ninguna cosidad —es decir, un percatarse no-articulado indiferenciado—, y al hablar de un vacío fértil, quería decir que el sentirse cómodo en este percatarse indiferenciado es el fundamento o base para una formación de figura sana del percatarse articulado en el aquí y ahora. No con poca frecuencia el terapeuta gestáltico puede observar la secuencia de la nada —explosión sicológica, en gran medida como una muerte-renacimiento parcial, y aun cuando Perls sabía muy bien que "morir y renacer no es fácil", éste es el proceso eminentemente transpersonal que él vio como la esencia de la terapia, e incluso de la vida. Su compromiso pleno y de todo corazón con ello, se refleja en uno de los óleos que dejó luego de su muerte: un autorretrato donde se le ve abrazando a su propio esqueleto.

La terapia gestáltica no sólo comparte con el budismo (y otros caminos espirituales) su prescripción de una relación virtuosa y el cultivo del percatarse, la conciencia del dolor y la muerte incluidos en particular; también comparte con prototipos antiguos su corporeización del gurú feroz, que atraviesa y pisotea el ego humano. Hesse ha recalcado que hay profesores compasivos exteriormente y profesores cuya compasión habla mediante los golpes de una vara. Fritz, como el arquetípico maestro Zen, blandía la vara: era un maestro de la reducción del ego aun antes de que Oscar Ichazo introdujera el término, y su tribu ha cultivado esta capacidad, dándola tan por sentado que ni siquiera la consideramos una técnica.

Sin embargo, más que un maestro Zen, Fritz se parecía al terapeuta transpersonal individual más temprano: el chamán y chamanístico, que también es el precedente del rol del terapeuta gestáltico: el rol de un guía experimentado, un conductor consciente. Este también es el rol de aquellos que trabajan con el percatarse corporal, con la fantasía o que ofrecen la experiencia de la meditación guiada, y se puede decir que la terapia contemporánea está teniendo cada vez más un estilo chamanístico, en éste y otros sentidos. Sin embargo, lo que hace que el rol del terapeuta gestáltico sea particularmente chamanístico es su versatilidad, que se caracteriza por un movimiento orgánico entre los dominios sensorial, afectivo, cognitivo, interactivo e imaginativo y, potencialmente por lo menos, el de la conciencia como tal.

No obstante, más allá de este rol de guía experimentado, es probable que el terapeuta gestáltico lleve consigo, en mayor o menor grado, la huella de Fritz Perls en su ser, y Fritz era un chamán en otros aspectos aparte de su rol: en su confianza en la intuición, en su orientación científico-artística, en su combinación de fuerza y ordinariez, sus modos no convencionales y el desafío a la tradición, su familiaridad con los cielos y los infiernos, y tal vez lo más importante de todo, su mente dionisiaca y apreciación de la rendición. Yo pienso, también, que no era distinto a un verdadero chamán cuando él mismo se describía como "50% hijo de Dios y 50% hijo de puta". Lo transpersonal en lo interpersonal

16
Gestalt y Meditación –y Otros Tópicos[1]

Cuando hace unos días atrás, Joe me preguntó de que hablaría hoy, le pregunté: "¿Podría hablar no sobre una cosa sino que sobre varias cosas?". Estuvo de acuerdo, y ahora le agradezco la libertad de convertir su charla en una serie de mini-charlas.

Cuando fui invitado a hablarles, una de las ideas que tuve fue leer fragmentos del primer capítulo de un libro concluido en 1970 y que después se perdió, que incluía el trabajo "Técnicas de Terapia Gestáltica", recientemente publicado. Por casualidad, yo tenía una copia de papel calco de este primer capítulo cuando se perdió el manuscrito en un centro de fotocopias, y a pesar de que parte de él fue publicado por Ornstein en su antología, *Nature of Human Consciousness* (Naturaleza de la Conciencia Humana), tuve deseos de compartir partes de él hoy, como complemento a mis afirmaciones sobre técnicas. Su título mismo les dirá por qué: "Sobre la Primacía de la Actitud y la Transmisión de Experiencia". Sin embargo, no deseo comenzar mi presentación con una lectura —mucho menos con la lectura de cosas antiguas—, de modo que por ahora me abocaré a mi segunda idea.

Otra idea que tuve, en ocasión de esta invitación, fue completar el ahora independiente libro sobre técnicas. Como tal vez sepan, éste termina con un capítulo sobre "Técnicas de Integración", donde hablo de cosas tales como el deshacer proyecciones, encuentros intrapersonales y la dramatización de sub-personalidades. Nunca me

[1] Discurso en la 2a Conferencia Anual auspiciada por el *Gestalt Journal*, Baltimore, 1981.

sentí satisfecho en relación a ese capítulo y pensé que lo terminaría con el estímulo de esta invitación. Debo decir que me daba flojera o estaba demasiado ocupado.

En todo caso, permítanme decir algunas cosas más sobre este tema. Como sabrán, los encuentros intrapersonales frecuentemente toman la forma de mandón versus mandado, o superego versus Id. Me agrada el conjunto de términos de Fritz, ofrecía una terminología descriptiva independiente de las suposiciones de la teoría de los instintos e implica el reconocimiento del aspecto reactivo (el "antimandón") del mandado. Sin embargo, no es necesario que nos atasquemos en la terminología. Obviamente, la polaridad en cuestión es la misma que observan los analistas transaccionales cuando hablan de padre e hijo.

Cuando uno lleva a cabo estos encuentros, a veces el resultado es que un sub-sí mismo se deshace del otro. El mandado dice: "Andate al infierno" y aparentemente el problema está resuelto. Pienso que es una solución temporal válida, la expresión de un reequilibrio de la siquis. Pero no creo que sea una solución definitiva. Creo más en la integración de la personalidad que en eso. Es decir, en el logro de un funcionamiento en el cual de alguna manera se unen las energías que han sido cristalizadas en estas entidades conflictivas.

El hecho de invitar a las personalidades escindidas dentro del individuo a hablar entre sí, ciertamente es un paso hacia la integración, y en ciertas ocasiones, incluso puede ser suficiente. No obstante, uno de los asuntos más importantes en sicoterapia es cómo podemos hacer expedita esta integración. Sin embargo, en lugar de abordar el asunto a un nivel técnico, permítanme proponer que —en éste como en muchos otros casos— nuestra comprensión y actitud cuentan más que un "cómo" abordar. Ya el hecho de apuntar a la integración hace una diferencia, y una vez que como terapeutas estamos conscientes de este objetivo, las técnicas surgen desde nuestra intención. Frecuentemente he utilizado la siguiente analogía: "Qué tal si se imaginan que vivirán para siempre en el mismo barco. Siempre habitarán el mismo cuerpo: ¿no podrían empezar a moverse para hacer algunos acuerdos? ¿No pueden pensar en un modo de vivir mejor entre sí?". Si —una vez que la agresión y el dolor hayan sido ventilados— sugieren que el mandón y el mandado están encadenados de por vida o que tienen que vivir para siempre en la misma habitación, esto puede proporcionarle una orientación integradora a su diálogo.

Además de esto, se podrían decir ciertas cosas acerca de la naturaleza del superego que pueden ser útiles. Como saben, el superego fue interpretado por Freud como introyectivo. La primera concepción del superego fue ésta: nosotros "debiéramos" hacernos nosotros mismos como el mundo una vez nos hizo a nosotros. Luego, el mentor más confiable de Fritz Perls, Karen Horney, formuló una interpretación alternativa del superego: que resulta de la idealización de nuestras estrategias más tempranas para enfrentar el ambiente. Idealizamos la humildad, idealizamos la rudeza, idealizamos la frialdad, etc. En general, convertimos nuestras necesidades estratégicas en virtudes.

Quiero proponerles otra visión más del superego; una perfectamente compatible e incluso implícita tanto en las visiones introyectivas como estratégicas. Y pienso que es de gran importancia hacer explícito lo siguiente: podemos decir que el mandón es, originalmente, una forma de protegernos, y en este sentido, un padre auto-creado. De modo que nuestro superego realmente quiere ayudar. El mandón es destructivo sólo en el sentido que no toma en cuenta la realidad de la situación de la persona total. El mandón ordena al mandado a que de inmediato, ahora mismo, sea diferente, lo cual es imposible. Y sin embargo, en el fondo de su corazón, quiere ayudar.

Gran parte de lo que ocurre en el curso de la terapia gestáltica efectiva, puede ser visto como una transmutación de energías. Generalmente, el proceso es similar a un exorcismo en el cual el acto de expresión sirve para percatarse de una motivación más profunda que subyace a la motivación aparente —una motivación que es organísmica y cuya expresión superficial es una vicisitud. Se puede sostener que esto también es cierto en lo que se refiere al destino del superego en la terapia exitosa. Para ponerlo en pocas palabras: es posible exorcizar su destructivo aspecto "perruno de arriba" cuando puede tomar conciencia de su intención más profunda como padre auto-creado —es decir, un colaborador que ayuda.

He tomado más conciencia de este asunto a través de un folleto del sicoterapeuta argentino Norberto Levy —llamado "Desde el Auto-Rechazo a la Auto-Asistencia". El desarrolla precisamente esta idea de una transmutación de energía: de la transmutación del auto-rechazo hasta que se torna suficientemente "inteligente" de su intención original. Describe esto por medio de una caricatura —o, para ser más preciso, un conjunto de dos caricaturas [véase páginas 210 y 211]. La primera muestra a un hombre con su maletín que sale a trabajar en la mañana, ya se le ven gotas de sudor emanando de los poros a medida que apura el paso —con un reloj al fondo que indica su lucha contra el tiempo. Luego se le muestra en un bus, rodeado de otras personas infelices —todas medio muertas. Enseguida se le ve en el trabajo con su jefe —quien apunta su dedo sobre la cabeza de nuestro pequeño hombre. Hay varias escenas así, hasta que se le muestra volviendo a la cama en la noche —acostado y empezando a soñar. Y luego sueña que está en la playa con una hermosa muchacha. Y sueña que está en su escritorio amonestando con el dedo a otra persona. Y después hay un momento en el sueño donde su sí mismo soñado mira hacia abajo y contempla su cuerpo dormido... y mira más allá... y ve el contenido de todas las caricaturas anteriores. Se ve yendo al trabajo, el viaje en bus, en la oficina con una enorme pila de papeles en su escritorio. Y está tan disgustado con toda esta vida, que le *dispara* al tipo allá abajo. En la última imagen se ve al hombre acostado en la cama con la sien sangrando.

Aquí tenemos la esencia del "juego de la tortura" del mandón, como lo llamaba Fritz. Hay dolor y queremos evitarlo. Creamos una imagen maravillosa de nosotros mismos que no sufre y que tiene una identidad distinta —una estupenda identidad falsa. Con esta grandiosa y orgullosa identificación —un sí mismo sustituto— contempla hacia abajo la realidad del individuo, no le gusta y se convierte ya sea en un suicida o un asesino crónico.

La segunda caricatura muestra a alguien que cae en algo así como un pozo, se golpea, trata de salir. Imposible. Se cae y se golpea aún más. Queda inconsciente. Empieza a soñar. Y en el sueño, esta persona más sana sueña que ella misma viene en su rescate. Alguien con sus características llega a rescatarlo cuando está tendido ahí al fondo del pozo y le muestra algo que en la caricatura no se expresa con palabras, sino que en un diagrama del pozo vacío con un respiradero lateral. Despierta. "¡Ajá!". El va y —tal como lo había anticipado el sueño— descubre un hueco en la pared. A través de este angosto tubo puede trepar nuevamente hasta la superficie.

Una entidad sicológica igual de sí mismo —el "ego ideal", si así lo desean— es, en ambos casos, el alter ego del protagonista, si bien en el primero, al servicio de la represión, y luego, en el contexto de una aceptación de la experiencia, al servicio de la "auto-asistencia".

Otra parte de este collage gestáltico que les estoy proporcionando, se la describí a Joe por teléfono como "Gestalt, Meditación y Lujuria". No sé cuánto ya eso transmita. Hay bastante que decir acerca de la meditación y la terapia gestáltica. Y hay bastante que decir acerca de la Gestalt y la lujuria. Es una polaridad interesante ésta de la meditación y la lujuria. La meditación tiene que ver con estar más allá de los deseos; con un centramiento que no es necesitado, que no requiere el apoyo de cosas que van en uno u otro sentido. La lujuria, por el contrario, involucra una intensificación de los deseos, incluso una glorificación de los deseos. Hay dos modos de pensar acerca de esta polaridad. Uno le puede asignar un valor positivo a uno de sus lados: "La meditación es buena: el desapego, una gran filosofía. La lujuria, sin embargo, es una pasión que hay que superar; la lujuria es agresión oral, necesidad, la esencia de la neurosis". Esto es fácil de defender: el desapego es precisamente uno de los factores del crecimiento. El madurar es hacerse menos dependiente que lo que fue un niño, menos necesitado, menos oral —más auto-sustentador.

Sin embargo, en otro sentido de la palabra —presente cuando Irving Stone llamó a su biografía de Van Gogh, *Lust for Life* (Lujuria por la Vida)—, ésta representa algo positivo. Y una de las cosas más interesantes que se pueden decir de la Gestalt como una forma de crecimiento entre otras, nuevas y antiguas, es que contiene esta polaridad de interioridad y expresividad mental; o, si prefieren, de desapego y deseo. No como un objetivo, y ésa es una distinción que vale la pena tener en cuenta, sino como un proceso terapéutico.

Pero antes permítanme entrar en detalles con respecto a la primera parte de este tema y discutir "Gestalt y Meditación".

Hay muchos puntos de contacto entre la terapia gestáltica y la meditación. En cierto sentido, uno podría decir que la terapia gestáltica es meditación en un contexto interpersonal. El primer elemento en común entre los dos dominios, es que la Gestalt es un entrenamiento en la toma de conciencia, y un componente fundamental de la meditación es el cultivo de la capacidad de percatarse. La práctica de prestar atención a la experiencia en curso, profundizando esta toma de conciencia del aquí y ahora, es común a ambas, sólo que, por lo general, la meditación se practica en forma solitaria, mientras que la terapia gestáltica ocurre en relación con otros, y las tradiciones de meditación conocen una etapa de la toma de conciencia más allá del percatarse del aquí y ahora: un darse cuenta retroflectado en sí mismo, que se devora a sí mismo y se disuelve en una condición de conciencia sin un objeto. El cual también es conciencia sin un sujeto, un "percatarse no-dual", *sunyata*, cognición del "fundamento del Ser".

El "Juego de la Tortura" del mandón, según N. Levy (véase pág. 207).

El "ego ideal" o alter ego al servicio de la autoasistencia, según N. Levy (véase pág. 208).

Hay muchas técnicas de meditación, cada una con un foco distinto. Dentro del repertorio clásico no hay ninguna que se relacione más con la terapia gestáltica que aquella forma llamada Vipassana —el camino real a la iluminación en el budismo temprano (y el actual Theravada). El Vipassana consiste, esencialmente, en la práctica sostenida del percatarse del aquí y ahora mientras se está sentado con los ojos cerrados —y durante esta práctica, se pone mucho énfasis en la toma de conciencia de las sensaciones corporales. No creo que Fritz Perls supiera mucho acerca del budismo Hinayana, pero redescubrió la importancia de "volver a los propios sentidos" y, sin saberlo, creó una extensión interpersonal de la antigua técnica.

Otro factor común entre la meditación y la terapia gestáltica es la suspensión de la conceptualización. Esto aproxima la Gestalt al Zen —como señalara Emil Weiss en la década del 50, y de lo cual después Fritz estaba muy consciente.

Pero aún hay más, el concepto relacionado de función-sin-pensamiento o moverse sin pensar. El involucrarse en la acción sin computar lo que uno está haciendo. Esto se puede considerar como otra extensión de la meditación sentada y está corporeizado en formas tradicionales como el Tai Chi.

Sin embargo, más allá de estos paralelos más bien formales entre meditación y gestalt, hay otros más implícitos. Por ejemplo, me recuerdo saliendo de un taller con Fritz hace muchos años y comentando que para mí el obsequio de esos días había sido el "y qué más da" de Fritz. Ante un gran drama, estas palabras mágicas salían de su boca: "Y qué más da". El pensamiento de que uno simplemente podría abandonarlo —que el drama era innecesario—, el percatarse de que gran parte del sufrimiento nos está creando problemas, no podría expresarse en forma más sucinta.

La meditación es el modo más directo en que la mente puede trabajar sobre la mente, en este momento, más allá del contenido. Involucra un cambio de actitud. Y la Gestalt está llena de eso en la forma más creativa. Mi experiencia del trabajo de Fritz era, en gran medida, esto. Estando frente al otro y siendo un poco más libre, percatándose de los problemas innecesarios del otro o, digamos, dándose cuenta dónde surgía la actitud disfuncional del otro, debido a la "indiferencia creativa" de la cual él hablaba y de la cual era un buen ejemplo, era una presencia terapéutica silenciosa, que transmitía otra actitud hacia la experiencia, otro modo de ser. Algo como: "Ante esta toma de conciencia, ante sea lo que sea que está aquí y ahora, ante las sensaciones dolorosas, ante el dolor en tu vida, incluso ante las emociones dolorosas, ¿por qué no sacar provecho de todo esto?". Sin un optimismo auto-engañador, pero con la posición más funcional de disfrutar lo más posible en medio de la incomodidad. No sé si les está llegando lo que estoy diciendo. Es como el rolfing. Algo bueno del rolfing es que uno aprende a relajarse mientras se siente dolor. No es lo mismo relajarse en un cómodo sillón que relajarse cuando alguien —especialmente Ida Rolf— le hace a uno rolfing. Ella utilizaba su codo de una manera terrible, y era, al mismo tiempo, obviamente, la encarnación de la buena madre tierra. Inspiraba confianza y le daba a uno la sensación de que sabía lo que estaba haciendo. Eso era parte de la terapia, como yo la veo. La Gestalt tiene mucho que ver con eso. Sufrir el dolor, no de una manera complicada, sino que de una manera "y qué más da". Tras todo el abandonar los "juegos" está este elemento de desapego que es la clave de la meditación.

Y, más allá de eso, la meditación apunta hacia el auto-apoyo, como la Gestalt, a pesar de que la meditación pone más énfasis en ello, pues habla de un grado de auto-apoyo donde uno puede abandonar *cualquier cosa*. Lo invita a uno a un estado mental que no tiene absolutamente ningún apoyo y no *necesita* ser apoyado. Es un hecho paradójico el que si uno abandona el apoyo, uno no se cae, sino que por el contrario, empieza a volar. El budismo y el taoísmo hablan de este soltarse de todos los apoyos, externos e internos, como un estar apoyado en el vacío. En algo que, visto desde afuera, sólo se puede describir como absolutamente nada —si bien una de las nadas más fértiles.

Podríamos decir que este centro es nuestro verdadero ser. Las capas exteriores constituyen nuestro carácter. Nuestro ser exterior es el sistema de respuestas fijas (y, por lo tanto, parcialmente obsoletas) que denominamos "nuestra personalidad". En la medida que nos identifiquemos con nuestra personalidad, somos el "pequeño sí mismo" o la "pequeña mente" de los escritores místicos, el "ego" que —como lo deja en claro Fritz en *Yo, Hambre y Agresión*— interfiere con la auto-regulación organísmica.

Permítanme introducir aquí algunas observaciones adicionales sobre el asunto de "ser uno mismo" que tangencialmente he traído a esta discusión. Como algunos de ustedes sabrán, a Paul Goodman no le interesaba esta noción; yo no comparto su punto de vista con respecto a esto y pienso que muchos gestaltistas tampoco. Si los teóricos no han puesto énfasis en la autenticidad, está, por así decirlo, "en el aire". Aquí hay una ilustración: Joe Wysong me estaba contando camino del aeropuerto cómo Fritz ayudaba a otros siendo él mismo —y cómo también ocurre que algunos en lugar de seguir su ejemplo y ser *ellos mismos*, se convierten en Fritz. Otro ejemplo: hace unos años le hice una entrevista en video a Jim Simkin para el "Gestalt Therapy Record", y ésta fue una de las preguntas que le planteé: "¿Consideras que ser uno mismo es una premisa importante en terapia gestáltica?". "La más importante", fue su respuesta.

En general, la teoría de la sicoterapia es algo que se queda atrás de los hechos, y éste, en gran medida, es el caso de la Gestalt. La vida, como el arte, contiene más de lo que la teoría puede enunciar. En este caso, la teoría ha puesto énfasis en la formación gestáltica y ha permitido que la noción de ser genuino permanezca rezagada al fondo —a pesar de que todo el mundo en la subcultura gestáltica estaba implícitamente familiarizado con este asunto. Sin embargo, pienso que el "ser uno mismo" es una proposición teórica más fundamental para la Gestalt que la "formación gestáltica" —que mal que mal, posee un número de metáforas que podemos utilizar para cambiar el flujo de la conciencia. Fritz tenía algo de chamán y, en eso, un prestidigitador. Obviamente, la sicología de la Gestalt fue un fuerte aliado con que contar en el camino hacia la acreditación académica, y sonaba impresionante establecer la ecuación: "Lo que la sicología asocianista es al sicoanálisis freudiano, la sicología gestáltica es al mío". Aparentemente, la gente no se percató de que, con respecto a la teoría, el emperador iba desnudo —y aún están buscando la misteriosa conexión entre la sicología de la Gestalt y la terapia gestáltica con un éxito cuestionable.

La meditación se puede describir como un moverse hacia el centro de uno y hacia la suspensión del propio carácter. Sin embargo, cuando utilizamos la expresión "ser uno mismo", no pensamos tanto en estar-en-quietud como estar en acción; y en terapia gestáltica hay un elemento que es más coherente con el espíritu de la meditación, pero que las escuelas de meditación del pasado, se puede decir, han pasado por alto: la *expresión* de la libertad. Desde luego que la meditación busca desarrollar una libertad interior, una permeabilidad sicológica, podríamos decir —una apertura a procesar una experiencia. Sin embargo, también hay una libertad exterior que se debe considerar: una libertad comunicativa que se podría estimar como la prueba de la apertura. (Podemos comunicar lo que podemos aceptar). Y más allá de la libertad de una mera comunicación verbal, propiamente una libertad expresiva, la libertad de comunicación afectiva.

En esto, la Gestalt y la meditación se complementan maravillosamente —la meditación enfatizando la atención, la expresión gestáltica. Sin embargo, ambas descansan en los mismos pilares —como la buena vida misma: capacidad de percatarse y espontaneidad. ¿Qué es la espontaneidad? Podríamos estar más cerca de la respuesta si clarificamos lo que no es: *no* es impulsividad, no es la mera expresión de deseos fuertes y emociones. El tema de la espontaneidad nos retrae al tema de ser uno mismo. La idea de ser verdadero con uno mismo implica, desde luego, la existencia de un "sí mismo". Si este término ha de tener algún significado, ése tiene que ser la contrapartida de la estructura del carácter, lo no condicionado —e, implícitamente, lo organísmico.

Sin embargo, en la práctica, lo habitual es que uno se vea enfrentado a la siguiente pregunta: con cuál "sí mismo" hay que ser verdadero. Por lo tanto, quiero señalar que el asunto de la espontaneidad no se puede separar del asunto de la integración. Mientras hayan sub-sí mismos, sub-personalidades con límites entre sí, no puede haber un sí mismo con el cual uno pudiera ser verdadero. Y mientras haya "carácter", hay una estructura defensiva y sub-sí mismos. Lo único que se puede denominar sí mismo es una totalidad integrada, y ésa es la forma en que Fritz utilizó el término en sus últimos años, cuando escribió acerca del mandón/mandado y de la auto-atestiguación muda. El sí mismo mudo apenas existe en forma corriente porque ha sido tragado en fragmentos. El proceso de curación se puede visualizar como la fusión de las partes en una función organísmica.

Aboquémonos ahora a la Gestalt y la lujuria. Por lo general entendemos la lujuria como algo relacionado con el entregarse a los deseos, y en ese sentido, podríamos decir que la terapia gestáltica es "lujuriosa" —pues, en la mayoría de los gestaltistas, hay una creencia implícita en el valor terapéutico de defender, expresar y gratificar los deseos de uno. Además, la lujuria se relaciona con un ansia de excitación que es típica en la atmósfera gestáltica. Una cosa es la excitación y otra es el ansia de excitación —que es el otro lado de la propensión al aburrimiento. Y todavía hay otra cosa: la seudo-excitación. Recuerdo que la primera vez que trabajé con un grupo gestáltico en Alemania y di vueltas por la sala con la pregunta: "¿Cómo te sientes ahora?", descubrí que todo el mundo estaba "excitado". Me quedó muy claro que excitación, en su idioma, era angustia idealizada. (A propósito, no me adhiero al slogan de Fritz de que la angustia es excitación menos oxígeno. También puede ser excitación menos un cigarrillo. Cualquier cosa puede aliviarnos la angustia y convertirla en acción o más bien distracción).

Tomé conciencia de la lujuria como un sesgo de la personalidad cuando estuve expuesto a la caracterología que era parte del sistema Arica. O, si prefieren, de la tradición sicológica del "Cuarto Camino", introducida en Occidente primero por Gurdjieff y luego, con mayor detalle, por Oscar Ichazo. Esto involucra una tipología similar a aquella de los siete pecados capitales del cristianismo (sólo que incluye el temor y la vanidad como pecados —aumentando de siete a nueve partes). Uno de los pecados capitales, como ustedes saben, es la lujuria, que yo siempre había interpretado en forma muy literal, como también había interpretado muy literalmente la gula, sin considerar la existencia de significados más sutiles. Al familiarizarme con la caracterología del "Cuarto Camino" (así es como a veces se auto-denomina esta tradición dentro del sufismo), supe que la gula representaba un cierto tipo de oralidad. En el caso de la lujuria quiere decir un tipo de carácter que se ha delineado muchas veces en la literatura sicológica. Reich hablaba de ello como un carácter narcisista fálico, Fromm lo llamaba la personalidad explosiva, notando su conexión con la noción sicoanalítica de agresión oral. Lowen habla del "tipo sicopático", Horney hablaba de un "carácter vengativo" y la mayoría de nosotros simplemente utilizamos la expresión "sádico". Luego de ser expuesto a esta caracterología, fue inevitable que empezara a tipificar a todos mis conocidos y gente que había conocido en mi vida —y Fritz no pudo escapar del diagnóstico. ¡Ah, él era un lujurioso! Cuando tuve un foco más claro que antes sobre el sesgo caracterológico de Fritz, inmediatamente tomé conciencia de la proyección de su personalidad en lo que llegó a ser el movimiento de terapia gestáltica. Hay una parte de la terapia gestáltica que es independiente de la personalidad y otra parte que es una imitación de Fritz, y necesitamos discriminar en esto para tomar lo que es válido y dejar de lado lo que es arbitrario. Creo que ahora casi todo el mundo está haciendo Gestalt en su estilo individual. Pero aún es útil mantener la distinción. No hace mucho escuché una definición de la Gestalt como "el trabajo de un sicópata enseñándole a compulsivos obsesivos a convertirse en histéricos". Este chiste refleja la observación de cómo la lujuria le da valor a la excitación en sí misma, cómo la expresión, en el mejor de los casos una herramienta, llega a ser considerada como un fin. La intensidad reemplaza a la profundidad, y a la inversa, la diversión es idealizada como un logro terapéutico.

Un tema relacionado con el sesgo lujurioso en la terapia gestáltica es la suposición en Gestalt de una ética de auto-expresión y auto-indulgencia. Obviamente, el dejarse llevar por un impulso es una técnica gestáltica útil. Lo mismo se puede decir de la invitación a los miembros de un grupo a que sean tan transparentes en la situación grupal, tan abiertos entre sí como sea posible y que estén dispuestos a experimentar con nuevas conductas. Lo grandioso de la Gestalt es que involucra, a nivel individual y grupal, la oportunidad de experimentar con la auto-regulación. Ahí uno puede ir más allá de los límites propios. Uno está en una situación que *es para* eso. Sin embargo, por lo general, se supone implícita o explícitamente que éste es el modo en que hay que vivir y uno sale al mundo agrediendo o va arrebatando para obtener su propia tajada de la torta, haciéndose espacio de la misma manera como se le estimula a hacer en el contexto del entrenamiento de la asertividad. Sin embargo, en ambas situaciones el resultado es diferente. Lo que ocurre en los grupos de terapia es aquello que he denominado un "judo sicológico". Uno toma un impulso disfuncional —puede ser destructivo, codicioso, lo que sea— y al expresarlo, uno llega al meollo de la experiencia (la inteligencia de su intención) —mediante lo cual se transmuta la toma de conciencia. En ese sentido, la terapia gestáltica es como un exorcismo, pero en la vida real el exorcismo no entra demasiado profundo. La situación no se presta para penetrar lo suficientemente profundo y tengo la impresión de que no funciona muy bien para el individuo ni para la sociedad. Tras la inclinación hacia la terapia catártica sobre el intento de extinguir conductas disfuncionales mediante la inhibición, existe, desde luego, una tendencia a creer en la intensidad y la inclinación a ir contra la frustración, una inclinación hacia la permisividad sobre el control y la excitación sobre la inhibición, que se debiera cuestionar. Y obtenemos una mejor perspectiva de ello, yo propongo, a la luz de esta idea de una "enfermedad cultural" de la Gestalt, una contaminación caracterológica. La lujuria ha generado joyas —*y* estemos alerta para una posible inclinación limitante. Pienso que personas como Moisés, Buda y otras, estuvieron altamente inspiradas en su concepción de "virtud". Las formas que propusieron con respecto a ser y estar entre otros, se pueden considerar como valiosas obras de ingeniería sico-social. En ellas, se insta al individuo a ejercitar la continencia del ego en su vida diaria, a inhibir su codicia y destructividad y a practicar la satisfacción. Esencialmente, los preceptos yóguicos y la ética religiosa constituyen, por una parte, una terapia mediante la inhibición del "carácter" —y por la otra, un medio para hacer de la sociedad un lugar mejor donde vivir. Pienso que hay bastante espacio para una práctica de la inhibición del ego y que ésta es más conducente a buenas relaciones que la conducta apropiada en un grupo terapéutico.

Mencioné el nombre de Oscar Ichazo como la persona que me introdujo en la tipología del "Cuarto Camino". Oscar Ichazo tenía un refrán que recuerdo en muchas oportunidades y que, desde entonces, se relaciona con muchas cosas de la vida. Es uno de los mejores refranes que he escuchado: "El diablo no sabe para quién trabaja". Con respecto a la inclinación que tenía Fritz por la intensidad y a sus tendencias hedonistas, pienso que esto es muy cierto. Detestaba a los neuróticos; de modo que se propuso exterminar la neurosis. Detestaba la dependencia —así que ayudó a la gente a pararse por sus propios medios. Qué otra cosa detestaba —la falsedad. Era hostil ante ella. En su presencia, uno sentía el estímulo para ser auténtico y se le disuadía de ser falso. Debido a su lujuriosa búsqueda de excitación, su naturaleza activa, su afición por la fricción, se aburría con la verbalización. No le gustaban las palabras —le gustaba la expresión de la emoción, el compromiso. Era un fanático del contacto. Sin embargo, a partir de su apreciación del contacto derivó el valioso enfoque gestáltico de estar alerta a la interrupción del contacto como una clave sicoterapéutica. Ni siquiera el contacto era suficiente para él. El actor que había en él disfrutaba más con la dramatización, y esto demostró ser un inestimable recurso terapéutico. Si el individuo que está en terapia se involucra en una disciplina del percatarse y la espontaneidad —o el percatarse y la autenticidad, si quieren, o el percatarse y la entrega a la regulación organísmica—, lo que el terapeuta hace es instarlo o instarla, como un director de actores, a "ser esto" o "ser aquello".

No sé si alguien ha señalado que tal invitación a dramatizar está íntimamente relacionada con una forma de meditación tradicional: la meditación con un objeto —que conduce a la "absorción". Cada tradición espiritual conoce la meditación de absorción en una u otra forma. Uno visualiza algo y luego se convierte en ello. Uno contempla alguna representación arquetípica —le da vida— y luego la absorbe dentro de su propio ser —uno se convierte en Dionisio, Shiva, un bodhisattva, o lo que sea. Este acto de convertirse en uno con el material arquetípico, Fritz lo transformó en el acto de convertirse en uno con su cuerpo, convertirse en uno con su mano, con sus lágrimas, con su voz, su sí mismo soñado, *uno mismo*. Esto viene a ser una democratización de la meditación de absorción. Muy similar a aquello que Freud introdujo con su interpretación de los sueños. David Bekan, quien escribió un libro sobre Freud y la tradición mística judía, sostiene que, para Freud, la tradición cabalística de interpretación de símbolos fue una inspiración significativa. (Curiosamente, sus colegas lo llamaban "el nuevo José"). Se podría decir que convirtió al proceso en algo "democrático", en el sentido en que no interpretaba el material simbólico tradicional, sino que ayudaba a sus pacientes a interpretar sus *propios* símbolos, sus creaciones personales inconscientes. Ahí donde Freud colocaba interpretación, Fritz colocaba dramatización —esperando que la introvisión fluyera espontáneamente de ello. Creo que la tendencia democrática de Fritz también tenía algo que ver con su estilo lujurioso. El "carácter lujurioso" tiende a ser un poco más popular en sus inclinaciones: representa al mandado, es sensato, no le gusta la religión, no le gustan las abstracciones. Frecuentemente es del tipo revolucionario.

Lo que he estado diciendo ilustra cómo un sesgo de la personalidad, en presencia de un genio, puede producir maravillosos frutos. El mecanismo es algo así como la formación de una perla. Como ustedes saben, la perla es una enfermedad de la ostra, crece alrededor de un grano de arena que ha penetrado en el delicado cuerpo de la ostra y nosotros cosechamos el resultado de la irritación.

Permítanme señalar algo importante acerca del sesgo de Fritz como de un tipo vengativo, fálico-narcisista. Su tendencia a ser amatonado, alguien que siempre quería estar encima de todos, significaba negar todo lo demás. Descalificar el sicoanálisis, descalificar el análisis del carácter, descalificar, si era posible, toda la sabiduría humana antes de él. Como consecuencia, desde luego, algunas cosas se dejaron fuera de la formación de la Gestalt. Lo primero que quiero presentar, especialmente debido a que se relaciona tanto con lo que he estado diciendo en el contexto de la meditación, es la noción de desapego. Creo que éste es un aspecto muy olvidado del proceso de maduración y transformación humanas. Ya mencioné el hecho de que vamos del apego oral del lactante a un cierto grado de fortaleza del ego, en el buen sentido del término en la sicología clásica. Y eso significa un cierto auto-control y una cualidad tal como la paciencia, que surgen del crecimiento adulto y no acompañan a la lujuria codiciosa. Hay un trasfondo de desapego en la Gestalt tal cual es, y en ella eso no se visualiza debido a su primer plano orgiástico. En realidad, uno necesita del desapego incluso para ese primer plano orgiástico, porque uno no puede liberarse si no hay desapego. Uno necesita del desapego para dejar de hacer lo que sea que esté haciendo, para quedarse quieto, para estar simplemente sentado así como lo hace la gente Zen, para abandonar cualquier juego, para sencillamente estar ahí, para permanecer calmadamente con la toma de conciencia de las propias percepciones del momento en lugar de sumirse en fantasías o jugar juegos; todo aquello necesita del desapego. Y uno *también* necesita del desapego para fluir, para rendirse a la expresión. De modo que el desapego es una valiosa proposición teórica, y que, debido a un cierto sesgo anti-teórico o una falta de interés en las formulaciones que provienen de las tradiciones espirituales, especialmente las del Lejano Oriente, fue dejada de lado.

Lo mismo se puede decir del amor. Es un sesgo de lo lujurioso —la propensión sádica a ser un campeón de la agresión y colocar el amor en el trasfondo. Es difícil no estar de acuerdo en que el amor, como la no agresión, es parte de la salud. Freud lo dijo en forma muy simple cuando un periodista le preguntó: "Dr. Freud, ¿cuál es el objetivo del sicoanálisis?". Eso siempre es un desafío a decir las cosas en forma simple y las fundamentales. El respondió: "La capacidad de trabajar y amar". Eso luego fue profundizado mucho más por Fromm. Me agrada mucho la elaboración que hizo de este tema en *Man for Himself* (El Hombre para Sí Mismo). Lo que él establece es que la ética se basa en una forma de ser y no en una conducta, y que la forma virtuosa de ser, "si es que vamos a llamar así a alguna cosa, yace en la propia capacidad de amarse", de lo cual a su vez surge la capacidad para amar a otros. Si es una característica de la salud, si es una parte del proceso terapéutico para trascender la ambivalencia infantil, como lo dice la jerga sicoanalítica, quizás sea útil tener presente eso. No como una trampa para la obediencia: el "tratar de amar" desde luego que jamás funcionó. Como lo han demostrado siglos de cristianismo, el tratar de amar conduce al impasse puritano. Pero eso no significa renunciar como terapeuta a una orientación hacia el ideal de amor, una orientación a amar como objetivo terapéutico. En relación con la terapia de incremento del amor como una alternativa al "tratar de amar", quiero hablar un poco sobre el proceso terapéutico conocido, fundamentalmente en la costa oeste y Sudamérica, como el proceso Fischer-Hoffman. Sin embargo, antes de hacer esto, permítanme interpolar una observación general:

Considero que la actitud y el "camino" terapéuticos gestálticos son verdaderamente una "enseñanza" —y en ese sentido, una enseñanza bastante importante. No hay reglas: sólo toma de conciencia. Atención y espontaneidad. O mejor aún: percatarse y naturalidad. La naturalidad no es impulsividad, sino algo que Fritz tuvo la intuición de estipular —una síntesis de espontaneidad y deliberación. (Hay mucho de eso en el Zen, especialmente en el arte Zen). Espontaneidad, pero espontaneidad controlada. *Y* espontaneidad controlada. Una importante síntesis y lo más fundamental de la sicoterapia como arte. Sicoterapia creativa por definición implícita. Los sistemas subyacentes de la sicoterapia, con sus reglas, técnicas y rituales, están en contra de la sicoterapia como arte. La Gestalt está abarcando en términos de herramientas sicoterapéuticas *y* siempre más que eso.

Pienso que el proceso Fischer-Hoffman es notablemente eficaz, a pesar de que consiste en un sistema envasado, una sistematización. Un valioso envase. Está el arte de la sicoterapia y están las tecnologías, y uno puede llegar a ser tan experto en el refinamiento de la tecnología, que es posible que el terapeuta promedio obtenga mejores resultados con una buena tecnología que un mal artista trabajando con una gran estructura.

Entre los nuevos procesos terapéuticos sistematizados —incluyendo aquellos tales como la terapia del grito primal, la cientología, el est y la PNL—, pienso que el Proceso Fischer-Hoffman, o Proceso de la Cuadrinidad, es especialmente interesante para los terapeutas gestálticos, pues hace importantes cosas tales como las siguientes: en primer lugar, conduce al individuo a través de una catarsis guiada del dolor e ira vivenciados durante el proceso de crecimiento junto a un padre y una madre o sus sustitutos. Además, involucra un proceso analítico guiado de introvisión en los primeros años de vida y la personalidad actual de uno. Sin embargo, el proceso no concluye en la catarsis y la introvisión, sino que prosigue con una "travesía" guiada a un cambio de actitud hacia el pasado y los padres de uno.

En la gran estructura gestáltica, uno trabaja *orgánicamente.* E invita a la catarsis del pasado a medida que surge con el flujo de la experiencia, el continuum de la atención. Es grandioso hacerlo orgánicamente en el momento en que surge, y es necesario decir algo en relación al hecho de tener todo el terreno cubierto. Existe un "registro de tiempo", como dicen los cientólogos. Tenemos "cintas de recuerdos", y cada recuerdo específico, su componente doloroso, y se debe agregar algo con respecto al fin del proceso cuando se traspasa este registro de tiempo tanto cronológicamente como en términos de los asuntos reflejados en él. A veces en una sesión gestáltica, uno expresará mucha ira hacia su madre por esto o aquello, por ejemplo, y en esa sesión en particular uno no expresa o ni siquiera piensa en la ira hacia su madre por esto o lo otro. Finalmente, sin embargo, es importante que toda nuestra experiencia sea transmutada y que podamos llegar a tener una comprensión sintética de nuestra vida, carácter y situación. Este enfoque en particular, el proceso Fischer-Hoffman, hace eso. Enfatiza la catarsis completa del dolor involucrado en las relaciones con los padres, pues se basa en la suposición de que nuestras relaciones están arruinadas porque primero se arruinaron las relaciones con nuestros padres. En este sentido hace eco de la visión sicoanalítica: nuestro contacto con el mundo se ha malogrado porque nuestro contacto con nuestro primer mundo, nuestro mundo original, se malogró. Estamos condenados a la compulsión a repetir, pues jamás terminamos con nuestros padres.

¿Pero qué es esto de terminar con nuestros padres? Yo planteo lo siguiente: lo inconcluso es aquello que no hemos perdonado. En algún momento traicionamos nuestra relación amorosa con los primeros seres humanos en nuestra vida. Esos seres humanos más importantes simplemente no eran suficientemente sanos como para amarnos de verdad y nosotros terminamos inhibiendo nuestro amor original, espontáneo, y consciente o inconscientemente, terminamos estando resentidos con ellos. No estábamos suficientemente maduros para la compasión. Teníamos demasiado miedo como para confiar y replicamos con una respuesta de emergencia, un mecanismo de estrés. Para ponerle fin a la proyección de nuestra experiencia con nuestros padres en el mundo presente como la compulsión a repetir, debemos *terminar* con ellos, y esto significa perdonarlos por cualquier dolor que nos hayan causado. Pienso que, tal vez, la contribución más original del proceso Fischer-Hoffman sea su subproceso de alcanzar el perdón mediante la comprensión del condicionamiento de nuestros padres como una respuesta a sus condiciones. Y luego guiar al individuo al punto de enterrar el hacha, renunciar al pasado y comenzar a amar nuevamente.

Tengo curiosidad. ¿Cuántos de ustedes han escuchado hablar acerca del proceso Fischer-Hoffman con anterioridad? Veo que sólo unos pocos. Entonces les contaré algo de la historia. Primero, cuando Bob Hoffman atendía a gente individualmente, se llamó terapia síquica. El era un sastre que se convirtió en síquico. Un hombre que descubrió su don luego de la muerte de su madre, ya que quería creer que había una entidad más allá de la tumba, que aún podría comunicarse con su madre. A pesar de que no tenía creencias religiosas fuertes, lo convencieron de ir a una iglesia donde un síquico respondía preguntas de la gente ahí presente. Esto lo llevó a vivir una experiencia impresionante, que lo motivó a unirse a un grupo de entrenamiento en desarrollo síquico que se reunía en la misma iglesia. Finalmente, se desarrolló como síquico y tomó contacto con un espíritu que se identificó como Dr. Fischer, un sicoanalista vienés que él había conocido con anterioridad. Al poco tiempo después, el Dr. Fischer le hizo una terapia y sufrió considerables cambios en su personalidad. Esto lo estimuló lo suficiente como para llevar a cabo el deseo del Dr. Fischer de introducir el proceso al mundo en general. Yo fui uno de sus primeros pacientes, y a pesar de haber sido sicoanalizado y auto-analizado, gestalteado, dianecticado, LSDeado, etc., encontré que la experiencia fue importante para mi vida personal y profesional. En la primera época del SAT[2] (una escuela sico-espiritual que formé a principios de la década del 70, que cerré y que ahora estoy abriendo nuevamente) apliqué por primera vez los conceptos Fischer-Hoffman como un proceso grupal, y pronto Bob Hoffman hizo lo mismo mucho mejor, procediendo desde entonces a formar entrenadores.

Cuando hago que los gestaltistas le presten atención al Proceso de la Cuadrinidad, no espero que los terapeutas gestálticos empiecen a dirigir grupos Fischer-Hoffman —aunque eso podría ser un buen complemento para el trabajo específico del aquí y ahora, el trabajo en material traumático tardío, conflictos actuales y sueños. Más bien pretendo que lo que engloba este sistema terapéutico pueda ser "desenglobado" por medio de la masticación y asimilación, de modo que sus virtudes puedan enriquecer el proceso orgánico de la Gestalt. Enriquecerlo con una invitación a la completud y una contribución a la "cerrazón" en las relaciones, y enriquecer la síntesis gestáltica por medio de un grado de síntesis entre lo orgánico y lo sistemático, lo dionisiaco y lo apolíneo, la espontaneidad y la deliberación. Mal que mal, la integración de la espontaneidad y la deliberación fue uno de los últimos intereses de Fritz, y su concepción, una de sus contribuciones más originales e importantes. Espontaneidad más deliberación es igual a naturalidad inteligente —el modo gestáltico.

Les he hablado acerca de la integración como la resolución del impasse mandón/mandado, sobre Gestalt y meditación, Gestalt y

---

[2] Seekers After Truth (Buscadores de la Verdad) (N. del T.).

lujuria, el lugar de "ser uno mismo" en terapia gestáltica, acerca de llenar los vacíos de la teoría gestáltica con los conceptos de desapego y amor, y sobre lo que la Gestalt puede aprender de la sicología popular, y veo que no llegaré a leer mi capítulo sobre la primacía de la actitud y la transmisión de la experiencia. En realidad, lo andaba trayendo conmigo por razones de seguridad, para tener certeza de que no se me acabaría el tema antes de tiempo. Esa es una de las "trancas" que jamás he superado: el temor de que diré todo lo que tengo que decir en cinco minutos.

Sin embargo, diré algo más: les he hecho prestar atención a la actitud gestáltica de descalificar todo lo demás. Un corolario a esa observación es que ha dejado de lado cosas que sería bueno volver a discutir. Cuando la Gestalt se estaba estableciendo (o más bien, el primer clan gestáltico) necesitaba decir: "Aquí estoy, soy lo mejor". Ahora que está establecida, bien podría abandonar ese juego. Pienso, por ejemplo, que hay un lugar importante para el análisis del carácter en el proceso terapéutico, para la ayuda de la auto-introvisión, la auto-comprensión, la comprensión de la vida de uno y la estructura del propio carácter. No sólo implícitamente mediante experimentos iluminadores en relaciones y técnicas gestálticas expresivas. También pienso que hay espacio para un trabajo corporal más sofisticado del que podemos desarrollar orgánicamente en el curso de una sesión. Asimismo, pienso que hay lugar para muchas tareas para la casa, y así aprovechar al máximo la oportunidad del individuo de trabajar todo el tiempo en sí mismo en la vida cotidiana.

Lo cual me conduce a lo último que expondré —sobre el lugar de la Gestalt en el proceso de conducción sico-espiritual. Me gusta ese rótulo —"conducción sico-espiritual"—, porque no creo que el proceso sicológico se pueda separar de lo espiritual.

En mi propia práctica he llegado a utilizar la Gestalt como una parte de un mosaico. Un mosaico "holístico". Un mosaico de trabajo corporal, trabajo de sensaciones (con la Gestalt como la herramienta básica), trabajo espiritual propiamente tal (en gran medida a través de la meditación) y nutrimento intelectual. Es importante considerar asuntos como entender el significado de la vida o la conexión de la vida con el cosmos, y no hay que llamarlos "bullshit" (caca de toro). Me gusta leerle historias sufi a la gente con quien trabajo, porque, tal como los budistas son maestros del silencio, los sufi son maestros de la palabra.

Creo que he dicho suficiente.

17
Dick Price: Un Bautismo Conmemorativo

Cuando Joe Wysong me invitó a colaborar en el número de aniversario de *The Gestalt Journal*, mi primera reacción fue transcribir una sesión reciente. Luego recibí la transcripción de una sesión no tan reciente y, en honor a la sincronía, agregué algunos comentarios. Sin embargo, luego de ello, cuando buscaba en mis archivos material para incluir en este libro, me encontré con una páginas que me parecieron muchos más adecuadas para esta ocasión: una sesión aun menos reciente, pero de una persona que está muy presente en el horizonte mental de la comunidad gestáltica.

Supongo que la mayoría de los lectores de este libro saben quién fue Dick Price. Si Michael Murphy fue el cerebro y el bolsillo de Esalen, y Fritz —el genio en residencia— su corazón, Dick, director de programas de Esalen desde sus comienzos hasta no hace mucho tiempo, fue lo visceral, sus tripas[1].

El pleno florecimiento de Fritz y su trabajo y su llegada al mundo en general, se lo debemos al olfato de Dick Price, pues su apreciación estaba en el trasfondo de la decisión de Fritz de hacer de Esalen su lugar de residencia, enseñanza y creatividad que resultó ser.

Pienso que aquellos que conocieron a Dick —un campeón de la apertura— compartirán mi sentimiento de que él habría disfrutado de esta visita post mortem y compartir de sí mismo[2].

---

[1] Esta palabra, que en inglés es guts, también significa coraje (N. del T.).

[2] Dick Price, co-fundador con Michael Murphy del Instituto Esalen en 1962, murió aplastado por una roca en una quebrada de Big Sur el 24 de noviembre de 1985. Además de haber sido una fuerza fundamental en la creación del Movimiento de

La sesión que transcribo a continuación, tuvo lugar en mayo o junio de 1971, inmediatamente después de mi regreso de Arica, Chile, donde viví varias experiencias que influyeron en mi actividad gestáltica, así como también en todos los aspectos de mi vida en diversas formas que no me detendré a relatar en esta oportunidad. Sin embargo, no caracterizaría mi trabajo aquí como algo innovador: sólo lo suficientemente empático y creativo como para haber tenido la intuición de pedirle a Dick —inmerso en las experiencias de acuosidad e infantilismo— que cristalizara más su experiencia mediante "llevando a su niño a la fuente". Aparentemente, al hacerlo yo estaba haciendo alusión a una imagen de un sueño que había aparecido antes en la sesión. No haré comentarios adicionales a la transcripción —desgraciadamente, sólo un fragmento— que comienza como sigue a continuación:

Dick Price: ...estoy pensando en un pasaje en particular... dice Lao Tzu.... quien corre sucio, corre limpio como el agua quieta... (llorando) Es como si yo hiciera esto muy bien para otros... (llorando).

Claudio: Repítelo una vez más.

D. P.: (Llorando) Quien estando sucio, corriendo sucio... (pausa)... No recuerdo exactamente... Quien corre sucio, llega limpio como el agua clara. Quien está quieto, trae a otros a la plenitud de la vida. Yo como que estoy fluyendo como un arroyo, como que estoy turbio aquí, como que tengo un flujo aquí y mi flujo es muy suave...

Potencial Humano y un afectuoso padre, esposo y amigo, había sido diagnosticado y tratado con toda la fuerza de la siquiatría moderna, como un esquizofrénico paranoideo por dos brotes "sicóticos". Fue paciente y luego formado en Terapia Gestáltica por Fritz Perls. Fue amigo de Ronald Laing e intentó implementar las ideas de éste en Esalen. Ingresó al entrenamiento Arica y se retiró luego de una experiencia que describió de esta forma: "*Hay algo así en este tipo de cosas: 'Si no has tenido nuestro entrenamiento, entonces en realidad no eres una persona. Eres inconsciente...' y esto me resultaba muy difícil de tragar*". Luego fue a Poona a visitar a Rajneesh, donde su estadía terminó de una manera similar. En una carta publicada por la revista *TIME*, emite sus impresiones sobre la experiencia en Poona: "*Bien vale la pena leer a Rajneesh.... Puede hablar brillantemente de las posibilidades transformativas de la vida humana. Encuentro que sus 'meditaciones' valen la pena ser puestas en práctica. Sin embargo, el 'grupo de encuentro' del Ashram es una abominación —autoritario, intimidante, violento— utilizada para obligar la conformidad con una nueva Orden emergente color naranja en lugar de para facilitar el crecimiento. Las fracturas óseas son habituales, los machucones y las raspaduras, incontables. Como tal, le debe mucho más a la S.S. que a Esalen. Hasta que la compasión de la que habla con tanta elocuencia Rajneesh se refleje en sus grupos, yo estaré muy contento de ser conocido una vez más como 'Richard Price' en lugar de como 'Geet Govind'*" (N. del E.).

C.: Por favor, ¿podrías seguir contactándote con ese flujo de lágrimas?

D. P.: Permíteme leer un poco a Lao Tzu. "Fluyendo turbio me limpio como agua clara. Estando quieto... como que detengo mi flujo y tengo miedo de mostrar mi debilidad...".

C.: Sí, vamos un poco más. Eso es —el niño...

D. P.: El niño, sí, eso es. Tengo miedo de mostrar mi debilidad: jamás puedo llorar. Pero el que yo esté quieto, trae a otros a la plenitud de la vida. (Llorando) Como que yo nunca... tú sabes, cuán bien hago eso en realidad...

C.: Sí.

D. P.: Pero el que yo esté quieto, trae a otros a la plenitud, y aún no permito plenamente mi propia vida.

C.: Tengo la impresión de que tienes que permitirte ser débil y poner toda tu fortaleza al servicio de tu debilidad. Sugiero que explores ahora mismo cómo puedes permitirte tu debilidad.

D. P.: Claro, como si necesitara ser ese niño. Necesito ser ese niño no atacado... claro, dejándolo ser —tú sabes. Me puedo completar. Simplemente déjame ser, simplemente déjame ser. Déjame ser un niño; déjame ser una mariposa. No tienes que ahogarme... Es casi lo opuesto. No permitirás mi niño, mis temores, no permitirás mi propia humedad. Y como Dick, tú quieres ahogarme. Lo opuesto: tú quieres secarme. (Risas) Dick, tú quieres secarme; no me permitirás mi propia postura... Estaba buscando otra palabra... no me permitirás mi propia postura... con la acción, algo por el estilo. Mis propias lágrimas, mi propio proceso. Lo que ha sucedido es que he estado tratando de mostrarte algo, rogarte, y me gustaría traerte a mi vida que permite lágrimas (pausa) y permite debilidad. Como Dick, bien sabes, jamás permito, soy demasiado terco... No te permitiré, nunca mostraré debilidad o lágrimas, tú sabes. Tal vez llegue a quererte... tú sabes, ocasionalmente, una lágrima, una lágrima. Sólo lo suficiente para vivir...

C.: Sí. Tienes dentro de ti esa voz que dice eso, pero tal vez podrías tomar alguna acción al servicio de lo que tú sabes son tus mejores intereses. Te sugiero que hagas un pequeño ritual. A veces los rituales tienen el efecto de traer algo a la vida. Lo que sugeriría es que lleves a ese niño a la fuente donde tu mente de los sueños quiere llevarlo, y veamos si el sueño se desarrolla en forma diferente.

D. P.: Muy bien. Mira, me pregunto si acaso es prudente dejar que Dick vuelva a cambiar de una mariposa a un niño y permitir que

Dick me acune, y sencillamente dejar que Dick me lleve a la fuente.

C.: Ahora sé Dick. Sé Dick llevando al niño.

D. P.: Está bien. Has vuelto a ser un niño. Veamos. Siento la frialdad de mis manos. Deseo tanto acariciarte, como darte vida, y sin embargo, algo dentro de mí, mmmm, por lo menos en los objetivos, tú sabes... mi objetivo es dar calor (risas)... ahora mismo, mis manos están realmente frías... sí, de modo que lo que tengo que hacer es acunarte como pueda. Entonces puedo acunarte así y tengo que extender las manos... hay otra solución... en lugar de proporcionar calor, de alguna forma voy a tomar calor del niño...

C.: Pueden ser las dos cosas.

D. P.: Sí, claro. Tal vez pueda tomar calor de ti. Siento la almohada, te siento como bastante más tibio que mis manos. Entonces te doy calor con mis brazos, pero con mis manos tengo que quitarte el calor. Y, claro, te puedo sacar por la fuente. (Llorando) Donde estoy es como bajo un cielo estrellado y un pabellón abierto, lo que es realmente muy seguro —es como un jardín. Hay una especie de, tal vez una fuente de un diámetro casi tan grande como el de la sala, de poca profundidad, y justo al medio está burbujeando. Una fuente burbujeante. Y, claro, como Dick, no siento necesidad de ahogarte. (Pausa) Claro, como que me estás acompañando sólo a mirar la fuente... Puedo acariciarte y darte fortaleza, y darte más calor, y puedo tomar tu calor. Y simplemente podemos observar juntos el juego de la fuente, no hay...

C.: Ajá.

D. P.: Podemos lavar y beber. Es necesario... tú sabes, no hay necesidad de matarte. No tengo que matarte. Necesito tu vida.

C.: Estás satisfecho con el hecho de contemplar juntos esta fuente. Tengo curiosidad de saber si acaso el niño tiene alguna otra idea. Quizás, dado que estás ahí, podrías hacer algo más con la fuente.

D. P.: Como niño, inmediatamente quiero zambullirme, nadar y jugar bajo el agua... tú sabes... tsu, tsu, su... el agua se me viene encima, como que salpico, floto. Mis piernas aún no son muy fuertes, pero como que, tú sabes, me puedo mover en el agua... salpicando, salpicando un poco de agua sobre Dick. No está demasiado fría. Trata de no mojarme la ropa. Claro, ahora siento que realmente puedo tanto darte como quitarte fortaleza. Y que, ah, claro, realmente te necesito. Necesito tu vitalidad en mí. Es como un niño. Necesito tus percepciones no distorsionadas. Sencillamente no puedo operar en la seudo-fortaleza y conocimiento.

C.: Y el niño dice: "Claro, tú me necesitas...". (El grupo se ríe) Bueno, eso sonó como un pacto. Sonó más o menos como el tipo de pacto que a veces se hace junto a las fuentes y ríos, muertes, primeros baños...

D. P.: Claro, burbujeando —tú sabes, simplemente burbujeaba, y agua y bastante espacio para ti, tú sabes, todo el grupo podría meterse a mi fuente. Tienen permiso para jugar con mi niño... (Pausa) Ahora, tú sabes, como la fuente, yo soy fuerte y estable; simplemente tengo una vitalidad infinita, tú sabes. Siempre estoy circulando y tengo espacio para el calor y la humedad. Recirculación infinita, tú sabes... Dando vida y fortaleza en forma perpetua. Espacio tanto para la vitalidad como para la quietud. Mucho espacio, mucho espacio... Como justo en mi centro, sencillamente como burbujeando, como que también puedes estar quieto en mí, en mis rincones, claro, puedes burbujear con pasión o puedes tener la quietud y la paz en mí, y puedes elegir lo que quieras. Estoy aquí, simplemente quietud y fortaleza en esta vida continua, día y noche...

C.: Me siento muy feliz de haber estado presente en tu bautismo. Confío en que cuando ocurre una vez, sigue ocurriendo.

(ALGUIEN DEL GRUPO) "No funciona sin pañuelos desechables".

(OTRO) "Por lo menos no con las grandes fuentes" (risas del grupo).

D. P.: Tengo la sensación de que ahora acepto mucho más mis lágrimas, no hago la equivalencia con "lloro, por lo tanto, soy débil". Lloro con fuerza.

C.: Claro. Un sueño tremendamente sabio, tu niño tiene que ser llevado a la fuente, y en contra de este proceso arquetípico, al medio se interpone el ego, con venganza... (risas).

D. P.: Hay una expresión que se le atribuye a Buda: "Yo solo y el mundo...". Nunca me sentí cómodo con eso. Tú sabes, voy a tomar algunas medidas...

C.: ¿Harías las movidas?; creo que sería un muy buen fin para la ceremonia, darle al niño sus derechos totales (risas en el grupo).

D. P.: Más bien me gustaría cambiar la (falta la palabra) no solo y el mundo honorable...

(Lo único que tengo es la transcripción, y esta frase no tiene sentido para mí. Sin embargo, hay una alusión a la historia del nacimiento de Buda, donde, como es habitual entre los sutras, se le llama el Honrado del Mundo.

Aquí Dick actúa la leyenda del Buda recién nacido que da siete pasos después de su nacimiento y proclama su divinidad).

(risas)

D. P.: Muy bien... cinco, seis, siete...

(risas en el grupo)

Una vez escuché a Allen Ginsberg decir que hubo una época en que se paseaba por el campus de Berkeley proclamando "Yo soy Dios", con un tono de voz que hacía que los demás sintieran que ellos a su vez no lo eran.

Toma tiempo descubrir que todos podemos serlo.

18
Ejercicios Gestálticos

Desde los inicios de mi carrera, los ejercicios sicoterapéuticos han sido de especial interés para mí. Comencé a introducirlos sistemáticamente en ciertos talleres ya en la época en que trabajaba en Esalen a fines de la década del 70. Después que Fritz se fue a Canadá, yo dirigí dos tipos de talleres ahí: mientras algunos (en colaboración con Bob Hall y Jack Downing) eran talleres gestálticos regulares (Jim Simkin conducía los talleres de formación en esa época), en otros aprovechaba la oportunidad que me habían dado mis auspiciadores para ser innovador y dedicaba las mañanas a la meditación, las noches al trabajo gestáltico de silla caliente y las tardes a algo intermedio: ejercicios en grupos pequeños donde exploraba el área común entre la meditación y el encuentro.

Pienso que gran parte de lo que ocurre en sicoterapia, y a la larga todo en ella, es en realidad lo que hace el paciente; considerando que es un proceso interno a partir del cual convergen la voluntad de ver y la voluntad de sanar. Desde un punto de vista, la sicoterapia podría ser considerada como un contexto donde puede ocurrir este evento interno: como apoyo a un proceso auto-terapéutico. En todo caso, cualquiera sea el grado de ayuda que pueda ofrecer el ser y la destreza del terapeuta, existe una cosa tal como trabajar en uno mismo sicológicamente, y muchas personas lo hacen a tientas, incluso sin exponerse a la sicoterapia formal o a la conducción espiritual.

Este punto de vista que tengo sobre la posibilidad e importancia del trabajo en auto-terapia —apoyado por la propia invitación de Fritz a la auto-terapia en los ejercicios gestálticos que aparecen al principio de su libro clásico de 1955—[1], siempre me interesó mucho al diseñar estructuras interpersonales que englobaran principios terapéuticos generales y que, por lo tanto, pudieran ser formas útiles para que la gente llevara a cabo trabajo mutuamente asistido en sí misma. Con el correr del tiempo, incluso he refinado la situación del microtaller al punto de obtener sustanciales resultados terapéuticos mediante la suposición de tal proceso de personas trabajando entre ellas.

A principios de la década del 70, me familiaricé bastante con muchos de estos ejercicios terapéuticos para grupos pequeños, en relación con el experimento pedagógico que llegó a convertirse en el "Instituto SAT" —un aspecto del cual era estructurar un grupo en un sistema auto-curativo. En esta aventura, los ejercicios en grupos pequeños sirvieron tanto a un objetivo terapéutico como a uno de entrenamiento, y entre ellos había una serie de "gimnasias gestálticas" a través de las cuales yo buscaba proporcionarle a los participantes una oportunidad para que se concentraran en el desarrollo de destrezas específicas tales como escuchar, monitorear su continuum de la atención, observar el lenguaje corporal, reflejar, etc.

El conjunto de ejercicios gestálticos que he seleccionado en este capítulo, tienen en común esa doble relevancia para la terapia y el entrenamiento. He llegado a considerar a los primeros tres —que enfatizan el sentido de presencia y el sentido de Yo/Tú en contraposición a Yo/Ello en su lugar— como un trasfondo deseable para todo entrenamiento en sicoterapia, junto con todos los aspectos del continuum de la atención. La descripción particular de este último, que proporciono a continuación, está tomada (excepto los comentarios introductorios) de la transcripción de un taller e ilustra una variación particular de aquel género que llamo "el continuum de la atención en un contexto de meditación". "Contexto de meditación" aquí no sólo quiere decir el "campo de meditación" suministrado por la actitud meditativa de quien escucha, sino que el confinamiento del percatarse meditativo mismo en vista de una comprensión de la meditación mediante énfasis selectivos en aspectos tales como el dejarse llevar, el percatarse corporal, el percatarse emocional, el percatarse panorámico, etc.

Además, la última serie de ejercicios que se refieren al conflicto

---

[1] Gestalt Therapy: Excitement and Growth in the Human Personality, Perls, Hefferline y Goodman (New York: Julian Press, 1970 [Crown, 1977]). En Editorial Cuatro Vientos hay disponible una traducción libre de los ejercicios (N. del E.).

mandón/mandado, constituyen una excelente oportunidad de entrenamiento, así como también una oportunidad terapéutica, ya que el entrenar a una persona a través de sus cuatro etapas involucra, además del ejercicio de la intuición, la destreza para estimular la expresión emocional y, en particular, la ira.

Ejercicios Yo/Tú

Los primeros ejercicios pueden ser considerados tanto un desarrollo de algo implícito en la terapia gestáltica como algo tomado prestado del sufismo: el ejercicio de concentrarse en el sentido de presencia o símismidad (selfhood). El segundo, igualmente, puede ser considerado tanto una elaboración de algo ya presente en el enfoque gestáltico como algo tomado prestado: el cultivo del sentido de personeidad (personhood) del otro, el sentido del "Tú" en contraposición a la experiencia del "Ello" (It). Al trabajar estas dos técnicas en forma separada, tanto conmigo mismo como con los demás, naturalmente descubrí la potencia de su combinación: los ejercicios están, al mismo tiempo, atentos al sí mismo y a la presencia y ser de otros.

1. Presencia

Siéntense frente a frente el uno con el otro y cierren los ojos.

Pongan atención en sus sensaciones corporales, su postura y su expresión facial y haga cualquier corrección en su postura o en su actitud que tal conciencia le sugiera.

Sea como quiere ser,
momento a momento.
Ahora abra sus ojos
quedándose quieto en cuerpo y mente.
Relaje sus ojos
quedándose quieto en cuerpo y mente.
Relaje su cuerpo y permítase estar cómodo, sin tratar de hacer nada,
y al ir permitiendo que su mente se silencie,
concéntrese en la sensación de existir.
Sienta "Yo estoy aquí".
Luego de un tiempo concentrándose en la sensación de Yo mientras se relaja con su mente en silencio,
traiga su respiración a la conciencia
y dirija su atención desde "Yo" al "aquí"

y repita mentalmente
Yo-estoy-aquí
en sincronía con ins-piración, pausa y ex-piración
(no intente nada en particular durante la pausa de exhalación)
Continúe con tanta continuidad de atención como le sea posible.

Cuando llevé a cabo y compartí mi receta espiritual, no pude dejar de apreciar a Fritz, en retrospectiva, por el ejercicio Yo-Tú que él recetaba y que yo no había llevado a la práctica o había pasado por alto junto con el resto de la herencia gestáltica. El ejercicio de Fritz consistía en que dos personas realmente se decían un rosario de Yos y Tús en diferentes combinaciones y ritmos, en forma alternada.

Tal como yo sentí que la experiencia no iba mucho más allá de un juego de palabras, quizás haya otros que no han apreciado los importantes asuntos involucrados: la yoidad (I amness) en equilibrio con el sentido de otridad (otherness). Algunos de los ejercicios que descubrí por mi propia cuenta y que describí para otros, pueden ser útiles para quienes jamás se hayan concentrado antes en el asunto del yo-tú. Los he aplicado en muchos grupos de gente que los han encontrado tanto personalmente significativos como un aspecto sustancial de su formación profesional.

2. Tu-eidad

Como anteriormente, comiencen sentándose frente a frente, cerrando sus ojos, optimizando su postura, su actitud y su estado.

Luego, después de un tiempo de permitirse estar lo más en paz, lo más que les sea posible, abran sus ojos, mientras permanecen sentados, relajados y centrados físicamente.

Sin entablar un diálogo verbal o no verbal, olvídense lo más posible de sí mismos, mientras que se focalizan en la sensación de que la persona que está al frente existe verdaderamente, es una persona y no un objeto, un ser consciente que los está contemplando.

3. Yo-Tú (infinidad)

Luego de un centrarse preparatorio como antes, aquí las dos personas en silencio mental sostenido con los ojos abiertos y con el apoyo de la relajación física, concentrándose tanto en "Yo" y en "Tú", mientras que al mismo tiempo evocan un sentido de infinidad en torno a ellos.

Ensáyalo, intentando al mismo tiempo intensificar el sentido de presencia en sí mismo y en otro y una sensación de profundidad cósmica.

Permite que la sensación de infinidad apoye tu relajación y disuelva tu mente.

Tal vez encuentres útil decir a veces subvocalmente.

Yo-Tú-nada

o

Yo-Tú-infinidad

o

Yo-Tú-eso (o las alternativas que prefieras)

Nota: a pesar de que aquí presento estos tres ejercicios en tan poco espacio que pueden ser leídos en, virtualmente, nada de tiempo, pienso que la experiencia de cada uno de ellos merece la oportunidad de una profundización mediante la práctica —especialmente en situaciones grupales a través de la rotación entre miembros del grupo a lo largo de muchas reuniones. Con el correr del tiempo, también he llegado a conocer bien el valor de entrenamiento que tienen muchos de estos ejercicios, en particular, desde la época en que elaboré por primera vez un programa de entrenamiento terapéutico durante la década del 70 en el Instituto SAT. Desde entonces me ha gustado más una situación que no es ni de pura terapia ni de entrenamiento profesional, un híbrido de desarrollo del potencial terapéutico entre los legos. Mientras moldeaba los grupos en sistemas sicológicos auto-terapizantes y auto-sostenidos.

A pesar de que la inspiración para esta actividad de combinar el sofisticado trabajo de microtaller y el entrenamiento terapéutico la he obtenido de cosas que van más allá de la pura terapia gestáltica, naturalmente mi práctica ha estado profundamente influenciada por la Gestalt, y para los objetivos de este capítulo he seleccionado algunos ejercicios que pueden ser considerados como materializaciones directas de las ideas gestálticas.

El continuum de la atención en el contexto de la meditación

El continuum de la atención es a la terapia gestáltica lo que la asociación libre es al sicoanálisis: tanto el inicio como el fin de la terapia. El inicio, en el sentido en que suministra el espejo donde se reflejan las dificultades sicológicas de una persona y del cual el terapeuta toma sus claves; el fin, en el sentido en que tal como la capacidad de asociar libremente sin resistencia puede ser considerada como un signo de finalización del análisis, la capacidad de vivenciar plenitud y profundidad en cada aquí-y-ahora es la meta de la Gestalt.

Yo soy alguien que cree que, a pesar de lo mucho que se habla del continuum de la conciencia, a su práctica no se le da toda la atención que merece —pues se tiende a no considerarla lo suficiente como una *práctica* (la práctica de una actitud sana centrada en el presente), sino más bien como un mero punto de partida para otras intervenciones y direcciones terapéuticas.

Dado que lo considero un ejercicio sicológico valioso por derecho propio, y que se llevará mejor a cabo con el estímulo de la comunicación interpersonal, generalmente lo programo como un complemento de la terapia propiamente tal y —en variaciones tales como la que veremos a continuación— como parte del entrenamiento.

Aquellos que tienen experiencia con el ejercicio del continuum de la atención, no pueden haber dejado de percibir que, como es el caso de los ejercicios sicológicos en general, a veces es algo pleno y productivo, y en otras oportunidades, superficial: una serie de autorelatos aparentemente sin sentido, en forma más típica, un inventario de percepciones: ahora miro la alfombra, ahora escucho un auto que va pasando, etc. ¿Dónde está el misterio? ¿Qué es lo que hace del acto de percatarse-del-momento algo profundo; aquello que ocasiona que a veces el acto de percatarse sea profundo?

Pienso que la respuesta se puede abordar de varias maneras, una de ellas es la experiencia de la pr*esencia*, la experiencia del "Yo estoy Aquí". A veces nos vivenciamos como *cosas* y otras veces nos vivenciamos como *humanos*. Esto se podría considerar un asunto de gracia —como la percepción del mundo en general: a veces el árbol frente a nuestra casa tiene poco interés para nosotros, mientras que otras veces vemos cómo brilla su hermosura; el mundo a veces es opaco, mientras que otras veces tiene significado, no un significado intelectual sino que afectivo, y lo mismo se puede aplicar a las personas. Una persona, como lo indicara Buber, a veces es un *it* (algo) para nosotros, no verdaderamente un tú, y pienso que estos dos van de la mano, la experiencia del yo y la experiencia del tú. Cuando siento que yo soy, siento que tú eres. Cuando yo soy una cosa, el otro también es una cosa. Mi argumento es que cuando nuestra percepción es una serie de ítemes fragmentados, no hay sentido de existencia en el trasfondo de tal percepción —y, por el contrario, cuando sentimos que existimos, el mundo se torna significativo y radiante. En otras oportunidades, la falta de vitalidad del ejercicio del aquí y ahora emana de un deseo consciente o inconsciente de desafiar la espontaneidad, de una falta de atención a lo obvio, y otras causas. Sea lo que sea, parte del arte del terapeuta es darle vida a tales producciones muertas.

Sin embargo, ¿cómo podemos darle profundidad a un ejercicio en que no hay un terapeuta presente y dónde estamos en una situación de aprovechar al máximo nuestra propia capacidad auto-terapéutica?

El interés en este asunto me ha llevado a desarrollar una serie de variaciones de lo que se podría llamar "el aquí y ahora a la luz de la meditación", tal como la que se describe a continuación. Un factor que puede ser de importancia es la actitud del que escucha. Cuando estamos trabajando como terapeutas, parte del tiempo estamos escuchando y puede que nos hayamos percatado de que el modo de nuestro silencio es importante. O, tal vez, nos hemos percatado de esto en el curso de la vida cotidiana: hay silencios profundos; a veces el que escucha inspira, a veces no; a veces el silencio es un desafío, a veces no. ¿De qué depende esto? Digamos que lo que importa es el estado mental y que éste se transmite sin palabras: el estado mental del que escucha puede ser profundo o superficial, y dado que la profundización mental es el objetivo de las prácticas meditativas, resulta que el que escucha puede ser capaz de ayudar de una manera completamente distinta a lo que generalmente se cultiva en la práctica de la sicoterapia: no mediante la anticipación, no mediante el esfuerzo de comprender, sino que mediante una preocupación por *estar ahí* en una forma más sustancial, incrementando, por así decir, la densidad de su ser, de modo que un silencio más profundo pueda atraer a ello una comunicación más profunda. Este es el ejercicio que quiero proponerles ahora: un ejercicio del "aquí y ahora" donde una persona realiza el ejercicio gestáltico clásico (acerca del cual añadiré algunos detalles), mientras el que escucha lo hace de una manera particular.

Ahora permítanme describir un poco más el rol de ambos, así como también el rol de una tercera persona, que estará a cargo de la supervisión. Trabajaremos en grupos de tres, rotando, de modo que cada persona tendrá diez minutos para trabajar.

Acabo de utilizar la palabra "trabajar", una palabra tan importante en el vocabulario de Fritz Perls. A pesar de que trabajar con él (o con otros terapeutas) involucraba una disposición a seguir instrucciones y no ponerse a la defensiva ante verdades dolorosas, este ejercicio del continuum de la atención (la situación gestáltica básica) ya es suficiente "trabajo" por sí mismo. En primer lugar, es un trabajo de la atención. Esta puede ser superficial o profunda, burda o sutil, sostenida o intermitente. Asimismo, es trabajo el hecho de desafiar y también es trabajo el renunciar a la manipulación habitual de nuestra propia mente. Tal como en la vida de la meditación se puede requerir mucho trabajo para llegar al estado de paz, de modo que el no hacer es algo esforzado antes de que pueda tornarse no esforzado, hay trabajo en dejarse llevar por la mente donde *ella* quiera ir. Pienso que, en la práctica gestáltica, a veces no se le presta suficiente atención a este aspecto organísmico del flujo de la experiencia. Pienso que incluso la palabra "continuum", de Fritz Perls, en la expresión "continuum de la atención", puede haber implicado una alusión cuasi poética a la multidimensionalidad del percatarse y al hecho de que en cada momento podemos atender a innumerables posibles experiencias: sonidos, imágenes, emociones, lo que estamos haciendo, nuestra voz, etc. No sólo ocurre que diferentes campos del percatarse se intersectan en cada momento de modo que cualquiera de ellos puede guiarnos y conducirnos en una dirección particular: si resistimos la tentación de convertirnos en un manipulador activo de nuestra experiencia, pero somos verdaderamente sensibles en lo que respecta a donde *quiere* ir nuestra atención, habrá un flujo síquico particular —ya sea que interpretemos esto en términos de formación figura-fondo, auto-regulación o simple espontaneidad o inspiración. Este mero acto, el rendirse a lo que viene, puede requerir de mucha valentía. Se necesita mucho coraje y también humildad; este "estar abierto a la experiencia" requiere de muchas cosas.

Si estás dispuesto a decir lo que no has ensayado, si estás dispuesto a ser sorprendido por lo que dices, tal vez podrías deshacerte de tu auto-imagen. Uno expresa o deja una impresión. Gran parte de lo que se consigue en el continuum de la atención aún está dentro de los límites de un rol, dentro del límite de no crear una mala impresión. Y digo todo esto porque pienso que lo que sucede en un ejercicio de tal simplicidad depende del grado de libertad de la persona; depende de cuánto nos permitimos que ocurra y cuánto apreciamos el potencial indefinido de nuestra exploración. Depende de uno el convertirlo en un ejercicio trivial o en una gran ocasión; todo depende de cuán abierto sea uno y cuán sincero sea en su deseo de trabajar.

A aquellos que estén hablando —en un monólogo— quiero recomendarles que tomen en consideración los tres ámbitos básicos del percatarse: las percepciones, los sentimientos o emociones y las acciones. En todo momento uno se percata de lo que le llega a través de los sentidos externos, así como también a través del sentido corporal. Uno se percata de lo que está haciendo, no sólo con el cuerpo y la voz, sino que intrasíquicamente (como esperar tener algo que relatar u optar entre atender a una u otra cosa), y uno se percata de sus emociones. Les sugiero que no se queden empantanados en un ámbito en particular. Asegúrense de que su ejercicio no sólo tenga como resultado una enumeración de percepciones o la observación de lo que están haciendo. Manténganse en movimiento, rotando, pero enfatizando la observación y expresión de los *sentimientos* y *emociones*. Lo que más nos interesa son los sentimientos y las emociones. Lo que tiene que ser develado es la vida de los sentimientos y emociones; y sin embargo, es útil, para que se percaten de sus emociones, tener como fundamento sus percepciones, de modo que puedan averiguar lo que sienten *en ocasión* de cada una de sus percepciones así. No se trata sólo de relatar los movimientos posturales, las inflexiones de la voz que observan, sino que utilizar la observación de sus acciones para averiguar cómo se sienten *mientras* actúan: utilicen sus acciones como un espejo de sus sentimientos.

Ahora me aboco a las instrucciones para el que escucha. El que escucha se sienta frente al que hablará e inhibe no sólo el lenguaje verbal (como es lo apropiado a un monólogo), sino también el lenguaje corporal. Ofrézcanle a su pareja la experiencia de estar frente a un *mero* testigo, alguien que simplemente está ahí sin dar claves, sin aprobar o desaprobar. Inhiban sus sonrisas, el encoger los hombros, etc., y adopten una actitud meditativa: no hagan nada excepto estar ahí presente. Relajen la cara, relajen los ojos, relajen la lengua (que está activa incluso durante el lenguaje internalizado, no-vocal). Y también quiero invitarlos a que no traten de entender lo que dice su pareja. Tal vez se percaten de que al no intentarlo, comprenderán más, no menos. En lugar de tratar de entender, esfuércense *en atender*; presten atención a lo que ocurre tanto afuera como adentro: lo que ven, la voz y las palabras que escuchan y también cómo se sienten constantemente. Mientras que en las conversaciones corrientes hay una cierta cantidad de preparación implícita para responder, permítanse estar relajados sin realizar otra tarea que no sea aquella de atender al momento —a su pareja. Dejen que su único ejercicio sea el de una atención continua no enjuiciadora. Lo que están ofreciendo a su pareja es presencia pura. Nada más —y sin embargo, algo cuyo efecto, que pienso que podrán constatar, no es tan trivial. Y no tan fácil —ya que existe tanta compulsión a ayudar, compulsión a responder, y el que habla a veces puede que se sienta abandonado.

La tercera persona hace de supervisor. Se sienta cerca de la pareja. Hay dos personas frente a frente y el supervisor se sienta entre ellas a un lado. El supervisor hará una de las cosas que hace el terapeuta: indicar las infracciones a la regla gestáltica —es decir, indicar cuando lo que se dice no es una expresión de la experiencia: cuando el que habla se está yendo por las ramas, cuando comienza a explicar, hacer abstracciones, relatar una historia, anticipar, etc. El supervisor también pone atención a los gestos compulsivos del que escucha, quien supuestamente debe mantenerse relajado: asentimientos con la cabeza, gestos automáticos, etc., y se los hace notar.

Ejercicios de mandón/mandado

Pienso que todos sabemos cómo un encuentro mandón/mandado a menudo constituye el clímax de una sesión gestáltica —el punto de una transición explosiva a un estado más sano.

Dado que cualquier persona que tenga problemas internos posee un mandón o superego, y debido a que para cada mandón hay un mandado, pienso que el asunto del auto-control, odio a sí mismo y auto-manipulación está siempre presente en la neurosis, y por lo tanto, uno en cualquier momento puede optar por concentrarse en la división esencial que mantiene el conflicto. Al ser esto así, se presta idealmente para la sistematización, y la serie de ejercicios que describo más abajo constituyen una progresión en etapas que he diseñado tomando en cuenta una situación terapéutica mutuamente asistida.

Primera Etapa: La auto-acusación como una catarsis de ira del superego

La catarsis, nos dice Aristóteles, es el punto álgido del drama; al ser esto así, parece más apropiado utilizar la dramatización como un medio para hacer explícito (y así traer al percatarse) el odioso auto-control que normalmente está implícito en la función neurótica y en los desórdenes sicosomáticos. (El sicoanalista argentino Anhill Garman solía hablar de "la mordida del superego en la mucosa gástrica").

En ocasión de este ejercicio, generalmente explico que cuando los canales conductuales para la expresión de la ira están bloqueados por una prohibición internalizada, será difícil vivenciar la emoción de la ira, y que, a la inversa, la dramatización puede facilitar el acceso a esa emoción. (Aquí puedo utilizar la metáfora de "cebar la bomba": "aumentar las revoluciones" (como solía decir Fritz) hasta que el agua de la emoción comience a fluir en las palabras, la voz y los gestos.

Segunda Etapa: Inversión del mandado

En lugar de la reactuación del habitual juego mandón/mandado, yo me salto a la inversión del mandado —la aplicación más dramática de la técnica de inversión que conozco en la herencia gestáltica implícita: aquí le pido a los miembros del grupo que representen su mandado (es decir, la personalidad que era el blanco de las acusaciones del mandón en el ejercicio anterior), pero no un mandado plañidero, culpable y doliente, sino uno que se percata de la deformidad y destructividad de los mandatos del mandón; tomar partido por el oprimido, pero sin permanecer oprimido; rebelarse, deshacerse del yugo del mandón y acusarlo haciendo todo un despliegue de ira en palabras y gestos.

Tercera y Cuarta Etapa: Inversión del mandón y trabajando por un contrato

Cuando el ejercicio descrito arriba se realiza en forma plena y comprometida, puede producir —como en algunas sesiones exitosas de silla caliente— una mayor apertura sicológica: un grado de liberación del mandón y el consiguiente incremento de la libertad interna. Sin embargo, tengo la impresión de que esta libertad no es definitiva, como tampoco es duradero el estado de aparente libertad del mandón. Es probable que con el tiempo se haga aparente otra capa de obstrucción sicológica y a la larga el mandón no sea amputado sino que asimilado. En otras palabras, el fin de la situación mandón/mandado, con cortes en cada polaridad, es un proceso de síntesis, de purificación dialéctica integradora.

Creo que para que ocurra esto, el mandón tiene que abdicar —desde adentro, por así decir— a partir de una comprensión plena de lo que está haciendo y un deseo de escapar de una situación imposible (lo que implica un deseo de servir al proceso curativo).

La inversión del mandado es sólo la mitad de la curación de la fisura básica de la siquis. La otra mitad es la inversión del mandón:

la disposición por parte de nuestro sí mismo controlador e iracundo a renunciar a su tiranía de la siquis y convertirse en vulnerable y emotivo.

Pienso que esta inversión involucra nada menos que sumirse en la parte del mandón, pues el superego es como un padre que hemos creado, originalmente, para que nos proteja y asista, y nuestro superego sólo quiere ayudar.

El problema es que nuestro superego está impacientemente enojado, quiere que seamos distintos ahora —y eso no está en la naturaleza de las cosas. ¿No podríamos tal vez educar al mandón en una percepción de la situación imposible que está creando, una comprensión de que mediante su aserción tiránica en la siquis jamás va a encontrar la satisfacción que tan codiciosamente exige? ¿No podríamos tal vez persuadirlo de tener una disposición a ayudar para conseguir la realización de su ideal sin imponerlo? Tal vez haya en eso alguna posibilidad....

La inversión del mandón (a través de la cual la persona es invitada a cambiar de una acusación iracunda a un tomar contacto, como mandón, con sus deseos frustrados y expresarlos en una actitud de vulnerabilidad) parece como una adecuada puerta de entrada para ahondar en el diálogo entre los sub-sí mismos dominante y dominado, que distingo sólo conceptualmente entre estas etapas. En la práctica, los propongo como pasos en un proceso ininterrumpido. A medida que introduzco a los miembros del grupo a esta etapa del proceso, les sugiero que comiencen dándole al mandón (el padre interno) una voz, mientras que con una actitud de buena voluntad, escuchen al mandado en un niño y sus necesidades. Yo comparo esta situación con aquella de las dos sub-personalidades condensadas que comparten el mismo cuerpo y subrayo la importancia de aprender a vivir juntos en la mejor forma posible. También invito a que se lleguen a acuerdos, el moverse hacia un nuevo contrato.

Como podrán imaginar, en una situación de entrenamiento —cuando los individuos reciben el estímulo y apoyo de uno o más iguales en un grupo pequeño—, la potencia de esta serie de ejercicios puede compararse con la de una sesión gestáltica no estructurada, e incluso he sido testigo, por lo menos una vez, de una experiencia de muerte sicológica —una "muerte del ego", cuya esencia fue la abdicación sincera del superego a su rol tiránico.

19
Gestalt y Protoanálisis[1]

Quiero comenzar con la pregunta acerca de qué es lo que cura la sicoterapia o qué es lo que busca curar.

Podríamos responder: "la neurosis", pero a veces se hace una distinción entre curar los síntomas y curar la raíz del problema —curar aquello que es *esencial* a la neurosis. Perls utilizaba frecuentemente la expresión "impasse" y solía decir que gran parte de la sicoterapia se detiene antes de llegar a "aquello que los rusos han llamado el 'punto enfermo'". Sin embargo, nunca hizo más que mencionar este concepto de la sicología soviética —en el sentido que hay una estructura que ninguna sicoterapia puede modificar, de modo que todos nuestros intentos de una cura sicológica sólo pueden alcanzar cierto nivel. Como bien se sabe, ésta era una noción que Fritz aprobaba en lo que se refería a la sicoterapia *convencional*, mientras sostenía que con su enfoque (sobrepasando a los demás) de hecho era posible ir más allá del impasse.

Ahora, ¿cuál es esta estructura central, esta raíz de la sicopatología de un individuo?

La sicoterapia transpersonal respondería con una palabra que el sicoanálisis utiliza de una manera distinta: el "ego". (A diferencia del sicoanálisis, que iguala ego y sí mismo, los transpersonalistas designan como "ego" a una obstrucción interna, una falsa persona-

---

[1] Esta es una transcripción editada de una presentación hecha en la Segunda Conferencia Internacional de Gestalt realizada en Madrid en 1987, a la cual he agregado una breve descripción de los nueve tipos caracterológicos de acuerdo al protoanálisis, y algunas referencias a material ilustrativo pertinente en otros capítulos de este libro.

lidad que se antepone en el camino del sí mismo más profundo). La mejor traducción para "ego" en el sentido en que lo utilizan tanto los transpersonalistas como las tradiciones espirituales, no es el "ego" del sicoanálisis sino que el "carácter" —es decir, la suma total de los condicionamientos, la suma total de las respuestas adaptativas aprendidas en la infancia que no son verdaderamente nuestros sí mismos y que ahora no son adecuadas para la vida en el presente.

En terapia gestáltica, el concepto de sanidad es inseparable de la noción de auto-regulación organísmica, y podríamos decir que el carácter es aquel subsistema dentro de la siquis que no está abierto al control organísmico —pero (nuevamente utilizando una expresión de Perls), que se ha tornado "maníaco del control": compulsivo. Sabemos bastante bien cómo surge dentro de nosotros esta personalidad compulsiva o "no organísmica" a partir de la experiencia del dolor de la niñez y una vez que una respuesta de emergencia ha llegado a establecerse mediante el peligro fantasma y la angustia.

Yo diría que la noción de carácter como la esencia de la sicopatología, es algo implícito en la terapia gestáltica. Ya Reich, quien había sido analista de Perls, formuló la idea de que el carácter es en sí mismo defensivo; sin embargo, Fritz fue más allá al sostener que la persona ideal es una persona sin carácter. Esto, en el ambiente de habla inglesa en que vivió durante sus años más significativos de trabajo, constituyó un desafío en vista del uso corriente de la palabra. Este significado también está presente en el español cuando decimos "un hombre de carácter", pero, particularmente en una cultura de origen puritano, "carácter" quiere decir voluntad, autocontrol y rigidez idealizada. Perls se rebeló ante este ideal en su visión de la persona sana como alguien que responde en forma creativa a la situación que se le presente, antes que a partir de respuestas obsoletas enraizadas y no compulsivamente, a partir de un programa obsoleto.

Desde luego que esto es algo difícil de alcanzar, sin embargo, pienso que las neurosis sintomáticas sólo son complicaciones secundarias de la neurosis de carácter implícita que prácticamente todo el mundo desarrolla (como consecuencia de crecer en la atmósfera de la "plaga emocional" de la cultura). Y dado que el estilo patológico de relaciones implícito en la neurosis de carácter es lo que subyace a todos nuestros conflictos internos, problemas interpersonales y el consiguiente sufrimiento, pienso que el carácter —la base de la compulsión a repetir— es el asunto más fundamental en cualquier sicoterapia que busca ser profunda y completa.

Si esto es cierto, la percepción del carácter por parte del terapeuta es altamente relevante para el proceso terapéutico. De hecho, creo que gran parte del éxito de los terapeutas tiene que ver con un buen ojo clínico con respecto al carácter —la capacidad de ver el reflejo del estilo de vida de un individuo en su forma de caminar, gestos y forma de hablar. Sin embargo, esto es algo que no siempre se hace explícito, tampoco la percepción del carácter deriva únicamente de la experiencia, sino que también de la salud mental del terapeuta: alguien que vive "organísmicamente" —es decir, con la flexibilidad creativa que es parte de la salud— percibe la falta de vitalidad en el otro. Carácter es aquello que está muerto, es el no sí mismo del otro, un *rigor vitae* —como lo llamaba Perls, en analogía al *rigor mortis*.

Además, al igual que un maestro Zen puede responder con la vara a cualquier verbalización que surja de una conciencia no iluminada, un buen gestaltista también confronta la compulsión a repetir —los juegos automáticos que juega la gente— con severidad o ironía. Perls dejó un precedente, ya que exhibía en gran medida esta capacidad —particularmente desde su experiencia de satori (descrita en su autobiografía) que fue el preludio de su vida personal y profesional más gratificante. En la época de sus años en California, cuando lo conocí, tenía extremadamente buen ojo y además una larga experiencia. (En una ocasión, luego de una sesión grupal en Esalen, lo felicité por un determinado trabajo, y me respondió con un proverbio alemán que dice algo así como "más sabe el diablo por viejo que por diablo").

Aparte de estos factores que ayudan al terapeuta a ver las deformidades de los demás —la auto-comprensión y la salud personal, por una parte, y la experiencia clínica, por la otra—, la percepción del carácter de otra persona es algo que, en cierta medida, también puede ser educado. Gran parte de la educación clínica consiste precisamente en esto: aprender a discriminar cuál es un carácter obsesivo, reconocer un carácter histriónico, una personalidad narcisista, etc., sólo que hay demasiado caos en la sicopatología del carácter y considerable confusión con respecto a su discriminación —por lo tanto, los juicios diagnósticos son poco confiables. Sin embargo, precisamente debido a esto (además del hecho de que el carácter es un asunto básico para la curación y que su percepción es particularmente significativa para el proceso de curación), pienso que la información que aquí denomino "protoanálisis" es de gran importancia para la sicoterapia en general y para la terapia gestáltica en particular.

II

Hemos estado viviendo épocas en que la costumbre de hacer diagnósticos ha pasado un tanto de moda quizás debido a los abusos de la era post kraepeliana, donde la pasión diagnóstica y taxonómica pareció tomar el lugar de la comprensión viviente y la capacidad de escuchar a los pacientes. Como una reacción ha habido una ola de opiniones en el sentido de que, en vista del proceso personal e interpersonal en curso, es mejor trabajar en forma improvisada con tan pocos preconceptos como sea posible —incluidos los preconceptos diagnósticos. Pienso que esta actitud "romántica" en la sicoterapia puede haber sido un antídoto sano a un "clasicismo" exagerado, y sin embargo, no debiera convertirse en un culto o dogma. Podemos ser fenomenológicos e intuitivos en nuestro enfoque y además utilizar una perspectiva teórica (y beneficiarnos con ella); o, en otras palabras, podemos sacar provecho de una experiencia generalizada sin enceguecernos con preconceptos. Hoy expongo este tema porque, luego de más de quince años de experiencia con el protoanálisis, puedo asegurarles que ha sido la única influencia más importante en mi práctica después de la herencia de Perls y Simkin, y porque he visto confirmada mi apreciación de su valor en el testimonio de muchas personas que han aprendido protoanálisis conmigo: ya sea terapeutas que sintieron que su trabajo mejoró, o no terapeutas que, sin tener la intención, se convirtieron en buenos amateurs. En 1971 inicié un grupo en Berkeley donde le señalé explícitamente a los participantes que éste *no* debiera considerarse un grupo de entrenamiento, sino una actividad ofrecida para el desarrollo personal. El hecho es que luego de un año y medio de reuniones, prácticamente todos los no profesionales de este grupo se convirtieron en amateurs con capacidad de ayudar, y varios profesionales llegaron a ser figuras carismáticas en California, lo que se debió, pienso, entre otros factores, a esta particular herramienta dirigida a la auto-introvisión y a la introvisión en la experiencia y conducta de otros.

III

La palabra *protoanálisis* comenzó a ser usada después que la introdujera Oscar Ichazo, un maestro espiritual de la tradición del "Cuarto Camino" (un linaje sufi cuyo exponente más conocido en Occidente ha sido Gurdjieff). La partícula "proto" hace alusión a lo que es básico, y la palabra como una totalidad, a un proceso de auto-introvisión adaptado a la estructura básica de la personalidad de un individuo. Dado que tal proceso se apoya en una visión particular de la siquis —un cuerpo de la teoría sicoespiritual tradicional—, la expresión "protoanálisis" también ha sido utilizada, por extensión, con respecto a este cuerpo de ideas —tal como el "sicoanálisis" ha designado no sólo el método terapéutico sino su perspectiva teórica. En resumen, entonces, podemos decir que el protoanálisis es la comprensión vivencial y teórica de la personalidad o ego de uno a la luz de las ideas sicológicas del Cuarto Camino.

Gurdjieff e Ichazo hacen una distinción entre "esencia" y "personalidad" —de la misma manera que, actualmente, Fairbairn y los teóricos de la relaciones objetales hacen una distinción entre un "sí mismo profundo" y el "sí mismo falso". La "personalidad" o "ego", que es el objeto del protoanálisis y otras etapas del enfoque del Cuarto Camino, puede ser considerada como un subsistema de la siquis constituido por condicionamientos cognitivos, emocionales y conductuales que interfieren en el estado armónico con lo que podría llamarse "Tao" o "voluntad divina" —o, en el lenguaje de la sicología occidental, auto-regulación organísmica.

El ego o personalidad —nuestra identidad aparente— se puede comparar con una isla dentro de la siquis y dentro de nuestra red neuronal, una parte que controla y representa el todo: sólo admite dentro de sus límites aquello que es coherente con sus directrices; no es diferente de lo que hemos estado llamando carácter: una estructura basada en una inconciencia activa, cuya rigidez nació como una respuesta de emergencia a los sufrimientos de la niñez y que a su vez perpetúa el sufrimiento y la inconciencia.

En el protoanálisis, esta esfera de la personalidad está delineada en referencia a las tres categorías de fenómenos mentales reconocidas por la sicología occidental desde Brentano: lo cognitivo, lo emocional y lo conativo. En el lenguaje de Ichazo se hace referencia a ellas como los "centros" intelectual, emocional e instintivo o de movimiento. Un rasgo peculiar de la teoría sicológica resumida en este mapa de la personalidad, consiste en que no es una teoría única del instinto como la de Freud (antes de su concepción del instinto de muerte), sino que una teoría que reconoce el interjuego de tres instintos o metas innatas de la siquis: la auto-preservación, la motivación sexual y la necesidad social (de relación) que Maslow denominó instintoides, y que ahora la Teoría de las Relaciones Objetales enfatiza en oposición al énfasis sexual de la teoría clásica de la libido.

En vista del estar centrado en tres partes de la siquis y la cualidad tripartita del ámbito instintivo, la "anatomía del ego" se presenta como una estructura con cinco dominios, como aparece en el gráfico a continuación.

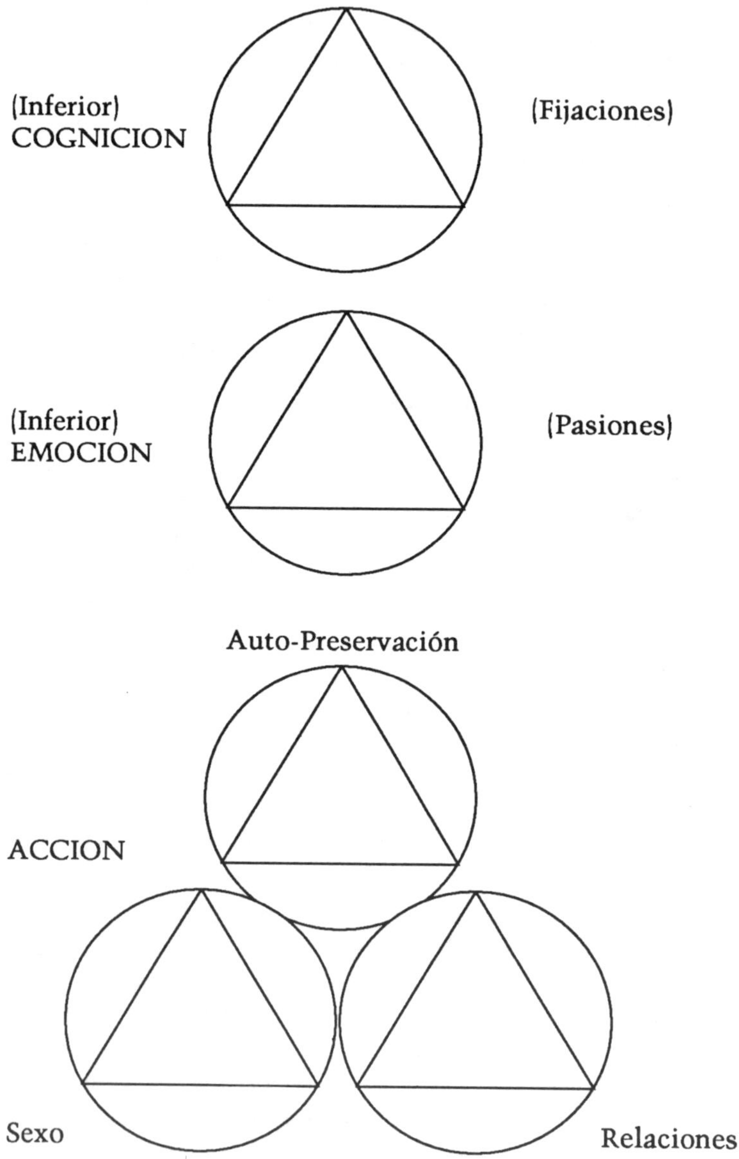

FIGURA 1

A pesar de que aquí ha sido simplificada en un triángulo, la figura que representa la estructura de cada uno de estos cinco centros o ámbitos, se llama eneagrama, y será conocido para aquellos que hayan leído a Ospensky u otros relatos de las enseñanzas de Gurdjieff. También estarán familiarizados con la noción de que, en el individuo común, hay dos centros más que yacen latentes: el centro "emocional superior" del ego —en contraposición al centro "emocional inferior" del ego— y el centro "intelectual superior". (Ambos son aspectos de la esencia, y el objeto de disciplinas que van más allá del protoanálisis).

Un rasgo que distingue a la visión del "Cuarto Camino" de las formulaciones religiosas habituales (y que la acerca a la sicoterapia contemporánea) es su visión del instinto como algo esencial en lugar de egoico. El proceso de trascendencia del ego, que es el objetivo de esta escuela, se entiende como un desapego de las pasiones y las "fijaciones" (suposiciones erróneas acerca de la realidad, que constituyen el aspecto cognitivo del ego) y se le considera no como una liberación *desde* el instinto sino *del* instinto —de modo que en el proceso de maduración, el estado "ligado" o egoico de los instintos (contaminado por las pasiones) es reemplazado por un estado libre y no condicionado.

Aquellos que están familiarizados con la obra de Gurdjieff sabrán que, junto con la práctica de la auto-observación constante, el foco principal del proceso de auto-introvisión es la discriminación (entre tales "fotos instantáneas de uno mismo") de una pauta habitualmente denominada el "rasgo principal" de una persona —una estructura clave de la personalidad en la cual se recomienda que uno concentre sus esfuerzos en el trabajo.

Según el sistema sicológico presentado por Ichazo, el rasgo principal no es otra cosa que la "fijación" de una persona —la estructura cognitiva que va de la mano con la pasión gobernante de una persona—, mientras que cualquiera de las nueve emociones egoicas del sistema síquico del individuo pueden estar, según su personalidad, en primer plano. (Generalmente explico esto diciendo que, aun cuando todos tenemos incorporadas las nueves pasiones representadas en el eneagrama, nuestra siquis es como un sólido de nueve caras que descansa en una u otra de estas caras particulares, la cual se presenta como la fundamental del individuo).

Más que un mero conjunto de tipos, la caracterología del protoanálisis involucra una visión de la forma en que se relacionan entre sí estos tipos —pues están representados en un círculo de tal modo que cada uno puede ser visto como un híbrido de los adyacentes, y las líneas del eneagrama que conectan sus puntos numerados, representan procesos sicodinámicos dentro de la siquis del individuo. Sin desarrollar este tema, no obstante, a continuación presento el eneagrama de las pasiones y una serie de descripciones breves de los nueve síndromes del carácter.

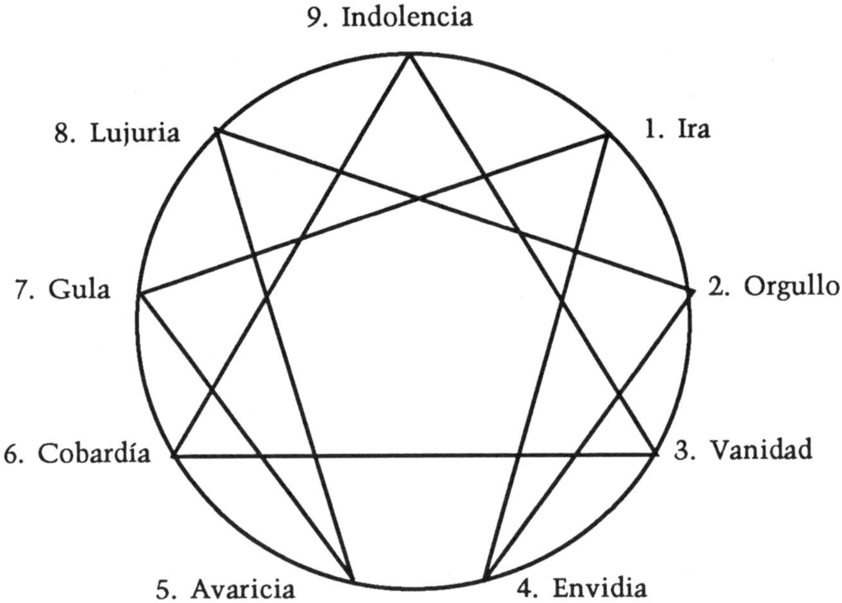

FIGURA 2

El tipo I, donde la pasión gobernante es la ira, no se caracteriza por la agresión obvia sino por el perfeccionamiento, donde la ira se expresa intelectualmente mediante la crítica de sí mismo y de otros. Esta es típicamente la personalidad de un bienhechor, el "luchador por una buena causa", el puritano, el cruzado, que controla (a sí mismo y a otros) mediante una preocupación excesiva por la bondad moral. El carácter perfeccionista corresponde al "compulsivo" del DSM-3 (Diagnostic and Statistical Manual) y se ilustra en este libro con la sesión en que Gerald, quien muestra una bondad de muchacho en la superficie y una sequedad intelectual, a través de la exploración emocional se descubre con deseos de "aplastar". A diferencia de muchos líderes de grupos de encuentro, pocas veces he sugerido una pelea física en el curso de una sesión, y pienso que su utilidad aquí (como un medio para que el paciente tenga menos temor de causar daño y sea más capaz de renunciar al control excesivo de la agresión) fue resultado tanto de la motivación (que surge de la introvisión en la situación) como de lo adecuado a la estructura del carácter.

El tipo II es orgullo, sin embargo, aquí también tenemos que hacer una distinción entre el orgullo del tipo II, la arrogancia del tipo VIII, la vanidad del tipo III y el orgullo de incluso otras personalidades. La situación específica aquí es de una auto-imagen inflada más que un alardear obvio o una orientación hacia el logro. El autoconcepto engrandecido —es decir, el sentido de ser una persona muy especial— se mantiene, en parte, mediante la imaginación y, en parte, por la apreciación de personas que son, al mismo tiempo, seducidas y valoradas como autoridades. Las personas del tipo II son aquellas que se entregan más a lo que Idries Shah ha denominado "MCO" (Mutual Confort Operation)[2]. Es característico de esta personalidad adoptar una posición de seudo-abundancia a partir de una evitación de la humillación de reconocer su condición de necesitado. Debido a esto, las necesidades se expresan de una forma manipuladora y también como impulsividad y "empuje". Esto es lo que hoy por hoy se denomina carácter histriónico, un tipo predominantemente emocional ("quisquilloso-susceptible").

El tipo III, ubicado en una esquina del triángulo interno del eneagrama, involucra una *identificación con* la auto-imagen en lugar de su *amplificación*, y corresponde a un carácter realizador, ya que aquí el sí mismo idealizado necesita más bien ser implementado en el mundo que validado por medio de convicciones personales, como en el orgullo. Dado que la validación se busca haciendo calzar algunos estándares objetivos (y generalmente cuantitativos), la forma se convierte en un sustituto del ser. El síndrome corresponde a aquel descrito por Fromm bajo la rúbrica de la "orientación de marketing", tan prominente en la cultura estadounidense.

El tipo IV, que sigue a la vanidad en el círculo, corresponde a la pasión de la envidia, y podemos decir que la envidia es una vanidad frustrada: una combinación de vanidad con un ansia crónica, un sentido de *deseo* que hace de la envidia la más apasionada de las pasiones. Es más frecuente en las mujeres y corresponde a lo que Fritz solía llamar la "reina de la tragedia", una persona llena de exigencias y quejas que tiende a resistirse al proceso terapéutico

---

[2] Operación de Comodidad Mutua (N. del T.).

mediante la competencia con el terapeuta. (Más de una vez escuché a Fritz decirle a una persona de este tipo: "¿A cuántos terapeutas has derrotado?").

El tipo V corresponde a la avaricia, entre los "pecados capitales" tradicionales. Representa una retención más generalizada que la acumulación de dinero. Como en la envidia, hay un sentido de vacuidad y carencia. En lugar de manifestarse como la "depresión húmeda" del tipo envidia (que está en la región histeroide del eneagrama), este sentido de carencia aquí es parte de una "depresión seca" esquizoide que se manifiesta como apatía y falta de entusiasmo. No sólo el tipo "esquizoide" de Kretschner y Fairbairn coincide con el tipo V; también pertenece a este tipo la perturbación de la personalidad que Kohut y Kernberg (pero no el DSM III) analizan bajo el rótulo de "narcisista", que se caracteriza por poco acceso a los sentimientos y un distanciamiento frío.

En el tipo VI, el sesgo emocional dominante es el miedo; la persona no confía en sus propias respuestas. El miedo de hacer una mala elección o lo incorrecto, que es parte de un dudar compulsivo, convierte a la persona en alguien dependiente del apoyo y conducción de figuras de autoridad o ideologías. El caso de Richard y el de Len ilustran dos subtipos de la estructura del miedo: Richard, predominantemente contra-fóbico, es, en lenguaje protoanalítico, un cobarde social (que, con un gran sentido del deber, arriesgará su vida en la guerra antes de enfrentarse a su padre). Len, fundamentalmente una persona que se congracia con los demás, ilustra el tipo VI de la preservación: débil, cálido y necesitado de protección.

En el tipo VII, la pasión es la gula —no necesariamente una gula de alimentos (tal como la avaricia no significa necesariamente una codicia de dinero)—, pero una gula de amor, apreciación, aprobación y, en general, *más* de lo que sea. El síndrome caracterológico es el de un individuo no agresivo, suave, dulce, ayudador, sin embargo, internamente temeroso y encubiertamente codicioso. En la literatura sicológica no ha sido muy analizado, excepto por Abraham y otros cuando describen el carácter optimista "oral-receptivo".

El tipo VIII es donde predomina la lujuria, no sólo lujuria de satisfacción sexual sino de intensidad en todas sus formas. Corresponde al carácter fálico narcisista de Reich y también podría llamarse (como lo propusiera Karen Horney) "vengativo" —o, en alternativa, sádico. Se caracteriza por la negación del temor y la supresión de los sentimientos tiernos o compasivos —en la lucha por el poder y el dominio. Fritz —un bravucón en su niñez, cuyo principal juego de adulto (como una vez le escuché decir) llegó a ser el "desfritzear" a todo el mundo— representaba un carácter del tipo VIII, y ya he analizado[3] cómo la práctica de la terapia gestáltica, con su característica de confrontación y su énfasis en la excitación, ha llevado consigo las huellas de su personalidad.

La pasión correspondiente al punto IX es una para la cual no hay ninguna palabra adecuada en el lenguaje actual, a pesar de que los monjes de la Edad Media la tenían en su vocabulario: *accidia* (acidia) —que en su tiempo fue traducida como "dejación". La pereza que implica, sin embargo, no es corporal sino espiritual: una resistencia a la auto-introvisión o interioridad y una resistencia al cambio. Esta falta de vitalidad interna (para la cual Gurdjieff tenía el adecuado nombre de "el demonio que se calma a sí mismo") puede involucrar pereza externa, pero se asocia más a menudo, por el contrario, con actividad intensa (porque la actividad puede ayudar a distraer la atención de la experiencia propia del sí mismo y el mundo). Con respecto a la adaptación, el problema aquí es el opuesto del más usual: una *sobreadaptación* patológica, una pasividad excesiva ante las exigencias del mundo —que es el otro lado de una negligencia del sí mismo más profundo o (hablando en lenguaje religioso) un "olvido de Dios".

IV

Al disponerme a observar, en retrospectiva, cómo una familiarización con el protoanálisis ha contribuido a mi experiencia como gestaltista, debo comenzar diciendo que jamás busqué aplicar en forma deliberada el protoanálisis a la terapia gestáltica. Simplemente dirigía talleres y atendía clientes, y me descubrí recurriendo a una percepción incrementada del funcionamiento de la personalidad de la gente, así como también a una intuición agudizada con respecto a las alternativas de intervención. En algunos casos, la parte más sustancial de una sesión se convertía en una búsqueda guiada de la pasión dominante de una persona o en una estrategia caracterológica fundamental —algo que podría ser, de todas maneras, el contenido de una sesión gestáltica, sin embargo, en estas situaciones se facilitaba por una capacidad entrenada para tipificar. En muchos casos, esta percepción de la estructura del carácter se reflejaba en distintas

[3] En la charla de la Conferencia de Baltimore reproducida en el Capítulo 16.

sugerencias con respecto al trabajo en el continuum de la atención: ya sea prestando atención selectivamente a un estado mental particular, exagerándolo o inhibiéndolo.

He notado que la forma más específica en que me ha ayudado en mi trabajo la percepción del carácter, ha sido aquella que me ha dado un mejor sentido sobre lo que hay que apoyar en una persona. El tener claro en qué consiste la sicopatología de una persona, involucra, desde luego, una sentido de cuál es el camino de salida. Hace poco pude poner en práctica esto en una sesión con un joven que se torturaba con un sentimiento de que él tenía que definirse ante el mundo como homosexual o dejar de serlo. Durante muchos años había luchado por cambiar su orientación sexual y se había convertido en una persona más feliz cuando renunció a esto. Ahora se estaba exigiendo el heroísmo de definirse como una cosa o la otra, en lugar de continuar investigando el asunto. Sabiendo que era un "tipo miedo", donde el deber y la intolerancia de la ambigüedad son aspectos centrales de la neurosis, pude ver que la presión a que se sometía para definirse, implicaba el someterse al superego de un hijo obediente, y fui capaz de dirigir su exploración —mediante diálogos internos— hacia el punto donde aplicaba su coraje, en lugar de hacia una posición de *no* tener que decidir, no tener que tomar una postura, pero de vivir, con respecto a esto, según sus decisiones no programadas del momento.

Otra forma más en que el protoanálisis me ha resultado útil ha sido a través de la noción de que para cada tipo de carácter existe una pasión dominante —o, dicho en forma más precisa, un estado emocional que es, al mismo tiempo, intensificado *y* rechazado patológicamente (ya que también concebimos nuestra pasión dominante como un tabú especialmente intenso). En mi experiencia, el trabajo de auto-acusación y la catarsis son especialmente productivos cuando se concentran en esta pasión dominante. En este caso, la auto-acusación hace que la persona se percate de una auto-acusación implícita que es parte de su atmósfera mental crónica; la dramatización de la pasión dominante, al quebrantar el tabú crónico, ayuda a tomar conciencia de una emoción reprimida. A través de esto, posibilita esa transformación de energías —tan conocida para los gestaltistas— que a veces puede compararse a un exorcismo. Mientras digo esto, pienso en la sesión con un perfeccionista (tipo ira) que, como es habitual, padecía de una crítica exagerada hacia sí mismo y los demás, mientras que al mismo tiempo era una persona excesivamente cortés, con problemas para enojarse. Su dramatización de la ira, vista desde afuera, fue como la erupción de un volcán extinguido, y subjetivamente, su experiencia de la ira más allá de los juicios de bien y mal, lo llevó a vivenciar un fuego interno que él asoció con el dios escandinavo Loki. Podemos decir que esta experiencia transpersonal y arquetípica se nutrió de su ira, a pesar de que ya no pertenecía a la esfera de las pasiones, pues consistía en una ira *desinteresada* e impersonal sin un asunto específico. Para él, Loki constituía un antídoto para la personalidad rígida en la cual se sentía aprisionado. Después, gran parte de su proceso terapéutico derivó de un propósito de permitirse ser más "parecido a Loki" en su vida diaria; permitirse ser lo que su rígido superego reprobaba, en lugar de preocuparse tanto por la forma.

Sin embargo, estos tres asuntos que acabo de analizar sólo se pueden separar en forma artificial: en muchas sesiones, la dramatización de la pasión gobernante fluirá naturalmente de la exploración del carácter y ambas ocurrirán en el contexto del apoyo/confrontación ya sea sutil o explícito. Así, en una sesión con una mujer del tipo II (orgullo), yo (como rara vez lo hago) rompí el silencio inicial preguntando si acaso se veía en una actitud de pedir algo. Cuando clarificó que, ciertamente, había estado pidiendo conducción durante su silencio, le señalé cómo esto faltaba en su comunicación, pues en esto yo ya había podido ver reflejada la sicología del tipo de carácter orgulloso: demasiado orgullosa como para pedir algo y no ser explícita en la comunicación de necesidades. Esto me llevó a sugerirle que experimentara con la expresión de deseos hacia otros miembros del grupo, lo que a su vez le hizo prestar atención a la necesidad de ser importante para los demás. En ese momento, las palabras "Quiero ser importante para ti", repetidas por sugerencia mía, sirvieron como expresión de su sí mismo orgulloso. No obstante, luego que ella se quedó pensando por un tiempo en este deseo, la invité a hacer una ronda diciéndole a cada uno de los allí presente: "Deseo que me quieras sin que yo tenga que ser importante". Nuevamente, mi familiaridad con la dinámica del orgullo (donde la persona busca ser importante y querida para merecer y atraer el amor, mientras que al mismo tiempo reprime el percatarse de su necesidad infantil de amor) no sólo me incitó a explorar de este modo la inversión del orgullo (y una *des*inversión de su carencia), sino que me estimuló a facilitar los intercambios grupales, que siguieron de tal manera, que ella pudo llegar a creer en la retroalimentación que estaba recibiendo —en el sentido de *no* tener que ser importante para ser querida. Más adelante en la sesión, llorando, dijo: "Es tan importante para mí

—el *no* tener que hacer algo y obtener el apoyo que necesito. Deseo que me quieran así". Cuando nuestro encuentro llegaba a su fin, fue capaz de permitirse ser nutrida sin ocultar su ansia infantil de amor y sin tener que dar un paso hacia el rol adulto de hacer o fingir algo a cambio. La sesión en su totalidad fue una lección, en el sentido que le indicó cómo trabajar más en sí misma.

En otros momentos, esta percepción del carácter de un paciente me ayudó a no ser "tragado" por los juegos o manipulaciones que en años anteriores tal vez no había visto. Puedo recordar una instancia en un grupo en Italia, donde una paciente comenzó a expresar preocupación por su distanciamiento, y luego de trabajar un poco en eso, empezó a concentrarse en su enjuiciamiento. Siendo una estadounidense en un grupo de italianos, en cierto momento me pidió que mis intervenciones no fueran traducidas al italiano, ya que ella podía entender mi inglés. Desde luego que esto significaba dejar fuera al grupo para su conveniencia, lo cual fue recibido con protestas no sólo por parte del grupo sino del traductor, quien no estaba dispuesto a proceder de esa manera. Después de permitir durante algún tiempo la batalla entre el traductor (apoyado por el grupo) y la paciente, mis intervenciones tuvieron como objetivo hacer que se percatara cómo estaba convirtiendo su deseo en una exigencia y encontrando apoyo para ésta en una invalidación de la negación de su deseo mediante el juicio: "infantil". Así, tras su auto-rectitud había una infantil falta de consideración por las necesidades y puntos de vista de los demás; tras su protesta, un no tomarlos en cuenta. No recuerdo con exactitud cómo lo hice, pero sí recuerdo que realmente entendió que su condena al traductor había estado marcada por un interés personal. Todo el asunto ilustró la forma habitual en que la auto-asertividad de los perfeccionistas es como un "egoísmo en nombre de la ley"; una necesidad de que las cosas se hagan a su manera, racionalizándola como virtud, madurez o "decencia común". El que yo le mostrara esto y le indicara cuán cerrada había estado ante las preferencias y percepciones de aquellos a quienes ella acusaba, resultó ser lo más importante que recibió de ese taller. Pienso que, excepto por la agudeza para reconocer su modo de manipular, habría sido fácil para mí caer en su trampa, ceder en forma automática a su imperativo aparentemente razonable en lugar de confrontarlo.

Otra forma en que se puede aplicar el protoanálisis en una sesión de terapia gestáltica —y veo que lo he hecho de vez en cuando—, deriva de la noción de que para cada tipo hay "antídotos": uno puede trabajar en pos de estados internos contrarios a la pasión dominante y la fijación correspondiente.

A pesar de que, tradicionalmente, los "sicocatalizadores" o "santas ideas" constituyen ejercicios meditativos en una etapa más tardía que el protoanálisis (porque presuponen un considerable entrenamiento en meditación), pienso que pueden ser vislumbrados mediante la actuación gestáltica en una actitud de "como si", y que se prestan para aplicaciones en relación con el continuum de la atención.

Un ejemplo es el siguiente extracto de una sesión con un hombre del tipo I, quien antes de esto había seguido mi instrucción de exagerar un sentido de torpeza social y que, al hacerlo, había presentado una caricatura de su sí mismo habitual. Al representar a su audiencia, como le sugerí, se acusó de "andar por ahí cagándose en todo el mundo con toda esta cosa reflexiva". "El dice algo y luego sube a otro nivel y comenta sobre eso, y luego sube a otro nivel y comenta sobre aq*uello*.... ¿Por qué hacer eso todo el tiempo?".

Para hacer aún más explícita su postura frente a esta parte de sí mismo, le pregunté qué pensaba de su "representación" (su palabra) y reconoció lo siguiente: "Esto de representar es una gran cosa en mi vida —sí, me refiero a que frecuentemente estoy haciendo representaciones ante las personas y preocupándome por lo que piensan. Incluso la meditación es una representación".

Hasta esta última afirmación, todo ha sido clarificación del ego, y está listo el escenario ideal para un ejercicio, bien conocido entre los gestaltistas, que —pienso— se originó con Jim Simkin y que aquí fue particularmente adecuado. Le propuse: te diré lo que veo, como la característica dominante de lo que has estado haciendo: has estado golpeándote la cabeza. "No estoy representando, no estoy produciendo, no estoy haciendo lo que debiera estar haciendo, no sé lo que debería estar haciendo", etc. Y, entonces, la dirección en que me interesaría verte trabajar es la de conseguir que seas menos juez de ti mismo, que abandones al fiscal demandante. De modo que ensaya nuevamente el continuum de la conciencia y pon atención a esto, el enjuiciamiento; inhíbelo durante un tiempo.

A pesar de que era necesario para su siquis, el deshacerse del enjuiciamiento no fue algo fácil para él, de modo que en el proceso de llevar a cabo mi instrucción, tuvo oportunidad de observar cómo él no sólo estaba evaluando sino que incluso llevaba la cuenta. Sin embargo, más adelante, le propuse el antídoto prescrito para el perfeccionismo: la idea de la perfección (es decir, la intuición de que todo es perfecto). Tal "idea" que sólo la "mente superior" con su facultad contemplativa puede comprender, no puede, desde luego, ser falseada. Aun así, el "fingir" que todo es perfecto puede servir para suspender la crítica y despejar el camino a una apreciación genuina, como en el breve experimento que siguió. Lo introduje diciendo:

"Olvidemos todo el asunto por un momento y finjamos que todo es perfecto. Veamos si esto funciona como un antídoto para tu compulsión a juzgar. Demos por sentado, por ahora, que todo es perfecto, que todo el universo es perfecto —incluyendo sus rasgos supuestamente más imperfectos—, que todo está en proceso y que está haciendo lo más que puede, dadas sus condiciones pasadas y presentes. También tú estás haciendo lo más que puedes. De modo que vuelve al continuum de la atención, pero ahora con esta actitud subyacente".

Cito su respuesta: "Muy bien, muy bien. Entonces estaremos simplemente sentados aquí. Es agradable. En realidad no es necesario hacer algo, sacarle provecho a nuestro dinero o asegurarnos de que ésta sea una sesión entretenida, o que me vaya con algo que pueda cosechar... tú sabes, *cosechar*. Y pienso un poco en eso y entonces inmediatamente me viene este otro pensamiento de 'bueno, muy bien, pero si estás simplemente sentado aquí, será aburrido, y puedes obtener algo de ello si sigues hablando, y escuchas hablar a Claudio, y haciendo algo'. ¿Pero qué tiene de malo eso? Me refiero a que eso también es perfecto. Así es precisamente como funciona la maquinaria. Claudio asiente con la cabeza y eso es muy agradable; todo es perfecto, claro. Esto es bastante bueno. Y luego pienso: 'Bueno, ¿por qué no puedo seguir así?'. Pero entonces eso también es perfecto, simplemente es un programa particular. Muy bien, es más o menos agradable, sí, pero digo que podría estar sentado aquí y no hablar. Pero también es divertido hablar, de modo que hablaré".

A pesar de que el ejercicio no fue dramático en los resultados, sí consiguió ponerle fin a su actitud de estar excesivamente pendiente de sí mismo, y aun cuando no correspondió a la aprehensión intuitiva de la "Santa Idea" (terminología de Ichazo) potencialmente accesible en un estado contemplativo, fue, como el proceso de la sesión relatada anteriormente, una lección: un vistazo de una salida: una inspiración para trabajar en sí mismo en la vida cotidiana. Sin embargo, pueden haber instancias donde el proporcionar el "antídoto" para el "rasgo principal" de la persona tal vez sea tan dramático en una sesión gestáltica como en la vida de contemplación, y ya he presentado tal instancia en este libro, pero sin comentarios —en la transcripción de la sesión de Dick Price. A pesar de que en la breve nota introductoria (escrita con ocasión de su publicación en el *Gestalt Journal*) mi único comentario fue que, luego de regresar de Arica, mi trabajo fue diferente en cierta forma que no quise detenerme a analizar en ese momento, en el curso de esta discusión me he detenido lo suficiente como para observar que por lo menos una fuente de esta diferencia fue mi percatarme del protoanálisis. Me di cuenta bastante bien que Dick era del "tipo lujurioso". Estuve particularmente consciente de esto desde que visitó a Ichazo, y unos días antes de la sesión, había compartido esta visita conmigo. Si su sesgo caracterológico era, por consiguiente, la rudeza, la salida, podría suponerse, sería la ternura. Sin embargo, en el protoanálisis, la palabra empleada para designar al sicocatalizador del tipo vengativo no es "ternura" sino que "inocencia" —una palabra que evoca espontaneidad infantil. En ningún momento durante la sesión mencioné la palabra "inocencia", sin embargo, yo estaba bastante consciente de la polaridad de lo castigador versus la inocencia mientras trabajaba con él y lo apoyaba en su identificación con el niño en su sueño.

Hay otra situación que vale la pena mencionar, donde he apreciado la agudeza perceptual que proporciona el protoanálisis: aquella del trabajo con sueños. La mayoría de la gente que trabaja con sueños, los interpreta en cierta forma que no refleja la relevancia de la estructura de la personalidad para el material simbólico disponible. (Jung, por ejemplo, pasó toda una vida trabajando con sueños, pero su análisis de ellos se concentra fundamentalmente en el aspecto transpersonal arquetípico, con referencias relativamente escasas a la dimensión interpersonal).

Aquí hay un ejemplo de trabajo en un sueño desde la perspectiva de la percepción del carácter: una mujer ha soñado que va en su auto siguiendo a otro auto. Probablemente va a una fiesta, una reunión (esto está un poco vago en el sueño). Se detiene ante la luz roja de un semáforo y, mirando a su izquierda, ve que su marido pasa por el lado en una bicicleta. Está claro que él va a jugar tenis, ya que está vestido para la ocasión; transmite una sensación de que sabe a donde va. Ella se deleita con el hecho de cómo él lo sabe. Este placer la hace reír. Pero cuando la luz cambia de roja a verde, se percata que se ha distraído y ahora no puede encontrar al otro auto. Se ha perdido y no sabe qué camino seguir.

Pienso que mis oídos no habrían estado tan abiertos al mensaje de este sueño si yo no hubiera reconocido en la persona de la soñadora el síndrome correspondiente al tipo IX del protoanálisis. La sicología de la indolencia es aquella de una persona que se mueve por hábitos y hace lo que los demás hacen; una personalidad adaptada en exceso que va de la mano con una distracción con respecto a prestarle atención a sus voces internas, cuidar sus necesidades. Los indolentes tienen una gran necesidad de pertenecer; pueden ser patrióticos y les gusta ser parte de un equipo, cualquier cosa desde un equipo de fútbol hasta un partido político. También en su vida amorosa tienden a ser simbióticos, llenando su falta de sentido de ser con el ser de otro.

Desde esta perspectiva, el sueño se clarifica mucho: ella sigue y ni siquiera sabe bien a quién; luego se *divierte* de una manera *vicaria* en lugar de concentrarse en su seguimiento —con la consecuencia de que su urgencia de participación, transformada de esa manera, la deja sola y perdida.

V

Antes de la relativa falta de interés en el carácter que acompañó a la falta de interés en el diagnóstico alrededor de la década del 50, el tema estaba lejos de haber sido explorado plenamente, y al releer los casos de Freud (para hallar material ilustrativo pertinente), me ha sorprendido descubrir cuán poco reflexionaba el padre del sicoanálisis sobre este dominio del discurso. (A pesar de haber abierto la discusión del tema con su trabajo clásico sobre el carácter anal, pienso que se mueve entre síntomas y recuerdos infantiles, soslayando casi completamente las pautas de relación de su paciente). Desde luego que fueron Adler, Horney y Reich quienes pusieron el tema en primer plano, y ciertamente, fue gracias a Reich que, en el sicoanálisis posterior, se produjo una toma de conciencia generalizada del carácter. Fundamentalmente la tipología de un discípulo de Reich, Lowen, ha sido la que ha sobrevivido a lo largo de años de sicología humanista, y estoy seguro que muchos gestaltistas con una formación en bioenergética, estarán de acuerdo en que la toma de conciencia del tipo loweniano ayuda al gestaltista sensibilizándolo para prestar atención a los aspectos de la conducta de una persona y anticiparlos[4].

---

[4] Aun si tal ayuda para la atención y extrapolación fuera toda la contribución del servicio del protoanálisis, su amplitud y precisión es recomendable sobre el sistema

Sin embargo, el protoanálisis no es meramente un sistema descriptivo y una educación en el reconocimiento de los tipos caracterológicos. Por lo tanto, la idea de una pasión gobernante ofrece una interpretación sicodinámica particularmente adecuada para cada tipo según el fondo emocional que subyace a la conducta, y la noción de que las estrategias y visiones particulares del sí mismo y la realidad están involucradas en cada tipo caracterológico, está llena de sugerencias e inspiración para el proceso terapéutico.

Si no estoy equivocado en la premisa de que el carácter es el asunto central en la neurosis y un asunto fundamental en la sicoterapia, no estaré equivocado en recomendarle el protoanálisis a los gestaltistas.

---

loweniano. A partir de la experiencia de comparar mi diagnóstico de alrededor ochenta personas con los diagnósticos de dos especialistas en bioenergética (Dr. Antonio Asín, en España, y Blanca Rosa Añorve, en México), llegué a las siguientes conclusiones con respecto a las equivalencias: el tipo IX corresponde al "Masoquista" de Lowen, y el tipo V, a su "Esquizoide"; mientras el tipo IV se percibe en bioenergética como "oral", el tipo II también se considera frecuentemente como oral; los tipos III y I son agrupados como "rígidos", los tipos VIII y VI como sicopáticos, y el tipo VII, por lo general, es descrito como mixto.

20
La Gestalt en el Contexto de los Caminos de Crecimiento[1]

Es un honor para mí estar aquí ante ustedes, y más aún dado que la invitación para abrir esta conferencia recayó originalmente en Laura Perls, y sólo debido a su actual indisposición, ha recaído sobre mí. Ya que los organizadores deseaban contar con la presencia de Laura, pienso que es apropiado hacerla presente, por lo menos en la forma de un breve homenaje —y decir que, a pesar de que Laura no estuvo con Fritz durante sus años en California y Canadá (que considero los de madurez de su trabajo), no todos saben el grado en que ella fue una inspiración y una poderosa influencia para la gestación de la terapia gestáltica. Aun menos son los que saben que ella fue la autora de una buena parte del primer libro de Fritz, *Yo, Hambre y Agresión*. Además, siendo discípula de Bellcross Dalcroze desde muy joven, Laura (junto con Reich) fue una influencia en la atención que Fritz le prestaba al cuerpo durante el proceso terapéutico y en su insistencia en el "despertar de los sentidos".

No sólo es un honor para mí estar frente a ustedes hoy, sino también una ocasión muy feliz. Creo que hay gran verdad en ese refrán español que dice "la tercera es la vencida"; al menos en mi vida, esto a menudo ha parecido ser cierto. Esta es la tercera vez que se me pide que abra una conferencia gestáltica (desde la primera de todas ellas en Berkeley) y me parece que el reconocimiento que estoy recibiendo en forma implícita con esta invitación a abrir la 2ª Conferencia Internacional de Gestalt en Madrid, constituye algo así como un signo de puntuación en una importante transición de mi

[1] Charla inaugural en la 2ª Conferencia Internacional de Gestalt (Madrid, 1987).

vida —una transición que es tanto interna (en que siento que mis años de peregrinación están llegando a su fin y que, tal vez algo tarde, estoy llegando a la madurez) como externa —en que siento que el foco de mi actividad se está trasladando desde los Estados Unidos a España.

Al igual que Pancho Huneeus, que está sentado junto a mí en esta mesa, yo comencé mi vida en Chile —aunque no con sentimientos muy patrióticos, dado que jamás me sentí mucho en casa cuando crecí y viví ahí, sino más bien como un extraño. Llegué a Berkeley como a un oasis y allí inicié mis años de aprendizaje, años de peregrinación. Ahora tengo la sensación de que en España pasaré una buena parte de lo mejor de mi vida, y en este momento, me veo atraído a este país mediante la invitación de colegas y amigos que no sólo me han pedido que enseñe aquí (inicio un curso de verano de tres años de duración a comienzos de este año), sino que, por la generosidad de Ignacio Martínez Poyo, se me ha ofrecido un lugar donde vivir y trabajar: en el "Reino de Babia" —cerca de Almería.

Pero para terminar con las alusiones personales, me abocaré a mi tema, o dicho en forma más precisa, al primero de los dos temas que quiero analizar como aspectos de la Gestalt en un contexto: el lugar de la Gestalt entre los "caminos de crecimiento" antiguos y clásicos.

Comenzaré hablando acerca de algunas afinidades entre la Gestalt y ciertas tradiciones espirituales, y luego sobre lo que pienso que la Gestalt innecesariamente excluye de su credo y práctica, y mediante lo cual podría enriquecerse.

Vivimos en una época donde estamos vivenciando la presencia simultánea de una gran multiplicidad de métodos terapéuticos y espirituales. Al igual que en la historia de la música, hubo una época en que uno vivía en el presente, sin embargo, desde que las grabaciones musicales fueron posibles y hemos vivido más y más ante la presencia simultánea de toda la historia de la música, así estamos ahora, en nuestros tiempos cada vez más planetarios y mundiales y en el dominio del crecimiento personal —ante una presencia *simultánea* de las contribuciones de todas las culturas.

Cuando me pregunto, ante este variado repertorio de métodos, cuál es entre ellos el más cercano a la Gestalt, la primera respuesta que me doy es una sobre la cual ya he comentado en mi libro *On the Psychology of Meditation* (Sobre la Sicología de la Meditación, con Robert E. Ornstein, Nueva York, 1971), escrito hace casi veinte años atrás: es, naturalmente, el *vipassana*, la meditación que constituye la primera y más característica técnica del budismo —y que no es otra cosa que la atención al "aquí y ahora". La diferencia principal entre ellas es que, en la meditación budista clásica, la práctica de la atención a los "datos inmediatos de la conciencia" (para utilizar la expresión de Bergson) no es una actividad interpersonal, sino que más bien una típicamente llevada a cabo en una situación de retraimiento, y en forma más general, en silencio y quietud. Debido a esto, se puede decir (como lo hizo Jim Simkin) que la teoría gestáltica es la práctica del "aquí y ahora" en el contexto del "Yo y Tú".

Sin embargo, el paralelismo de la Gestalt con el budismo no se detiene en la tradición Hinayana, cuya práctica principal es el *vipassana*. Aun cuando se puede considerar a la Gestalt como un redescubrimiento (si no una aplicación) del *vipassana* en la situación interpersonal, Fritz estuvo mucho más cerca de la tradición Zen que de la Hinayana. Esto fue una influencia que llegó a su vida especialmente a través de su amigo y discípulo Emil Weiss, en Nueva York, y posteriormente a través de su propio viaje a Japón. Cuando se mudó a California, esta influencia y afinidad fue de especial interés para la cultural local, que (con más fuerza que cualquier otra de Occidente) en aquellos años estaba abierta al Oriente —especialmente a través de la brillante interpretación del Zen realizada por Alan Watts.

El tema de la Gestalt y el Zen ha sido tratado en muchos trabajos. Pienso que las similitudes más importantes son la invitación a suspender el pensamiento conceptual, la apreciación de la espontaneidad y un estilo característicamente cortante y severo por parte del maestro/terapeuta.

Sin embargo, incluso mayor que en el Hinayana y el Zen, es el paralelismo con la Gestalt en enseñanzas budistas menos conocidas, y particularmente en las enseñanzas *Dzogs-chen* del Ningnapa tibetano —prácticamente desconocido en Occidente en la época de Fritz. Si las afinidades con el *lirazaru* (aquí-y-ahora) y el *ntayama* (vivir desde las tripas de uno en lugar de desde su cabeza) son sorprendentes, aún más sorprendente es la afinidad con el budismo tántrico —también llamado el *vapayain* o sendero de diamantes. En la escuela Nyingpa, que es la más antigua del budismo tibetano, se reconocen nueve *yanas* o "vehículos" que varían desde el Hinayana hasta el Ati-yoga o enseñanzas del Gran Proyecto (*Dzogs-chen*). Pero, a pesar de la semejanza entre el *vipassana* y el ejercicio del continuum de la atención, esta temprana forma hinayánica del budismo difiere de la Gestalt en que su estilo general es austero, el cual contrasta con las terapias hedonistas en general. Mientras que en el Hinayana hay una gran insistencia en el cultivo de la disciplina, en la Gestalt lo que más se enfatiza es la espontaneidad y la expresión de los impulsos. Y mientras la apreciación de la espontaneidad ya está presente en el Zen, es aún más enfatizada en el budismo tántrico donde, además, uno encuentra gran énfasis en la "transformación de energías": la transmutación de las motivaciones pasionales y patológicas que son características de la conciencia no iluminada, en diferentes calidades de iluminación (simbolizadas por los Budas Dhyani y sus correspondientes colores). En este proceso de transformación, se utilizan ejercicios de visualización en los cuales el aspecto más importante no es la imaginación visual propiamente tal, sino que la evocación de cualidades mentales y el acto de convertirse en ellas de manera imaginativa. Aun cuando en la Gestalt no se invita a una identificación con dioses o arquetipos, sino que, por lo general, a una identificación con imágenes de sueños, sub-personalidades, formas de ser reflejadas en el lenguaje corporal, la relación de la Gestalt con el budismo tántrico, respecto a esto, se asemeja a aquella entre la interpretación de los símbolos religiosos de la tradición cabalística y la interpretación de los símbolos en los sueños realizada por Freud.

A pesar de que es posible, como propone David Bacon, considerando, entre otras cosas, ciertos libros de la biblioteca de Freud, que él haya estado bajo la influencia de ideas hassídicas, en el caso de Fritz, la técnica de identificación con material simbólico ciertamente no provino de Oriente sino, como sabemos, del teatro y, principalmente, de su aprendizaje con Max Reinheart.

Sin embargo, en la enseñanza menos conocida y más avanzada del budismo es donde descubrimos el paralelo más estrecho con la Gestalt. En el *Dzogs-chen* o Ati-yoga, que sólo recientemente se ha comenzado a enseñar y escribir sobre él en Occidente, sus dos pilares son precisamente el cultivo de la atención y el cultivo de la naturalidad. A pesar de que este sendero comprende el ***guruyoga*** y otros elementos, se puede decir que en general descansa básicamente en el cultivo de la atención y el reconocimiento de la perfección de la mente en su estado natural. Incluso el énfasis en una actitud de no búsqueda de la iluminación, que es resultado de este reconocimiento de la perfección intrínseca en la Gestalt; buscar pero encontrar, es convocado por una actitud y atención sana en el aquí y el ahora.

Quizás tan importantes como los paralelos budistas, las resonancias entre la Gestalt y otros caminos tradicionales de crecimiento no concluyen aquí. Tal como se puede decir que la Gestalt es un cripto-budismo, la Gestalt también es un cripto-taoísmo. Fritz fue un ejemplo y practicante del taoísmo viviente, y tal vez esto haya sido el elemento principal en su afinidad con Esalen (quizás la mini-cultura neo-taoísta más significativa en Estados Unidos). Por coincidencia, también vivió en Esalen, durante los primeros años (cuando Fritz y yo estábamos allí), Gia-Fu-Feng, quien recientemente había llegado de China y cuya presencia parecía condensar y también hacer sentir en forma más intensa el taoísmo en la atmósfera y en la comunidad que vivía ahí junto a la pradera, los pinos y el mar. Con frecuencia sus caligrafías adornaban alguna pared o uno podía ver su silueta en los márgenes de la propiedad mientras practicaba Tai Chi en compañía de algunos estudiantes. También la chispa más brillante de este Esalen temprano —sin la cual, con toda seguridad, no habría prosperado— fue Alan Watts, quien tanto contribuyó a la difusión del Zen, pero que, en forma más característica, vibraba con el espíritu del taoísmo, transmitido tan elocuentemente a través de sus libros y charlas.

En la Gestalt, el espíritu del taoísmo es muy fuerte. El taoísmo habla de un "Tao del cielo" y un "Tao del hombre" —el "Tao de las cosas" y el "Tao del individuo". Este "Tao del individuo", una profunda e intrínsecamente sabia espontaneidad más allá de la voluntad programada del ego consciente, no es diferente del ideal gestáltico. Además, el ideal del ego consciente no es diferente del ideal gestáltico. Asimismo, la Gestalt es taoísta en su ser natural (la palabra naturaleza es una traducción frecuente para Tao): es una espiritualidad que abarca no sólo la esfera real y concreta, sino la corporal, en particular, y la instintiva.

Sin embargo, si hablamos de la consonancia de la Gestalt con el budismo y el taoísmo, no podemos dejar de mencionar, también, sus afinidades con el sufismo —especialmente aquella forma de sufismo que ha sido llamada el Cuarto Camino.

La influencia de Gurdjieff y su escuela fue importante en mi vida, y hubo una época en que esperaba encontrarme con un segundo Gurdjieff. Precisamente en la época en que llegué a California, viví con la esperanza de que tal vez podría llegar a conocer a una persona con tal formación y habilidad. Incluso hasta hoy, yo diría que la persona más parecida a Gurdjieff que he conocido fue Perls. Desconozco cuánto puedan saber de este Sócrates ruso, que se hizo conocido poco después de la revolución rusa e inmigró a Turquía —y luego a Francia. El trabajó con la atención y lo que denominaba el "sufrimiento consciente" (que no es otra cosa que la no-evasión del sufrimiento) o la aceptación del sufrimiento que conlleva el crecimiento. Perls no sólo fue alguien que propuso el "secreto del percatarse" sino que, sicológicamente hablando, un cirujano. Su éxito terapéutico yacía, en un grado considerable, en la invitación a no escapar del dolor ocasionado por su propia poderosa confrontación. Es interesante constatar que "trabajo" era una palabra clave en el lenguaje de Gurdjieff. Hay personas que han sido formadas en esta tradición y se refieren a esto simplemente diciendo estoy "en el trabajo". Esta también era una palabra clave en el vocabulario de Perls, de modo que en los grupos que dirigía, la invitación típica al compromiso terapéutico era "quién desea trabajar". Fue gracias a él que esta palabra se ha llegado a convertir en un lugar común entre los líderes de grupos.

En la misma forma en que Perls era un cripto-budista, un cripto-taoísta y un cripto-sufi, no podríamos dejar de notar que en él había mucho de rabino hassídico. Ciertamente, era alguien que —como el Hassidim— a uno le hacía recordar a una persona con *joie de vivre,* la alegría de la salud mental: no sólo la "madurez" freudiana, la madurez seria de la persona que ya no es un niño, sino la salud rebosante que ha integrado al niño y a su espontaneidad. Una conexión entre el hassidismo y Perls era, desde luego, Buber, con quien tenía tanto en común implícitamente —si no explícitamente. A pesar de que Buber estaba profundamente imbuido en la tradición hassídica y se expresaba a través de la escritura mientras Perls se expresaba a través de su actividad, en lugar de a través de su reflexión, ambos tenían en común el elevarse sobre sus profesiones específicas —de filósofo y terapeuta, respectivamente— a lo que podría denominarse importancia profética.

Es principalmente en el Buber del *Yo y Tú,* y posterior, en quien encontramos una especial semejanza con Perls, pues en esta época, Buber, como un exponente del hassidismo, dejó de identificarse con la forma hassídica de expresión y se permitió incluso dudar de la existencia de Dios. En esta época, Buber no dejó de ser profundamente religioso y anti-místico —aunque dejó de interesarse en cualquier experiencia de lo divino a través de la interioridad y en cualquier religiosidad divorciada del contacto humano. Perls, al igual que Buber, era un profeta del contacto, y pienso que es correcto decir "profeta" (aun cuando no encontremos en su trabajo la retórica de la salvación que utiliza Buber), porque, en efecto, él fue uno de los agentes de cambio más poderosos en la época del surgimiento de la sicología humanista y la "revolución de la conciencia". También podemos llamarlo un profeta del aquí-y-ahora, quien tuvo una influencia personal en el enfoque de la vida de la gente, primero en California y luego en el expansivo "Movimiento de Potencial Humano".

Pienso que la semejanza más notable entre el enfoque de Perls y el de Buber puede resumirse en la palabra *presencia*, y las reflexiones de Buber sobre la presencia deberían ser una inspiración para cualquier gestaltista, pues la Gestalt supone que la acción terapéutica descansa más en la presencia que en la técnica. Mientras en Buber la palabra presencia tiene una connotación implícita de presencia *amorosa* —es decir, solícita—, la presencia cultivada en la Gestalt es más un asunto de atención en el presente: atención al sí mismo, atención al otro y autenticidad en el encuentro del yo-tú. Podríamos decir que la fórmula de Buber para la actitud ideal en relación al otro es presencia y solicitud, mientras que en el credo implícito de Perls es presencia y autenticidad (incluso si esta autenticidad involucra el reconocimiento de las limitaciones de uno a ser solícito y la expresión de la ira).

Sin embargo, con respecto a la expresión de la ira, volvemos a encontrar una semejanza entre el espíritu de Perls y el de Buber —quizás oscurecida por la muy diferente retórica de cada uno. En la reciente conferencia "Visualizando el Futuro y Sanando a la Tierra", realizada en Zurich en 1987, tuve el placer de escuchar a Maurice Freidman (traductor al inglés y biógrafo de Buber) pronunciar una crítica generalizada al espíritu de la "nueva era" en sicología, que se entrega a un goce de la unidad sin un adecuado reconocimiento de las diferencias. El hizo esta crítica desde la perspectiva de la actitud de Buber de luchar noblemente con nuestros compañeros seres humanos por tales diferencias y nuestro deber de ofrecerles nuestros desacuerdos. Si bien Fritz era contrario al lenguaje debeísta, ciertamente era un maestro de la curación a través de la confrontación y alguien que sabía perfectamente que el "contacto es un percatarse de las diferencias".

Sin embargo, pienso que una importante diferencia entre el espíritu de la Gestalt y todas las tradiciones antiguas analizadas, consiste en que es una espiritualidad que no parece serlo. Es ciertamente una espiritualidad muy corporeizada e inmersa en el percatarse de los peligros de buscar la experiencia espiritual (Buber coincidía en esto) como una evasión a los problemas terrenales. Además de esto, la actitud de Fritz era todo menos piadosa, si "piadosa" significa oración de ruegos y virtud convencional —que él vio como consecuencias de ser un "buen niño" o una "buena niña". La aterrizada y aparentemente inferior espiritualidad de la Gestalt se parece, más que cualquier otra, a la del chamanismo. El dejarse llevar es común a la corriente profética occidental de espiritualidad y también al chamanismo, sin embargo, hablando en términos comparativos, la religión civilizada también tiene un fuerte ingrediente apolíneo, mientras el chamanismo conlleva un dejarse llevar más incondicional —y, por consiguiente, una mayor familiaridad con la locura.

He señalado que la nueva sicología que ha inspirado los rótulos de "humanista" y "transpersonal" es, más que un acontecimiento académico, un vasto fenómeno cultural que se podría interpretar como un nuevo chamanismo, y que el chamán podría denominarse el arquetipo de nuestro Zeitgeist. Fue un aspecto de la actividad pionera de Esalen el haber reunido en la década del 60 a muchos de nosotros, simpatizantes de este espíritu, cuando auspició eventos sobre el tema de "el valor positivo de la experiencia sicótica" en la década del 60, evento al que siguió la creación de un "manejo" alternativo de la sicosis junto con las líneas intuidas por Laing, Perry, Silverman y otros.

La sicoterapia como un todo es bastante dionisiaca, sin embargo, los únicos sicoterapeutas que podría llamar más dionisiacos que Fritz en la forma como practicaba la Gestalt durante su período en California, son algunos terapeutas sicodélicos, y pienso que sería interesante señalar que la transición entre la Gestalt temprana de Fritz de la "costa este" y la terapia que hizo en la década del 60, fue su significativo tratamiento sicodélico en Jerusalén. (Mientras la costa este ha tendido a señalarlo como alguien que se convirtió en un hippie, yo lo veo como uno de los pocos que se han atrevido a desafiar al mundo y convertirse en un "loco" [aprendió a bailar cuando tenía alrededor de 70 años]). Vivió en Esalen, no sólo la capital californiana del espíritu taoísta, sino que el prototipo de los actuales centros de crecimiento y también una fuerza fundamental para el desarrollo de la espiritualidad dionisiaca de hoy en día (tan bien observada por Sam Keen en un dios de la danza).

Me parece significativo haber conocido a Fritz, con ocasión de mi primera visita a Esalen, en compañía de Carlos Castaneda. Un antropólogo estadounidense muy conocido en la actualidad, Michael Harner, nos había invitado a unirnos a él en la presentación de un taller de chamanismo. Esalen acababa de abrir sus puertas y Fritz se había ido a vivir a allí; aún no trabajaba y apenas estaba comenzando a mostrar quién era en Esalen. Tuvimos el honor de tenerlo en el público durante ese taller, en cuyo transcurso habíamos traído a Elsie Parish —una curandera india Pomo. Recuerdo a Fritz haciendo comentarios durante un descanso, algo en el sentido de que si lo que Elsie hacía era de hecho chamanismo, él también era un chamán. Es cierto, ya que el chamanismo es característicamente un intuicionismo, una de las formas típicas de expresión sobre cuál es, a cada instante, la dirección de la corriente de experiencia de otro —algo tan característico de la situación gestáltica. Otra cosa característica de un chamán es el "contagio de energía", que en gran medida era parte del éxito de Fritz, como en el trabajo de otros grandes terapeutas. Sin embargo, lo más importante es que el chamanismo constituye la espiritualidad más dionisiaca de todas, al igual que la terapia gestáltica (junto con la terapia sicodélica) es el nuevo "camino de crecimiento" más dionisiaco de todos.

Ahora quiero abocarme a mi segundo tema y decir algo sobre los vacíos en la Gestalt y el rol potencial de la Gestalt en un programa holístico de crecimiento.

Ustedes están familiarizados con este concepto de los "vacíos" que Fritz introdujera. Un individuo puede no tener ojos, pero sentir que lo miran; otro puede alienar su corazón y necesitar de la calidez de alguien más. Otros no están en contacto con la experiencia de sus cuerpos, pero están en contacto con las abstracciones. Cada uno de nosotros escotomiza algún aspecto de su experiencia, parte de su campo vivencial. Pienso que a la Gestalt le ocurre algo similar como fenómeno socio-cultural. Fritz utilizaba mucho la palabra "desposeer". Como ustedes saben, él definía el ego como un fenómeno de identificación: un acto mediante el cual afirmamos "éste es mi límite", mediante el cual establecemos una barrera y decimos: "Lo que está más allá, no soy yo, no soy yo". También la terapia gestáltica ha estado diciendo: "*Aquello* no es Gestalt". Ha erigido sus barreras y ha dicho de esto o aquello: "No es terapia gestáltica".

Yo diría que la terapia gestáltica vino al mundo confirmándose en forma competitiva —y muy eficazmente en ese aspecto— en los inicios de lo que ahora llamamos el movimiento humanista. Fritz era muy competitivo y hacía un buen muy trabajo cuando era necesario competir con el monopolio del sicoanálisis: un monopolio dogmático que había exiliado a algunos de sus mejores talentos (tales como Horney) y que había continuado oponiéndose a gran parte de la creatividad que surgía. Fritz fue el primero que se manejó en forma eficaz e individual para competir con el sicoanálisis en los Estados Unidos, de tal modo que fue de la Gestalt que por primera vez se dijo: "Aquí hay algo con un poder terapéutico mayor". Estoy convencido de que esto es lo que abrió el camino al movimiento humanista en general, a que las ideas siguieran a la práctica y no a la inversa. Mientras muchos de los otros enfoques —AT, grupos de encuentro, etc.— no habían logrado por sí mismos tal éxito, éstos repentinamente inundaron la escena luego que la autoridad suprema del sicoanálisis fue desafiada. Fue en esta actitud y contexto competitivos que Fritz hubo de decir: "Esto no es aquello y esto es mucho mejor". Por ejemplo, puso énfasis en cuántos años había desperdiciado en el diván, y nunca dejó de sentir ira hacia Freud por la poca atención que le había prestado cuando lo visitó en Viena. Sin embargo, yo diría que no sólo es innecesario sino que empobrecedor el tirar por la borda el proceso de introvisión de la sicoterapia o minimizar la introvisión —como es habitual en el movimiento gestáltico implícito. Me parece que toda terapia profunda opera a través de la introvisión, incluso cuando no es una interpretación sino que un experimento conductual tal como el correr riesgos, la interacción grupal, la dramatización, la atención fina o un compartir personal por parte del terapeuta que conduce hacia esta introvisión. Creo que no es necesario renunciar al simple proceso de compartir percepciones y comprensiones por parte del terapeuta. La intelectualización no es buena durante una *sesión* de terapia gestáltica, sin embargo, hoy en día hay muchos (siendo Abe Levitsky quizás el más representativo de todos) que han descubierto que no necesitan practicar Gestalt en cada sesión o que alternan en una sesión la modalidad gestáltica con la modalidad interpretativa. Actualmente existen analistas que incluso declaran que las técnicas gestálticas son una contribución al sicoanálisis (lo cual pienso que es razonable si con esto se quiere decir no un análisis en el que la adhesión original a una teoría específica empaña el aspecto fenomenológico de la actividad terapéutica y el rol libre de la intuición terapéutica).

No sólo el reconocimiento teórico de la introvisión y la utilización práctica de la interpretación son vacíos que surgen en la Gestalt a partir del repudio del sicoanálisis, sino que también la utilización de la asociación libre —que Fritz denigraba y llamaba disociación libre. Pienso que a veces es útil explorar el flujo del pensamiento (en lugar del sentir-hacer-percibir de un paciente), al igual que es útil interpretar —no dogmáticamente, sino con el espíritu de decir: "Esto es lo que veo".

Permítanme hablar algo sobre la así llamada "bullshit" (caca de toro). Este es un término muy útil para cierto tipo de intelectualización defensiva, y la distinción entre *bullshit* habitual y *"elephant-shit"*, no menos apropiada. Sin embargo, debemos tener presente que Fritz era muy ambivalente con respecto a sus propias teorizaciones. Uno puede ver en su autobiografía cómo en una página hace brillantes observaciones sobre el tiempo, el espacio y la toma de conciencia, y en la siguiente, se ríe de sí mismo por filosofar. Por una parte, él le inyectó a la Gestalt una visión según la cual no hay espacio para la teoría, y por la otra, nos dice, también en su autobiografía, que si un día llegara a ser una vaca sagrada, a *él* le gustaría utilizar su prestigio para promover una integración entre la sicología, la medicina y la filosofía.

Creo que está claro que la personalidad de Fritz involucraba un fuerte prejuicio anti-intelectual, y eso no debería cegarnos para reconocer que el intelecto, al igual que la emoción y la acción, es parte del camino de crecimiento. Es precisamente a partir de este reconocimiento que ha surgido lo que tradicionalmente se denomina "enseñanzas". Los caminos orientales, por ejemplo, comprenden —cada uno de ellos— una *visión* del mundo —en parte una cosmología, en parte una antropología; una visión que apoya o estimula el proceso transformativo. Tales perspectivas (*drishti* en sánscrito) son formas de ver las cosas que hacen más fácil el camino. Pienso que la Gestalt también podría operar en el contexto de una visión de las cosas (y digo esto a pesar del escaso entusiasmo por las teorizaciones "tradicionales" [es decir, las de Paul Goodman]). Esto ha sido otro vacío en la Gestalt, y ha surgido de su afirmación competitiva de que es capaz de hacer cualquier cosa sin su ayuda. La Gestalt de Fritz en los últimos años, fue una buena demostración histórica, en el sentido de que es posible hacer terapia sin teoría, pero no es necesario sostener en forma rígida esta posición y continuar formando terapeutas que consideren como bullshit una comprensión de la siquis, la sicopatología y la maduración humana.

Algo similar se puede decir en lo que concierne a la meditación. Fritz, personalmente, meditaba —por lo menos en la época de su vida en que lo conocí—, pero como consecuencia de su escasa disposición a alabar cualquier otra forma que no fuera la suya propia, él daba la impresión de menospreciar todo lo que se relacionara con la espiritualidad. Como consecuencia, algunos de los gestaltistas actuales no se percatan del hecho de que la conciencia meditativa constituye el auto-apoyo más profundo. La mayoría de los gestaltistas están familiarizados con el concepto de crecimiento como un movimiento que va desde el apoyo ambiental al auto-apoyo. Si bien se ha dicho mucho sobre el apoyo que proviene del estar sustentado en la toma de conciencia sensorial y, en forma más general, en el percatarse de la experiencia, tal vez tengamos que aprender de las tradiciones espirituales sobre el apoyo que surge de la renuncia al apoyo en cualquier cosa, y a través de esa apertura —desarrollando el sentido de existencia más allá de la toma de conciencia del contenido—, un *percatarse del percatarse*, una pura presencia o puro despertar (*bodhi* en el budismo) que confiere tanto un sentido de invulnerabilidad como una capacidad de estar con las manos vacías.

Hay un vacío en la Gestalt tradicional (si es que así se le puede llamar a la Gestalt temprana cuando era en gran medida una cosa tradicional no probada hasta ahora), un vacío que surgió en sus inicios a partir de su suposición y presunción de que la atención que se le presta al cuerpo en el curso de una sesión es suficiente. La Gestalt debe ser alabada por su toma de conciencia del cuerpo, la atención a la postura y los gestos en el curso del proceso terapéutico, así como también su atención a la sensación corporal como parte del despertar de las sensaciones y como espejo de ellas —sin embargo, pienso que tanto Fritz como Laura han sido algo arrogantes en su satisfacción de que esto era suficiente; y alabo a los gestaltistas de nuestra Generación, tales como Bob Hall, Laing Bloomberg, Ilana Rubenfield, y a quienes han integrado elementos reichianos y otros de "trabajo corporal" a la Gestalt. Esencialmente, la situación del individuo consiste en ser capaz de recibir de la terapia, pero ser capaz de ayudarse más a través de la atención a aquel deshacer del fin físico de la armadura corporal. Para ser eficaz, el trabajo corporal en cualquiera de las principales escuelas necesita un cierto grado de atención y tiempo. Ya sea con el método Feldenkris, Alexander u otros más antiguos tales como el yoga y el Tai Chi, las técnicas requerirán tiempo para la instrucción y algo de dedicación constante.

Otro vacío en el repertorio terapéutico que podría originarse por un terapeuta que se adhiere en forma demasiado estrecha a los límites establecidos de la Gestalt, podría ser la abstención sistemática de las ventajas de los consejos y las prescripciones conductuales. Este muy importante aspecto de la terapia conductual y la terapia familiar moderna es una indudable fuente a disposición tanto del sicoterapeuta como del guía espiritual, y me gustaría desafiar a aquella visión bastante prevaleciente de la Gestalt (tomada del sicoanálisis temprano y de la terapia rogeriana) que establece que se debe evitar el influenciar a los pacientes mediante consejos. Sin importar cuán no-directivo pueda ser un terapeuta gestáltico en su apoyo de la espontaneidad, él puede ser muy directivo en su forma de estimular la experimentación conductual en el curso de una sesión —y no hay razón por la cual yo no debiera extender esto (como frecuentemente lo hacía Jim Simkin) a la prescripción de tareas más allá del tiempo terapéutico propiamente tal; es decir, consejos para el auto-trabajo en la vida cotidiana.

Hasta aquí he estado hablando de los vacíos cuya naturaleza es la no incorporación de una fuente valiosa, la omisión de una actividad que podría contribuir al proceso terapéutico en nombre de la pureza de la Gestalt. Ahora me gustaría abocarme a los vacíos cuya naturaleza es más sicológica. Puedo describir a uno de éstos como un sesgo de la Gestalt hacia la "rudeza" sobre la "ternura". No obstante lo valiosa que pueda haber sido la contribución de la Gestalt en su apoyo sistemático de la expresión de la ira, pienso que su lucha por la rudeza a veces ha implicado un cierto olvido del ideal de amor; un ideal que creo, al igual que Freud, no se puede separar de nuestra comprensión de la cura. Es cierto que la exposición de los conflictos y el dolor es, en muchos casos, suficiente por sí misma para eliminar la barrera a la integración espontánea. Sin embargo, es útil tener explícitamente en consideración el proceso de integración; saber que estamos trabajando para restaurar la capacidad de amar sin la cual no puede haber satisfacción profunda ni fin al sufrimiento. Con respecto a esto, puede ser que los gestaltistas tengan mucho que aprender (como ya he sostenido) del proceso Fischer-Hoffman —no necesariamente en el sentido de que se conviertan en terapeutas al estilo Fischer-Hoffman, sino porque el énfasis que ahí se le da a todos los factores importantes del amor y el perdón en sicoterapia, puede ser inspirador para su práctica gestáltica.

Otro sesgo de la Gestalt que tiene como consecuencia la perpetuación de un vacío, es la mayor apreciación del placer sobre el dolor en el proceso transformativo. Como la caractericé en sus primeros años, la Gestalt es un "hedonismo humanista". Cierto, la expresión del impulso ha ayudado a deshacer la represión; el mandato a no reprimirse ha servido al proceso de tomar conciencia de los impulsos, sin embargo, esto no debería llevarnos a pensar que el proceso inverso de inhibir los impulsos no es fructífero como un enfoque en sí mismo. Tradicionalmente, la espiritualidad no ha sido hedonista sino que ascética, austera, a partir de un reconocimiento de que la restricción también puede *agudizar* nuestra atención a nuestros deseos y emociones. Si observamos en forma sutil la práctica gestáltica, podemos ver que estos dos aspectos se reflejan en ella. Parte de la Gestalt es un atreverse a ser sin un mandón (en mayor grado que en la vida real), sin embargo, parte de ella consiste en una habilidad para "quedarse con" la experiencia de uno sin actuar, como cuando un miembro del grupo (por ejemplo) dice: "Me siento incómodo con lo que dijiste", en lugar de hacer una crítica. La principal expresión de este vacío en la práctica Gestáltica, yace en el mandato para la vida cotidiana con que se queda la mayor parte de la gente después de las sesiones gestálticas. La actitud habitual es que uno debería vivir en "forma gestáltica" todo el tiempo y, por lo tanto, expresar los sentimientos negativos de uno en el hogar y el trabajo. No estoy de acuerdo con ese consejo, pues he observado con demasiada frecuencia cómo ello conduce a un círculo infinito de irritación en los grupos que no son orientados o asistidos sicoterapéuticamente y en los cuales esto se convierte en algo destructivo en lugar de constructivo. Pienso que la regla de transparencia es muy valiosa para la terapia gestáltica dentro de sus límites, sin embargo, las fórmulas tradicionales para inhibir la destructividad de uno en la vida diaria, pueden ser el mejor trasfondo para un trabajo complementario en uno mismo.

Pienso que la terapia gestáltica, aquel revolucionario método que floreció y surgió en la cultura hace quince años atrás, actualmente corre el riesgo de convertirse en una ortodoxia más, un monopolio similar al del sicoanálisis en el pasado. Y pienso que hoy en día sería apropiado —cuando la Gestalt es ampliamente reconocida— que flexibilizara más sus límites, para así facilitar el desarrollo de una Gestalt más amplia: un enfoque holístico donde las capacidades del individuo para trabajar en sí mismo fueran empleadas en la práctica meditativa y de la toma de conciencia en la vida diaria, y donde el trabajo corporal así como también una perspectiva mental sobre el desarrollo humano contribuyeran al proceso de crecimiento del individuo —además de las sesiones de terapia propiamente tales. La terapia gestáltica entonces serviría aún mejor su función, como un elemento valioso en un mosaico que, al mismo tiempo, la complementaría y apoyaría.

DESTACAMOS OTROS LIBROS DE ESTA EDITORIAL

I CHING, El Libro de los Cambios, Richard Wilhelm, Traducción y Comentarios de la Dra. Lola Hoffmann.
El tema central del libro son los "cambios": el yin y el yang, lo masculino y lo femenino, ambas expresiones opuestas de los estados cambiantes del ser único.

SUEÑOS Y EXISTENCIA, por Fritz Perls.
No sólo el libro más fundamental de Fritz Perls, sino que con toda seguridad un clásico en Psiquiatría y Psicología, escrito en un lenguaje directo y sencillo que lo hace accesible a cualquier lector interesado en los procesos del desarrollo, crecimiento y contacto humanos.

EL DARSE CUENTA, Ejercicios y experimentos en terapia guestáltica, por John Stevens.
En este libro, el autor desarrolla más de 100 ejercicios, que bien entendidos y aplicados serán, con certeza, una valiosa ayuda en la tarea de todo aquel que trabaje con grupos humanos, profesores, actores, terapeutas, etc.

EL REENCANTAMIENTO DEL MUNDO, por Morris Berman.
Desde su perspectiva como historiador de la ciencia, Berman analiza lúcidamente la condición presente de la civilización occidental, a la que considera en estado de colapso espiritual, social y ecológico o, en el mejor de los casos, en un peligroso estado de transición.

DENTRO Y FUERA DEL TARRO DE LA BASURA, por Fritz Perls.
En un lenguaje multifacético, a veces poético, otras rigurosamente científico, el padre de la Terapia Guestáltica va jugando con la baraja de sus recuerdos y reflexiones que conforman la experiencia de su vida de **antes** y de **ahora.**

ESTO ES GUESTALT, Colección de artículos sobre terapia y estilos de vida guestálticos, de los destacados psiquiatras y psicólogos Fritz Perls, Wilson Van Dusen, Sthephen Tobin, Barry Stevens, John O. Stevens, Robert K. Hall, John B. Enright, Stella Resnick, Cooper C. Clements, Marc Joslyn, Adriana Schnacke y Francisco Huneeus.

FRITZ PERLS, AQUI Y AHORA, por Jack Gaines. Prólogo de Adriana Schnacke.
En esta época de apertura resultará alentador para algunos, y quizás escandalizador para otros, conocer tan de cerca a un hombre que se atrevió a vivir su existencia sin máscaras ni roles rígidos, y que en en su paso por esta vida revolucionó el ámbito de la psicoterapia y del crecimiento personal.

LA PROFUNDIDAD NATURAL EN EL HOMBRE, por Wilson Van Dusen. Prólogo de la Dra. Lola Hoffmann.
El autor explora los límites de la conciencia,la expansión de ésta mediante el misticismo, y el empleo de drogas, el estado hipnagógico, los sueños y su significado, y la extraña lógica de la locura.

EL CALIZ Y LA ESPADA, Nuestra Historia, Nuestro Futuro, por Riane Eisler. Prólogo del Dr. Humberto Maturana.
Con gran rigor científico, pero también con una apasionada elocuencia, la autora nos prueba que el sueño de la paz no es una utopía imposible.

NO EMPUJES EL RIO (porque fluye solo), por Barry Stevens.
Un libro maravilloso de esta gran terapeuta gestáltica quien trabajó codo a codo con su amigo y maestro Fritz Perls. Su lectura nos demuestra que el "aquí" y "ahora" son la parte más importante de nuestras existencias.

EL ENFOQUE GUESTALTICO - TESTIMONIOS DE TERAPIA, por Fritz Perls.
Detrás de la terapia gestáltica no hay una teoría compleja sino más bien una concepción organísmica y biológica de los procesos psicológicos. Perls logra ordenar, clarificar y completar su teoría de la neurosis y del proceso terapéutico.

LENGUAJE, Enfermedad y Pensamiento, por el Dr. Francisco Huneeus.
Dentro de nuestra línea de **Programación Neurolingüística** (PNL) el autor aporta su propia evolución, como científico y como psicoterapeuta a muchos problemas y traumas de la vida diaria que no son más que confusiones entre las representaciones del mundo y éste mismo, a través de un mal uso del lenguaje.

TAO TE KING, Libro del Tao y de su Virtud, versión castellana y comentarios de Gastón Soublette.
Cabe hacer presente que en este trabajo se ha hecho una lectura de Lao Tse libre de toda posición ideológica y donde no se juzga al Taoísmo desde otra perspectiva que no sea la de su propia esencia.

SECRETOS EN LA FAMILIA, Terapia Familiar, por Lily Pincus y Christopher Dare.
Fundado en conceptos psicoanalíticos, los autores muestran con numerosos ejemplos qué son y cómo se gestan los secretos en las familias. A lo largo de todo el libro se repiten entreverados los temas del amor y la muerte como reflejos de la sexualidad y espiritualidad, ingredientes que como bien sabemos, plasman a toda la humanidad.

LA ESENCIA DEL T'AI CHI, por Al Chung-liang Huang.
El T'Ai Chi es el principio más sutil del Taoísmo (wu-wei). Puede traducirse como "no-hacer" o "no-acción"; pero su verdadero significado es el de actuar sin forzar; moverse en sintonía con el flujo de la naturaleza. Esta disciplina ahora vastamente practicada en nuestro hemisferio por personas de todas las edades, encuentra en esta obra su más práctica(y poética) introducción y descripción.

EL HOMBRE Y SU DOBLE ORIGEN, por Karlfried Graf Dürckheim.
Según el autor, el tema fundamental de la vida humana —y el objeto de su vida interior— es resolver la tensión entre sus dos naturalezas: la **natural** y la **sobrenatural**.

DESPERTAR A NUESTROS SENTIDOS, por Morris Berman.
Este nuevo libro de Berman es la secuencia lógica a su importante obra **El Reencantamiento del Mundo** y es tan, o aun más, inspirador y fascinante en su presentación del árido tema de la historia cultural, dejándonos **sentir** el mundo que nos rodea más que considerándolo como sólo una abstracción intelectual.

LILAH, el juego del conocimiento de sí mismo, por Harish Johari.
"Hay solamente un juego, el Juego en que cada uno de nosotros es un jugador representando su papel. El Juego es Lilah, juego universal de la energía cósmica".

PALABRAS A MI MISMO, por Hugh Prather.
Este es un largo poema al existir.Al ser sin más, al estar en lo que se está y no en lo que la gente espera de uno, ni lo que uno mismo espera de otro.

Este libro se terminó de imprimir
en abril de 2004
en los talleres de Andros Impresores
Santa Helena 1955-Santiago